Peter Schraud

Graf Saint-Germain
unser Bruder

Eine Wahrnehmungsübung

Mit einem Artikel
„Das musikalische Werk"
von Matthias Hahn-Engel

NOVALIS

Zweite, verbesserte Ausgabe
Die erste Ausgabe erschien 2008 unter dem Titel:
„Graf Saint-Germain – Sein und Schein"
im LichtWerke-Verlag Eckernförde
© 2011 Novalis Verlag Quern - Neukirchen
Umschlaggestaltung: fsg3 München und Novalis Media
Printed in Israel
ISBN 978-3-941664-21-0

www.novalisverlag.de

Inhalt

Kapitel

Infos

1. Einleitung

Was spricht mit herein, wenn wir uns für den Grafen von Saint-Germain interessieren, jenen vielseitigen, von Geschichten umwobenen Sendboten des 18. Jahrhunderts? Soweit es nicht um Kostümstücke in Film und Fernsehen geht, müssen wir uns doch eingestehen: Dieses Jahrhundert ist uns zu fern, der Abstand zu groß, als dass uns die Zeiten von Ludwig XV. und Madame Pompadour, von Friedrich dem Großen und Katharina der Großen noch unmittelbar etwas zu sagen hätten – Casanova oder Benjamin Franklin vielleicht ausgenommen, die im heutigen Menschen eine verwandte Saite berühren mögen. Wäre da nicht die Musik eines Bach, Händel, Vivaldi, Haydn oder Mozart ... Und gerade die Musik ist es, durch die der Graf von Saint-Germain, der in Geheimnis-Dunkel gehüllte, von neuem zu uns zu sprechen begonnen hat, seit im Jahr 2002 seine Streichquartette und Arien zum ersten Mal wieder erklangen – in der Eckernförder St. Nicolaikirche mit dem „Ensemble Phoenix".

Das Interesse an einem Mann, der vorzugsweise „Abenteurer, Scharlatan, Betrüger" genannt wurde, ist also wieder erwacht, wobei solche Charakterisierungen allein schon durch seine anspruchsvolle und kunstreiche Musik widerlegt werden, die mit einer solchen Einschätzung unvereinbar ist. Vielmehr wird empfunden, dass der vielseitige Graf uns etwas anderes zu sagen hat.

Dies zu zeigen, ist das Anliegen dieses Buches, das dabei Blickwinkel einnimmt, die die Facetten seiner Biographie und seines Wirkens anders wahrnehmbar werden lassen, als sie in Berichten und im Urteil seiner Zeitgenossen und seiner sich darauf berufenden späteren Kritiker erscheinen.

Es ist auch noch in anderer Hinsicht möglich, die Ereignisse des 18. Jahrhunderts auf heute bezogen zu lesen. Dass sich unablässig Regimenter in malerischen Uniformen beschießen, um den dynastischen Interessen von fünf oder sechs Fürstenhäusern ihr Leben zu opfern, erscheint uns befremdlich; dass aber, was an einem Punkt in Europa geschieht, sich auswirkt auf alles Übrige, begann in dieser Zeit, als auf den Schlachtfeldern Schlesiens die Auf-

380   *1784*

Die oben abgebildete Eintragung im Kirchenbuch von St.Nicolai zu Eckernförde lautet: Der sich so nennende Graf von St.Germain und Weldona, weitere Nachrichten sind nicht bekant worden, in hiesiger Kirche still beygesetzt.

„Still" meint dabei „ohne Predigt", ohne konfessionelle Beimischung, und geht auf einen alten Templerbrauch zurück. Als Todestag vermerkt ist der 27. Februar 1784, Begräbnistag 2. März. Die 12 steht für die Nummer in der Reihenfolge der Eintragungen.

teilung der modernen Weltkarte entschieden wurde. Dass ein Sproß der Adels-
klasse im blasierten Umkreis seines privilegierten Herkommens bleibt, ist
nichts Ungewöhnliches und steht uns fern; dass aber ein solcher Spross, allein
auf sich gestellt, unter anderem Namen als echter *Selfmademan* sein Glück
macht, ist außergewöhnlich und findet unsere Zustimmung. Dass Meinungsmacher in kleinen Salons die Luxuslangeweile der Fürstenhöfe durch Intrigen
am Prickeln erhalten, erscheint uns überholt; dass es jedoch prominente Opfer
von Rufmord und Skandaljournalismus gibt, erkennen wir mit Unbehagen
auch als Kennzeichen unserer Zeit.

In Wahrheit nahm „der sich so nennende Graf von Saint-Germain" (Ster-
beeintragung im Eckernförder Kirchenbuch) vieles vorweg, was in solcher Beleuchtung beredt zu uns sprechen kann: Er war Weltbürger und Europäer,
Friedensmittler und Forscher und zudem ein Heilkundiger für die körperlichen
und sozialen Krankheiten, an denen die Menschheit leidet, damals wie heute.
Im aufgeschlagenen Buch des 18. Jahrhunderts ist seine Stimme vernehmbar
für die Aufmerksamen des 21. Jahrhunderts.

2. Ein Kind ohne Vornamen

Der Graf von Saint-Germain hat keinen Vornamen. Im Unterschied zu dem gleichzeitigen *Louis-Claude de Saint-Germain* (1707-1778), Generalfeldmarschall in dänischen Diensten und kurzzeitig Kriegsminister unter Frankreichs Ludwig XVI. (und anderen Namensträgern), geht er durch die Zeiten wie eine Rätselgestalt. Den Namen wählte er sich selbst. Was spricht sich aber darin aus und was können wir damit verbinden?

Das lateinische *germanus (von germen = Spross)* kann *Bruder* bedeuten. Dies hat sich in den romanischen Sprachen bis heute erhalten. *Germanus* wird womöglich auch mit *Deutscher* übersetzt. Allerdings spricht Tacitus nur in der Mehrzahl von *Germani* als einer Gesamtheit von Stämmen, die er dann einzeln benennt: Bataver, Sueben usw.

Von mehreren Heiligen mit Namen Germanus ist der maßgebende Germanus, Bischof von Paris im 6. Jahrhundert, dessen Fest am 28. Mai gefeiert wird. Er ist der Gründer des Klosters Saint-Germain-des-Près.

Wenn wir Saint-Germain als Ortsnamen nehmen, bezieht es sich auf einen dem *hl. Germanus* geweihten Platz mit Kirche oder Kloster. Ein solcher in Frankreich berühmter Ort ist *Saint-Germain-en-Laye* westlich von Paris mit seinem alten Kloster und einer Residenz der französischen Könige. Dieses Schloss hat Ludwig XIV. seinem Verbündeten, dem entthronten Stuart-König Jakob II., überlassen, der dort 1701 starb. Sogleich knüpften sich an Saint-Germain-en-Laye alle Legenden und Überlieferungen von einem veritablen Templerschatz oder zumindest dem geistigen Erbe des 1314 vernichteten Tempelritterordens, als dessen würdige Nachfahren sich die Stuarts betrachteten.

Es könnte sich also jemand Graf Saint-Germain nennen mit der Devise, ein Fortsetzer der Templergeheimnisse sein zu wollen.

Oder er nennt sich „Heiliger Deutscher", wenn er das Andenken seiner deutschen Mutter ehren will.

Oder *„heiliger Bruder"*. Diese Version wird gestützt durch Quellen des 18. Jahrhunderts – aber die beiden anderen sind genauso schlüssig.

Das Kind ohne Vornamen wächst im sonnigen Italien, in Florenz auf und wird „bambino" gerufen. Außer dem Medaillon mit dem Bild seiner Mutter hat es kein Andenken an sein Zuhause, wo seine Brüder unter die Herrschaft Habsburgs geraten sind. Graf Saint-Germain hat viel später, schon im Seniorenalter, das Geheimnis seiner Abstammung offengelegt, zwei regierenden Fürsten gegenüber – und die dienen mir als Zeugen, denn das Wort eines Edelmanns muss natürlich wahr gesprochen sein. Es sind Karl Alexander von Ansbach-Bayreuth und Carl von Hessen.

Dann bekommt er auch einen Vornamen: Leopold Georg und ist der am 28. Mai 1696 erstgeborene Sohn des Fürsten von Ungarn-Siebenbürgen, Franz II. Rákóczi, und seiner jungen Frau, einer deutschen Prinzessin vom Rhein. Dem Vater ist aber, auch als noch zwei Söhne geboren werden, kein Familienglück beschieden: Er muss als Führer seines Volkes um dessen Selbstständigkeit kämpfen, er wird ein Rebell gegen Habsburg, und um Schlimmeres von dem Thronfolger, dem Erstgeborenen, abzuwenden, lässt er das Kind 1700 für tot erklären, insgeheim aber quer durch Europa flüchten bis Florenz, wo der Großherzog keine Bedenken hat, dieses Kind aufzuziehen.

Der heilige Germanus

Um den hl. Germanus den Freunden Saint-Germains etwas näher zu bringen, sei hier die Darstellung seines Lebens eingefügt: Germanus verdankte schon sein Dasein dem Schutze Gottes, denn seine Mutter kam wegen der vielen Kinder, die sie hatte, auf den Gedanken, ihn vor seiner Geburt zu töten. Allein alle Mittel, die sie anwendete, halfen nichts: Germanus erblickte gesund und kräftig in der Nähe von Autun in Frankreich im Jahre 496 das Licht der Welt. Eine zweite Gefahr überstand er ebenfalls glücklich. Seine Tante, ein boshaftes Weib, die selbst einen Sohn hatte, wollte Germanus um der Erbschaft willen aus dem Wege räumen. Sie füllte zwei Gläser mit Wein, in das eine hatte sie Gift gemischt und befahl der Magd, die Getränke den beiden Knaben zu bringen. Diese verwechselte die Gläser, und der andere trank das Gift; Germanus aber war gerettet.

Um weiteren Gefahren zu entgehen, begab sich Germanus nun zu seinem Vetter, der ein überaus frommer Priester war, ihn liebevoll aufnahm und aufs sorgfältigste unterrichtete. Sie lebten ein gottgefälliges Leben, studierten und beteten miteinander und übten sich in strengen Abtötungen.

Fünfzehn Jahre lebte Germanus bei diesem Priester, da bestimmte ihn der selige Agrippinus, Bischof von Autun, der von seiner großen Frömmigkeit gehört hatte, zum Abte des Klosters St. Symphorian, nachdem er ihm die Priesterweihe gespendet hatte.

Das geschah um das Jahr 540. Germanus aber blieb frei von jeder Überheblichkeit; er hielt sich für den letzten der Brüder und hatte keine andere Freude als den Armen Gutes zu tun, die er beherbergte, speiste und kleidete. Als eines Tages kein Stücklein Brot mehr im Kloster war, weil Germanus alles verteilt hatte, murrten die Mönche.

Da ging er stille in seine Zelle und flehte dort vertrauensvoll Gott um Hilfe an. Als er sein Gebet kaum beendet hatte, siehe, da hielten an der Klosterpforte zwei Saumrosse, die waren mit Lebensmitteln schwer beladen: Eine fromme Frau hatte sie geschickt. Des anderen Tags kamen neue Vorräte. Da schämten sich die Mönche und verehrten fortan ihren Abt wie einen Heiligen. Er lebte aber auch so gottergeben, dass er allen ein Beispiel war.

Als der Bischof von Paris starb, wurde Germanus, der überall wegen seines frommen Wandels bekannt war, zu dessen Nachfolger gewählt. Vier Jahre zuvor hatte

Jetzt hat es keinen Vornamen mehr! Giangastone de'Medici ist ohne Nachkommen. Er hofft, in dem Fürstensohn einen würdigen Nachfolger großzuziehen. Jahrzehnte später wird von Graf Saint-Germain berichtet:

Gern erzählte er Züge aus seiner Kindheit und schilderte sich selbst, wie er mit zahlreichem Gefolge auf prächtigen Terrassen in einem herrlichen Klima lustwandelte, gleich als wäre er der Erbe eines Königs von Granada zur Zeit der Mauren gewesen.

(KH von Gleichen)

Wer diesen Eindruck nacherleben möchte, sei eingeladen, über die Terrassen der Boboli-Gärten zu lustwandeln mit ihren berühmten exotischen Bäumen und Sträuchern und dem Fernblick über die Arno-Ebene. Sitz der Großherzöge war damals der Palazzo Pitti, an seiner Rückfront beginnen die Boboli-Gärten. Noch auf seine alten Tage wandte Giangastone alle Kunst und Sorgfalt auf seine fremdländischen Pflanzen.

Inmitten überquellender Schätze abendländischer Kultur und Wissens, unter südlicher Sonne wuchs „bambino" zum jungen Mann heran und sollte konfirmiert werden und sich für einen Namen entscheiden. Von seinen Brüdern hörte er, dass sie in habsburgischer Obhut aufwuchsen: Joseph trug nach Kaiser Karl VI. den Zunamen „de San Carlo" und Georg nach dessen Gemahlin „della Elisabetta". Dann will ich mich heiliger Bruder nennen – dieser Gedanke führt zur Namensgebung „de San Germano", aber der weiterdenkende Giangastone empfiehlt die französische Form: Saint-Germain.

Das Großherzogtum Toskana hat allerdings ganz im Süden auch ein San Germano zu bieten: Dort, zu Füßen der gewaltigen Benediktinerabtei Montecassino, hat 1230 der Hohenstaufer Friedrich II. den schwer errungenen Frieden zwischen Kaiser und Papst besiegelt. Ebenso passend für einen jungen Mann mit einer künftigen Friedensmission! Wir sehen, Saint-Germain ist ein mit Bedeutungsschichten aufgeladener Name. Und wer durfte sich einfach Graf nennen? Nun, der Pflegesohn eines regierenden Großherzogs bestimmt. Vielleicht ist es nicht überflüssig zu betonen, dass Graf von Saint-Germain ein guter Name war – ein Totgesagter führt besser keinen Vornamen – und eine Rangstufe angab, die ihm von Geburt und Erziehung zustand.

Aber er nahm ja auch andere Namen an.

Gott ihm das in einem Traumgesicht angedeutet. Es war ihm ein ehrwürdiger Greis erschienen, der ihm die Schlüssel von den Toren der Stadt Paris mit den Worten übergab: „Ich gebe dir diese Schlüssel, damit du die Einwohner von Paris vor dem Untergange rettest."

Das Leben des neuen Bischofs war durch und durch apostolisch. Fast die ganze Nacht widmete er dem Gebet, sommers und winters trug er dieselbe ärmliche Kleidung, sein Zimmer ließ er auch bei der strengsten Kälte nicht heizen, an seinem Tisch, der immer nur mit einfachen Speisen besetzt war, hatte er gewöhnlich mehrere Arme um sich, die er selbst bediente.

Jede Stunde des Tages war er für Unglückliche und Notleidende zu sprechen. Er predigte mit dem größten Eifer, und bald war die Stadt Paris wie umgewandelt. Alle fühlten sich durch ihn zu einem besseren Leben gemahnt. Sogar der König begann sein Leben zu ändern und suchte durch Almosen seine Sünden zu tilgen. Wenn die Not gar so groß war, ließ er ohne Zögern seine Geräte aus Gold und Silber einschmelzen und übergab den Erlös dem Bischof zu Werken der Liebe.

König Childebert wurde aber von dem heiligen Bischof an Barmherzigkeit noch übertroffen. Er hatte dem Heiligen ein Pferd zum Gebrauch geschenkt unter der Bedingung, es niemals wegzugeben, denn er wusste, dass Germanus alles verschenkte. Längere Zeit befolgte der Bischof den Wunsch des Königs. Als er aber einmal einen Gefangenen in größter Not sah, verkaufte er sein Pferd dennoch und löste damit den Gefangenen aus, denn er hatte ein großes Mitleid mit Gefangenen, die damals sehr hart behandelt wurden. Gebet, Fürbitten und Geld wendete er auf, um sie zu befreien. Daher bekam er auch das Patronat der Gefangenen.

Viel hatte der hl. Germanus im Weinberge des Herrn gearbeitet, Tausende von Sündern bekehrt, die Tränen zahlloser Unglücklicher getrocknet und überall das Reich Gottes auszubreiten gesucht. Da rief ihn der Herr am 28. Mai 576 zu sich. Sein Grab verherrlichte er durch große Wunder.

Dargestellt wird der hl. Germanus in bischöflicher Kleidung, Ketten und Schlüssel in der Hand, ein brennendes Haus neben sich, das durch sein Gebet gelöscht wurde. Er ist Patron der Gefangenen, der Musik und Schutzheiliger gegen Feuersbrunst und Fieber.

Aus: C. Melchers *Das große Buch der Heiligen*, Südwest 1978

Dass er sich allerdings Saint-Germain nennt, ausgerechnet nach *dem Heiligen, auf dessen Tag sein Geburtstag fällt*, ist ein wirklich kühner Wappenspruch. Er heißt: „Ich bin nicht tot! Der Totgesagte ist lebendig!" Dass er auf diese Weise die Verbindung zu den Brüdern herstellt, ist offensichtlich, aber auch zur Mutter, die im Pariser Kloster Mariä Heimsuchung lebte (und schon 1722 starb), zum Vater und allen, die mit seiner Existenz etwas verbanden. Es ist dabei nicht nötig, dass von ihm aus eine politische Spitze gegen Habsburg gemeint war – denn Habsburg konnte sich jederzeit auf die offiziellen Erklärungen berufen.

Aber wenn die Botschaft 220 Jahre nach seinem Tod wieder entschlüsselt ist, klingt sie ja auch aktueller: Gilt sie nicht für jeden, der von einem persönlichen Weiterleben überzeugt ist? „Äußerlich bin ich totgesagt, aber ich lebe weiter!" In dieser oder ähnlicher Form ist das ein Bekenntnis, an zeitlos viele Brüder und Schwestern gerichtet!

Vorgehensweise

Als Initiator eines „Studienraums Graf Saint-Germain" ist es mir zur Gewohnheit geworden, die verschiedensten Gesichtspunkte nicht nur studienhalber
zu sammeln, sondern gegenüber den Interessenten und Besuchern auch zu
formulieren. Es wäre mir daher ein Leichtes, aufgrund des vorliegenden, denkbar disparaten Materials sehr unterschiedliche Bücher oder Artikel über Saint-
Germain zu produzieren. Ich will daher für den weiteren Kreis der
Saint-Germain-Interessenten festhalten, nach welchen Kriterien erstens ich
im vorliegenden Buch vorgegangen bin und zweitens auch vorschlage, im weiteren (weltweiten) Austausch die Sichtweisen und Erkenntnisse zuzuordnen:

1. Der Historiker beruft sich auf seine Quellen, denn er will die tatsächlichen
Begebenheiten festhalten. Wo es keine Quellen gibt, muss er zugeben, darüber
nichts zu wissen.

2. Wo die Quellen Ungereimtes oder Unglaubhaftes berichten, wird er dies
gleichwohl notieren und, sofern sich z. B. zwei unabhängige glaubwürdige
Zeugen finden, auch gelten lassen.

3. Die Glaubwürdigkeit und Zuverlässigkeit von Zeugen wird seiner Prüfung
unterliegen, wobei er kenntlich macht, ob dieses oder jenes Zeugnis für ihn
vollwertig oder minderwertig gilt. Manche Gewährsleute erleichtern dies,
indem sie von sich aus schon erläutern, in welcher Hinsicht sie voreingenom-
men sind.

4. Bei ganz widersprüchlichen Darstellungen wird er versuchen, gewisse Leit-
linien aus einer längerfristigen Entwicklung und den verschiedenen Interessen
zur Anwendung zu bringen und demnach zwischen wahrscheinlichen und weniger wahrscheinlichen Varianten unterscheiden.

5. Ein in seinem Metier geübter Historiker kann natürlich politische Äußerungen, die für die öffentliche Meinung bestimmt sind (heute sagt man „Fenster-
reden") trennen von diplomatischen Berichten, Geheimpapieren, später
verfasst en Memoiren und *ad hoc* geschriebenen Tagebüchern oder Privatbrie-
fen.

6. Der Historiker kann sich auch als Detektiv betätigen und aus so und so vielen Indizien zu einer sich darauf gründenden Schlussfolgerung kommen (wo die Quellen nicht ausreichen).

7. Er kann als Logiker die unübersichtlich gewordenen Befunde säubern mit „Occams Rasiermesser", dem Grundsatz, die einfachste für alle Vorkommnisse zureichende Erklärung zu finden. Es mag nicht überflüssig sein, darauf hinzuweisen, dass der scharfsinnige Franziskanermönch diesen Grundsatz nicht für Spekulatives, sondern allein für Tatsachen aufgestellt hat in Vorwegnahme der naturwissenschaftlichen Haltung, das von der Natur Gebotene zurückzuführen auf das, was sich messen, zählen und wägen lässt.

8. In einem kann sich „Occams Rasiermesser" nämlich auch als ungeeignet erweisen: Wenn in dem und dem tatsächlichen Fall die Wahrheit nicht einfach, sondern kompliziert ist. Dann würden wir trotzdem dieser Wahrheit den Vorzug geben.

9. Wir kennen heute noch besser als frühere Historiker das Problem der Überfülle quantitativ gleichgeordneter Daten. Die Wahrheit spricht sich besser in einer exemplarischen oder charakteristischen Begebenheit aus und leitet an zu einer *symptomatischen* Geschichtsschreibung (Rudolf Steiner). Damit betritt die Darstellung deutlich das Gebiet der Semiotik: Der Autor wird erklären, ein Ereignis oder ein Umstand *bedeute* für ihn (sei ein *Zeichen* für) das und das. Ein Autor, der dieses Prinzip schon virtuos durchgeführt hat, ist Egon Friedell in seiner *Kulturgeschichte der Neuzeit*.

10. Auch vor esoterischen Zusammenhängen muss man nicht zurückscheuen, solange geklärt ist, dass eine Aussage aufgrund der und der Voraussetzungen getroffen wird. Es steht jedem frei, bestimmte esoterische Autoren als unzuständig oder fehlerhaft abzulehnen. Andere forschende Leser haben aber ihre eigenen Möglichkeiten, zu einem Urteil zu kommen – wenn nur die Ebenen der Argumentation eingehalten werden.

11. Werden Zusammenhänge einer solchen höheren Ebene eingeführt, wird es gut sein, ganz freilassend zu argumentieren. Ein Autor kann aufgrund der von ihm vertretenen Tatsache der wiederholten Erdenleben zur Darstellung bringen,

Saint-Germain habe sich den und den Menschen aus karmischer Verbundenheit (aus früheren Erdenleben) genähert. Das ist doch hochinteressant, solange es nicht autoritativ aufgedrängt wird. Oder: Saint-Germain sei ein eingeweihter Menschheitsführer gewesen. Gut, was sagen andere eingeweihte Menschheitsführer dazu? Der heute Forschende möchte in den Stand gesetzt werden, mitzudenken und im Urteil zu partizipieren.

12. Durch jahrelange Übung ermutigt, neige ich dazu, Fakten lose im Auge zu behalten, bis sie sich eines Tages sternbildartig zu einem Zusammenhang fügen. Ich nenne das „die Sprache der Ereignisse" und gehe davon aus, dass das, was sie selbst aussprechen, auch anderen Beobachtern wahrnehmbar wird. Ein einfaches Beispiel ist der Fall mit dem Geburtsdatum (Kapitel 2). Auch im Kapitel 19 „Saint-Germain und das Habsburgerkind" werde ich mich sehr weit aus dem Fenster lehnen im Sinn einer „Sprache der Ereignisse", die so oder anders gelesen werden kann.

3. Biografischer Überblick

Der Name Rákóczi (die französische Schreibweise ist Rakoczy) stand schon hundert Jahre für eine selbstständige Regierungsform in Ungarn-Siebenbürgen mit seinem Hauptanteil protestantischer Bevölkerung, und das zwischen den Türken und dem katholischen Österreich.

Als sich die türkischen Heermassen vor Wien 1683 zurückziehen mussten und nach und nach von Prinz Eugen auf dem Balkan aufgerollt wurden, entstand wieder ein Handlungsspielraum, den man zu nutzen entschlossen war. Kaiser Leopold l. hatte für die Waffenhilfe gegen die Türken selbstständige Verwaltung und freie Religionsausübung zugesagt. Über dem jungen Franz II. schwebte der Nimbus der aufständischen Großväter – seine Mutter war eine Zrinyi, (in 2. Ehe hieß sie Thököly), aber er wurde in Böhmen streng katholisch erzogen und mit 18 Jahren im Kölner Dom mit einer ebenfalls katholischen deutschen Prinzessin getraut: Charlotte Amalie von Hessen-Rheinfels-Rotenburg. So weit ging die Vorsicht, den hochbegabten Heißsporn in das Ordnungsgefüge von Kaiser und Habsburgerreich einzuspannen!

Aber dass er sich zuhause an die Spitze einer Volksbewegung stellen musste, darin unterstützte ihn sogar seine Gemahlin, und ein anderer Verbündeter versagte, nämlich Ludwig XIV. Franz II. Rakoczy wurde daher 1701 in Wiener Neustadt vor ein Kriegsgericht gestellt; er wurde aber befreit und floh nach Warschau. 1703-11 wogte ein Befreiungs- oder Unabhängigkeitskrieg, den endlich Graf Károlyi mit dem Frieden von Szatmár beendete, um den Preis der Friedhofsruhe und Unterordnung unter Habsburg. Franz II. musste erneut ins Exil, getrennt von seiner Gattin und den Kindern. Was ihm Polen und Frankreich nicht bieten konnten, erreichte er endlich beim Sultan: ein ehrenvolles Asyl in Rodosto am Marmarameer (heute Tekirdag).

Der Taufname Leopold für den Erstgeborenen, der den Habsburger Kaiser versöhnlich stimmen sollte, hat sich nicht in diesem Sinn ausgewirkt. Habsburg blieb ein unversöhnlicher Feind der Rakoczys – politisch auch deshalb verständlich, weil sie sich mit Frankreich verbündet hatten, und das war ein Trauma von Leopold l.: Krieg zu führen nach beiden Seiten, gegen Frankreich

Wie steht es mit den Quellen?

Wenn ein Autor sich nach langjähriger Vertrautheit mit den Lebensumständen von Graf Saint-Germain an eine Darstellung wagt, hat er schon wichtige Entscheidungsfragen geklärt: Will er sich beschränken auf die von G. B. Volz vorgelegten fassbaren Dokumente aus dem 18. Jahrhundert?

Wie steht er zu den imaginativen Beschreibungen Irene Tetzlaffs, die dafür keine Belege angibt (ihr Nachlass ist bisher nicht ausgewertet)? Von ihr liegen zwei Werke vor: „Der Graf von Saint-Germain. Licht in der Finsternis" (ich werde immer große Hochachtung vor dieser erstaunlichen geistigen Leistung haben) und „Unter den Flügeln des Phönix" (hier wurde sie wohl gedrängt, mehr dokumentarische Belege nachzuliefern und verfing sich in etlichen Irrtümern, die sie fertig übernommen hat, so von I. Cooper-Oakley die Identifikation mit dem Freiherrn von Gugomos und von L. A. Langeveld mit dem namentlich nicht geklärten Chef de Bien). Und was anfangen mit dem ungenießbaren Gedankensalat von L. A. Langeveld? Bleibt überhaupt etwas übrig, was ein neuer Biograph noch beitragen kann? Welche Haltung vertritt er gegenüber den Auf-

im Westen und die Türken im Osten, dazu aufflammend der Ungarnaufstand! Unter Joseph I., der den Krieg beendete, war das nicht anders, und unter dem neuen Kaiser Karl VI. wurde Franz II. 1712 vom Pressburger Reichstag in die Acht getan.

In diese friedlose aufgeregte Zeit fällt die Geburt des kleinen Prinzen in Cluj (Klausenburg), also mitten in der vom Deutschen Orden geprägten alten Kulturlandschaft Siebenbürgen, während einer Sonnenfinsternis; seit dem Sommer 1696 ist sein Aufenthalt auf Burg Sarospatak (wo heute noch in der Halle das eindrucksvolle Portrait seines Vaters zu sehen ist).

Wenn dem Vater schon in Rodosto eine Gedenkstätte bereitet ist, könnte die Bergfestung Sarospatak für den Sohn, Graf Saint-Germain, ein Andenken haben. Es ist nämlich für Europa ein ganz besonderer Platz: Von hier aus zog das Kind Elisabeth zur Verlobung mit Landgraf Hermann von Thüringen und hier begründete der große Universalgeist Johann Amos Comenius eine Reformschule. Aber von dort verschwindet der Knabe, begleitet von seiner ungarischen Kinderfrau, in die Nacht, um am Hof des letzten Medici eine neue Existenz zu beginnen.

Für die nächsten Jahre folge ich den imaginativen Schilderungen *Irene*

Tetzlaffs (denn wir haben nichts anderes). Da bezieht er in Siena die Universität und macht sich bei einem Goldschmied mit dessen geheimen Künsten vertraut, begibt sich aber – als er volljährig ist – heimlich von Piombino auf ein Schiff in die Neue Welt, lebt in Mexiko, ist auf der Rückfahrt in Lissabon im Palais Bragança gern gesehen und macht sich dann auf den Weg, seinen Vater zu besuchen. Dieser gibt ihm einen Auftrag für den Sultan mit. So kann er sich seinem Wissensdurst hingeben, der ihn unablässig treibt, sich die Künste und Fertigkeiten des Orients anzueignen.

In der Zauberwelt der Türkei gab es oft erstaunte Augen. Die Berührung mit dem Orient, der Einblick in das geheimnisvolle Treiben auf den Straßen und in den Bazars, die erhabene Lehre des Religionsstifters Mohammed, es schien fast zu viel für den Aufnahmefähigen aus Europa. Von den Teppichknüpfern und Seidenwebern ließ er sich Kenntnisse vermitteln. In den Silberschmieden schaute er auf Metall und handwerkliche Kunst. Dem Farbgeheimnis und dem Heilwert orientalischer Pflanzen durfte er in einer mittelalterlichen Alchemis-

zeichnungen der Comtesse d'Adhémar, der Hofdame Marie Antoinettes, die ein mehrmaliges Auftauchen Saint-Germains in Versailles auch ab 1780 bezeugen, erst recht 1789, als er schon verstorben gemeldet war? Die imponierende Arbeit von J. Overton Fuller habe ich leider erst kennen gelernt, als die Anlage dieses Buches fertig war. Unentbehrlich bleibt immer die Bibliografie von Friedhard Radam (1982).

Ist vielleicht die Hauptaufgabe weniger, *neue* Details ausfindig zu machen als vielmehr die Gestalt des Grafen vom Gestrüpp alter Verleumdungen und einem Wust von Geschmacklosigkeiten zu befreien, damit diese Gestalt dem Leser überhaupt erst sichtbar wird? Denn der Graf braucht keine Ehrenrettung. Sein Wirken und Auftreten sprechen ganz gut für sich. Dennoch haben wir so wenig gesicherte Zeugnisse, dass dadurch die Faszination seiner Persönlichkeit, die nun schon das dritte Jahrhundert anhält, nicht erklärt wird. Wie nähert man sich einem außerordentlichen Menschen, von dem man so wenig weiß? Oder von dem so viel im Dunkel des Ungewissen bleibt?

„Prüfet alles, und das Gute behaltet!" mahnt Paulus. Ich lade den Leser also ein, die Zeugnisse mitzuprüfen. Ich meine, darüber hinaus sind wir es Saint-Germain schuldig, uns auch innerlich mit ihm zu beschäftigen. Er ist kein Mann für Klatsch und Sensationen. Diese Gerüchteküche hat er überlebt. Vielmehr hat er uns etwas anderes zu sagen. Und das spricht sich in den Spuren seines Lebens aus.

Aufgrund eines Selbstzeugnisses wird über Saint-Germain berichtet, dass er ein Rakoczy sei. Wenn er als erstgeborenes Kind für tot erklärt wurde, darf man nicht erwarten, dass für den Erwachsenen entsprechende Dokumente vorliegen. Da müssen Urheber und Umfeld der Quelle sprechen. Kennt der Gewährsmann die Zusammenhänge? Ist er vertrauenswürdig? Widerspricht das Mitgeteilte einer anderen Darstellung? Aus welcher Perspektive wird berichtet: Tagebuch oder absichtlich ausgestreute Verleumdung? Ist der Zeuge glaubhaft oder des Öfteren tendenziöser Lügen überführt?

Saint-Germain hat zu zwei durch ihren Ehrenkodex als regierende Adlige gebundenen Männern gesprochen, er sei jener erstgeborene Rakoczy. Warum hätte er das tun sollen, wenn er sich dadurch als Habsburgs gesuchter Erbfeind outete? Andererseits konnte er es ja nicht beweisen – erst der Beweis hätte ihm in den Augen des öster-

tenküche nachspüren, wo er auch die unheimlichen Gifte Asiens kennen lernte.

Auf dem Gebiet der Farben und der Methoden des Färbens von Seide, Baumwolle, Wolle und Leder hat später der Chemiker Saint-Germain viele Verbesserungen und Neues der wirtschaftlichen Auswertung zugute kommen lassen.

Jahrzehnte dauerten künftighin seine Forschungsversuche, Verfahren einleiten und empfehlen zu können, die farbigen Gespinsten aus Leinwand oder Seide Farbechtheit beim Waschen garantieren sollten. Auch für größere Haltbarkeit der Baumwollstoffe fand der Chemiker Saint-Germain neue Mittel. Er sann und grübelte, wie er durch Veränderungen am Bestehenden oder durch Neuheiten das Los der Menschen erleichtern konnte. Sein Leben lang bediente er sich der in der Türkei gesammelten Wissensschätze.

(I. Tetzlaff)

Auch später wird er jahrelang auf großen Forschungsreisen unterwegs sein, Arabien, Persien, Indien kennen lernen, auch Ägypten – von dort bringt er u. a. die Sennesblätter mit – und Nordafrika. Die Türkei hatte ihn die ersten Blicke in die geheimsten Traditionen überlieferten Wissens tun lassen und ihm das Tor zum Orient geöffnet. Eine Schulung im Malteserorden und ehrenvolle Aufträge schließen sich an. Graf Saint-Germain übernimmt als Gesandter Verhandlungen für das Königshaus Sardinien-Piemont und trifft sich noch einmal mit seinem Pflegevater, der ihm die Nachfolge in der Toskana anträgt. In der Zwischenzeit indes hat sich Graf Saint-Germain für seine persönliche Mission entschieden: nicht für ein bestimmtes Land sich verantwortlich zu fühlen, sondern für das Ganze – wir nennen es heute Europa. Er lehnt ab, versöhnt sich jedoch mit Giangastone (der 1737 stirbt).

Ein Brief von Saint-Germain im Jahr 1735 aus Den Haag an Sir Hans Sloane von der Royal Society in London betrifft eine alte Bibelausgabe. Immerhin sind es nicht mehr viele Jahre, bis seine Anwesenheit in England 1743-45 gut bezeugt ist, und zwar als fertiger Violin-Künstler und Komponist. Er wird als Graf Saint-Germain angekündigt, aber viele Noten erscheinen auch unter dem Namen *Giovannini* (und die Musiklexika verzeichnen diesen mit einem Porträt von Graf Saint-Germain). Für die populäre Oper *L'Inconstanza delusa* (etwa „Vereitelte

reichischen Staatskanzlers und Diplomaten *Reichsfürst von Kaunitz-Rietberg* geschadet.

Und die Gegenprobe: Was spricht dagegen, dass er dieser Rakoczy sei? Keine Art von Beweis, dass er jemand anderer ist. Nur die Betrachtungsweise, es kann einer nicht so alt sein und so jung aussehen, fühlt sich von dem sich ergebenden Geburtsjahr 1696 gestört.

Aber das ist eine andere Ebene: Viele Zeugnisse weisen daraufhin, dass er ein „Lebenselixier" sein eigen nannte. Die Zeitgenossen haben das nicht bezweifelt, sondern hätten selbst gern eine Ampulle davon genommen. Die Einwände damals bezogen sich weniger darauf, ob er ein Ausnahmemensch war, als darauf, dass das in Rede stehende „Lebenselixier" Schwindel war. Unter diesen Voraussetzungen wieder wäre verständlich, dass Saint-Germain es nicht jedermann zu zeigen bereit war.

Die Quellen des 18. Jahrhunderts ergeben durchaus das einheitliche Bild eines geheimnisvollen Unbekannten mit staunenerregenden Fähigkeiten, der gerade deshalb auch das Opfer von Verleumdung und übler Nachrede werden konnte.

Solange wir also das Zeugnis der beiden Fürsten haben, denen Saint-Germain selbst anvertraut hat, er wäre ein Rakoczy, respektiere ich diese Version. Oder ist Saint-Germain ein Lügner? Wenn jemand behauptet, er könne fleckige Diamanten reinigen, und er nach 30 Tagen schönere bringt, muss er dann als Lügner bezeichnet werden? Im Gegenteil wird berichtet, dass er die Wahrheit gesprochen habe, so unglaubhaft sie auch sei. Glaubhaft ist allerdings, dass er seinen Zeitgenossen öfters nicht nur als gewandter Mann der Konversation, sondern auch des Aufschneidens und Prahlens erschien. Dieser Eindruck soll nicht bezweifelt werden.

Wenn wir den Leser einladen, Fragen an die Quellen des 18. Jahrhunderts zu stellen, so unter dem Eindruck der Erfahrung, das sie zu sprechen anfangen, wenn man sich des vorschnellen Urteils enthält und längeres Studieren faszinierend findet.

Fragwürdige Quellen

Da der „Wundermann" Saint-Germain die Phantasie der Menschen besonders üppig blühen ließ, müssen wir auch für solche Quellen eine Entscheidung treffen: Wo sind noch Goldkörner aus dem Trüben zu fischen? Eine Grenze ist naturgemäß da, wo es unseriös wird. Doch wie steht es mit Dingen, die so seltsam sind, dass kein Mensch sie erfinden

Untreue") hat er Arien beigetragen. Als Musiker kann er in London auf eine Fangemeinde zählen.

Als allerdings der junge Stuart-Prätendent, Charles Eduard („bonnie Prince Charlie") 1745 im Westen Schottlands landet und von dort aus seine königlichen Rechte wiederherstellen will, riecht in der Politik alles sehr schnell nach Hochverrat. Von Graf Saint-Germain wird berichtet, dass er in diesen hässlichen Verdacht kam, aber die Verhöre seine völlige Unschuld ergaben. Der Prinz von Wales habe ihm schaden wollen.

Wir können gleich beginnen, uns in der Kunst des Rätselratens zu üben (die wir beim Thema Graf Saint-Germain brauchen werden), wenn wir folgende Briefstelle lesen. Der prominente Schriftsteller Horace Walpole meldet seinem Freund Horatio Man, dem englischen Konsul in Florenz:

9. Dezember 1745
Kürzlich wurde ein Narr verhaftet, der unter dem Namen Saint-Germain lebt. Er ist zwei Jahre hier gewesen und will nicht sagen, wer und woher er ist... Der Prinz von Wales war unbändig neugierig auf ihn, doch umsonst. Indes ist nichts gegen ihn geschehen. Er ist

freigelassen, und – was mich überzeugt, dass er kein Edelmann ist – er bleibt hier und behauptet, er sei als Spion verhaftet worden.

Doch 15 Jahre später, als Saint-Germain wieder in London weilt, ist die Sache noch keineswegs (für uns) verständlicher:

„The London Chronicle"
13.-15.Mai 1760
Im Jahre 1745 kam er in England in eine sehr schlimme Lage. Ein Mann, der wegen einer Liebesgeschichte eifersüchtig auf ihn war, steckte ihm einen falschen Brief des jungen Prätendenten in die Tasche (worin dieser ihm für seine Nachrichten dankte und ihn bat, damit fortzufahren), dann ließ er ihn sofort verhaften. Da die Untersuchung seine völlige Unschuld ergab, wurde er in Freiheit gesetzt und von Lord H... zu Tisch geladen.

Wenn man zwei Jahre Londoner Aufenthalt von 1743-45 rechnet, ist dies schwer vereinbar mit dem Hinweis, er habe 1744 dem französischen König das Leben gerettet, der unweit Metz einem Giftanschlag mit *Aqua tofana* zum Opfer fiel. Graf Saint-Germain in

würde? Ich werde also meine Goldwaage offenlegen und bei drei berüchtigten Geschichtenerfindern von vornherein bezeichnen, was ich von ihnen gelten lassen möchte. Von Saint-Germains Zeitgenossen *Karl Heinrich Freiherr von Gleichen* sind es drei Dinge: dass Saint-Germain als Kind über südliche Terrassen wandelte, dass die Frau des Ministers Choiseul beim Essen nicht trank (seinen Gesundheitsregeln folgend) und dass folgende Äußerung ihres Mannes gefallen sei, nachdem ein anderer Tischgast an Choiseul die Frage gestellt hatte, ob die Regierung wirklich die Herkunft eines Mannes nicht kenne, der in Frankreich auf so vornehmem Fuße lebe. „Gewiss kennen wir sie", versetzte Choiseul (aber er log), „er ist der Sohn eines portugiesischen Juden, der die Leichtgläubigkeit des Hofes und der Stadt zum besten hat." Damit wissen wir nämlich, dass der allmächtige Minister lügt – und warum sollte er es nur diesmal getan haben? Gleichen erzählt auch die Szene im Kronrat, als sich der Außenminister gegen den König durchsetzt:

Am nächsten Tag verlas Choiseul im Kronrat d'Affrys Bericht und seine Antwort darauf. Dann blickte er im Kreise herum stolz auf seine Kollegen, heftete seine Blicke abwechselnd auf den König und Belle-Isle und schloss: „Wenn ich mir nicht die Zeit genommen habe, die Befehle des Königs einzuholen, so geschah es in der Überzeugung, dass hier niemand so dreist wäre, ohne Wissen des Ministers des Auswärtigen Eurer Majestät Friedensverhandlungen zu führen!" Er wusste, dass der König den Grundsatz aufgestellt und stets beachtet hatte, kein Minister dürfe sich in die Geschäfte eines anderen einmischen. So kam es, wie er vorausgesehen hatte: Der König senkte schuldbewusst die Blicke, der Marschall wagte kein Wort, und Choiseuls Schritt wurde gebilligt.

Aber wer hat das dem Baron von Gleichen erzählt? Doch wohl kein anderer als Choiseul selbst! Hat er nun wieder gelogen oder ist er bei der Wahrheit geblieben? Durch eine Notiz des Abbé de Véri über diese Sitzung können wir eine Bestätigung finden: **Ludwig XV. empfand genügend die Richtigkeit dieser Betrachtungen, um zu erröten, den Kopf zu senken und zu schweigen. Das ist seine gewöhnliche Gebärde, wenn man ihm zu verstehen gibt, dass er im Unrecht ist. (Ceria/Ethuin S. 155)**

Die Worte des russischen Admirals Alexej Orlow in Nürnberg 1775 zum Ansbacher Markgrafen, die von

seiner Begleitung hatte das Gegengift bereit, das dem König das Leben rettete. Was wollte Ludwig XV. in Metz? Er inspizierte das Land Lothringen, das seinem Schwiegervater Stanislaus Leszczinski zugesprochen und faktisch unter französische Verwaltung gekommen war.

Aber wir müssen überhaupt klar sehen: Was wir aus den 88 Jahren, die in Frage kommen, von den Lebensumständen des Grafen Saint-Germain wissen, lässt sich nach Monaten zählen (über diese ist dann doch recht viel bekannt). Aber die langen Zeitspannen von Lehrjahren und Reisen, die wir nicht im einzelnen verfolgen können, ergeben sich ja doch aus ihrem Resultat, der Meisterschaft, die er bis zur äußersten Grenze *(KH von Gleichen)* in jeder Disziplin getrieben hat und die anders als durch jahrelanges Bemühen nicht zu erlangen ist. Meisterschaft in der Musikausübung, in der Farbenbereitung, in der Malerei – seine Glanzfarben waren unerreicht –, im Zusammenstellen von Heilmitteln und Gegengiften, in der Kenntnis der Kräuter und Mixturen, im Aufspüren von Werkstattgeheimnissen und Fertigungen, in der Umwandlung von Metallen in den Labors der Alchemisten. Die erste Indienreise muss man sich in diesem Zeitraum vorstellen. Ab 1743 haben wir diese Hinweise aus Europa, und 1748 wird seine Beteiligung als Gesandter von Sardinien-Piemont am Frieden von Aachen erwähnt.

Der Frieden beendet den nervenzehrenden österreichischen Erbfolgekrieg und bestätigt Maria Theresia in der ungeschmälerten Herrschaft ihrer Länder (Schlesien hatte ihr Friedrich der Große aber doch entrissen). Das Vertragswerk wurde geschlossen zwischen England, Holland, Österreich und Sardinien-Piemont auf der einen Seite und Frankreich, Spanien, Modena, Genua auf der anderen. Die spanischen Bourbonen erhielten die Herzogtümer Parma, Piacenza und Guastalla für den Infanten Philipp. Österreich bekam das schon von Frankreich eroberte Flandern wieder zurück. Graf Saint-Germain unter dem Namen Gualdo erhält von der Kaiserin das Kaiserliche Kreuz mit Rubinen und den Titel Reichsgraf von Mailand – eine Anerkennung für die Verdienste, ihre bis dahin ungesicherte Herrschaft zu befestigen.

Ludwig XV. hatte dem Marschall von Sachsen im Friedensjahr das Schloss Chambord geschenkt; aber schon 1750 starb der Marschall. In der Folgezeit stellte es der König Graf Saint-Germain zur Verfügung (der es vor allem für seine alchemistischen

Gleichen anführt (siehe S. 103 f.), kann der Augen- und Ohrenzeuge Freiherr von Gemmingen *nicht* bestätigen. Und ob Saint-Germain wirklich dem Markgrafen Briefe Friedrichs des Großen mit dessen kleinem Siegel zeigte – wäre es nicht eine Brüskierung seines eigenen Neffen, wenn er nur an dessen Gast schriebe?

Auch bei *Max Graf Lamberg* fällt meine Bilanz streng aus: Ich akzeptiere die Flachsspinnerei in Venedig, die Kunst, Bienen und Schlangen zu zähmen, und das beidhändige Schreiben:

Eine Gabe, die Herr von Belmar allein besitzt und die in den Familien gelernt und gepflegt zu werden verdiente, ist, mit beiden Händen zugleich zu schreiben. Ich diktierte ihm etwa zwanzig Verse aus „Zaire", die er auf zwei Blättern Papier in denselben Schriftzügen zugleich schrieb. „Ich tauge nicht viel" sagte er zu mir, „aber Sie werden zugeben, dass ich meinen Sekretär ganz umsonst ernähre. Die Fortschritte in den Kunstfertigkeiten sind langsam; man beginnt mit Versuchen und gelangt schließlich zu einem festen System."

Die zweite Indienreise mit Oberst Clive 1755 – nun gut, man würde sich über weitere Belege freuen! Ganz ablehnen muss ich allerdings den von Lamberg als eigenhändig aufgeführten Brief Saint-Germains – da sträubt sich dann doch alles Wahrhaftigkeitsempfinden!

Die dritte im Bunde ist die Vielschreiberin *Madame de Genlis.* Ihr gestehe ich zu, dass Saint-Germain ihre Singstimme gelobt hat, dass er ein Medaillon seiner Mutter bei sich trug und dass er dem 13jährigen Mädchen Süßigkeiten mitbrachte.

Er brachte jedesmal ausgezeichnete Bonbons in Fruchtform mit, die er, wie er versicherte, selbst gemacht hatte. Von allen seinen Talenten war mir dies nicht das unliebste. Er gab mir auch eine sehr merkwürdige Bonbonniere, deren Deckel er angefertigt hatte. Die Schachtel war aus schwarzem Perlmutter und sehr groß. Der Deckel war mit einem weit kleineren Achat verziert. Stellte man die Schachtel ans Feuer und nahm sie gleich darauf wieder fort, so sah man den Achat nicht mehr, sondern an seiner Stelle eine hübsche Miniatur, die eine Schäferin mit einem Blumenkorb darstellte. Diese Figur blieb so lange, bis die Schachtel wieder erwärmt wurde; dann erschien der Achat wieder und verdeckte die Darstellung. Das wäre ein reizendes Mittel, ein Bild zu verbergen. Ich habe seitdem eine Zusammensetzung entdeckt, mit der ich alle möglichen Steine,

Versuche nutzte). Ab Mai 1758 gibt es dafür Hinweise in der Korrespondenz mit dem Marquis de Marigny, Verwalter der Schlösser und Bruder der Marquise de Pompadour.

Jedermann weiß zu dieser Zeit, dass Graf Saint-Germain in Versailles ein und aus geht und mit der Majestät und Madame de Pompadour auf vertrautem Fuß steht. Auch das wird sich schon ein paar Jahre vorbereitet haben und passt zu dem Hinweis, er sei der weltmännische Erzieher in Hofetikette und Politik für die reizende Jeanette Poisson, dann Gräfin d'Etiolles, gewesen, bevor sie als Marquise de Pompadour die nächsten zwanzig Jahre die Geschicke Frankreichs und Europas mitbestimmte. Ludwig XV. hasste Langeweile. Da er gerne die Außenpolitik selbst gestalten wollte, kam ihm der Vorschlag eines geheimdiplomatischen Dienstes zupass, der den Willen des Königs unmittelbar den fremden Höfen bekannt machte. Stammt der Vorschlag, dieses „Secret du Roi" einzurichten, von Graf Saint-Germain?

Auch mit der Reinigung von fleckigen Diamanten und der Erzeugung künstlicher hatte Graf Saint-Germain das Wohlwollen des Königs errungen, nicht zu vergessen eine Gabe, die in diesem Jahrhundert der Bonmots, der geistreichen Bemerkungen, der ironischen und treffenden Replik ganz unbezahlbar war: Alle sind sich einig, dass Graf Saint-Germain ein unvergleichlich fesselnder Unterhalter war und unerschöpflich zu erzählen wusste – von seinen Reisen, geschichtlichen Begebenheiten und faszinierenden Naturzusammenhängen. Die Kunst gehobener Konversation hielt ihn an einem Hof, der sie über alles schätzte, in Gunst, auch wenn über seine Herkunft und seinen Reichtum nur Vermutungen angestellt werden konnten.

Ein Land, das seit 1756 wieder mit England um die Kolonien im Krieg lag und auch Maria Theresia Hilfsgelder zahlte für ihren erbitterten Krieg gegen Friedrich den Großen, noch dazu bei der sprichwörtlichen Verschwendung des Versailler Hofs, musste immer von neuem einen Anlauf machen, aus der Finanzkrise und den Kriegsverwicklungen herauszukommen. Im Rahmen des „Secret du Roi" sollte das ohne großes Aufsehen möglich sein, und so erklärt sich der doppelte Auftrag an Graf Saint-Germain, in Amsterdam bei den Bankiers eine Staatsanleihe und in Den Haag beim englischen Gesandten General Yorke einen Frieden mit dem Rivalen in Übersee auszuhandeln.

Graf Saint-Germains Mission in den Niederlanden bleibt aber nicht geheim: Ein Brief an Marquise de Pom-

selbst durchsichtige Achate, täuschend ähnlich nachahme. Durch diese Erfindung habe ich den Kunstgriff von Saint-Germains Schachtel erraten.

Mme de Genlis erwähnt auch die Glanzfarben, auf die sich Saint-Germain so gut verstand und die die zeitgenössischen Maler bewunderten. Mit dieser Auswahl kann Mme de Genlis einen guten Ruf bewahren!

Eine willkommene Quelle muss uns allerdings Baron von Gleichen sein, wenn er einen Nachahmer beschreibt, der die Pariser Bürger unterhielt – Lord Gower nannte er sich und war der piemontesische Schauspieler Gauve – und wenn wir Späteren auf diese Weise gut unterscheiden könnten, dass *er* und nicht der echte Saint-Germain für die famosen Erzählungen aus der Zeit Christi verantwortlich gemacht werden muss. Hier sein Bericht:

In Paris lebte ein kurzweiliger Mann, den man Mylord Gower nannte, weil er die Engländer hervorragend nachmachte. Nachdem die Regierung ihn im Siebenjährigen Kriege als Spion beim englischen Heere verwandt hatte, wurde er zum Spielzeug einiger Leute am Hofe, die die einfältigen Pariser zum besten halten wollten. Man steckte ihn in die verschiedensten Kostüme und ließ ihn alle möglichen Menschen kopieren. So wurde dieser Mylord Gower im Marais als Herr von Saint-Germain eingeführt, um die Neugier der Damen und Maulaffen dieser Stadtgegend zu befriedigen, die sich leichter nasführen lassen als die Leute in der Gegend des Palais Royal. Auf diesem Schauplatz erlaubte sich unser falscher Adept seine Rolle zu spielen. Anfangs übertrieb er nur wenig. Als er jedoch sah, dass man alles bewundernd aufnahm, griff er von einem Jahrhundert aufs andere bis auf Jesus Christus zurück. Von ihm sprach er mit solcher Vertrautheit, als wäre er sein Freund gewesen. „Ich habe ihn sehr gut gekannt," sagte er. „Er war der beste Mensch auf Erden, aber romantisch veranlagt und unbesonnen; ich habe ihm oft gesagt, er würde ein schlimmes Ende nehmen." Dann ging unser Schauspieler auf die Dienste ein, die er ihm durch Vermittlung der Frau des Pilatus zu leisten versuchte, in deren Haus er täglich verkehrte. Er behauptete, die heilige Jungfrau, die heilige Elisabeth, ja selbst deren alte Mutter, die heilige Anna, gut gekannt zu haben. „Der", sagte er, „habe ich nach ihrem Tode einen großen Dienst geleistet. Ohne mich wäre sie nie heilig gespro-

padour ruiniert den Einsatz in Den Haag. Sei es, dass der Brief von Außenminister Choiseul abgefangen wurde, der ihn als Hochverrat bezeichnet, sei es, dass Madame de Pompadour selbst aus einer Intrigenstimmung, in die die Luft von Versailles immerfort getränkt war, den Brief und seinen Urheber preisgegeben hat. Choiseul spielt den Staatsmann, der einen Abgrund von Landesverrat aufdeckt und den Schuldigen im Ausland verhaften lassen will. In Wirklichkeit ist er empört, dass Graf Saint-Germain echte Chancen hat für einen Sonderfrieden, durch den Choiseuls eigene Stellung gefährdet wäre: Da er vom österreichischen Staatskanzler Kaunitz gekauft ist, muss er alles daran setzen, dass der Krieg erst beendet wird, wenn der Preußenkönig niedergerungen ist und sich zur Rückgabe Schlesiens verpflichtet. (Auf diese Weise dauert der Krieg drei Jahre länger, Österreich bekommt Schlesien aber dennoch nicht wieder.)

Graf Saint-Germain fühlt sich solange sicher, wie er sich im guten Recht weiß – schließlich hängt Frankreichs Schicksal vom ihm ab – und der König ihn deckt. Das ist bedauerlicherweise nicht länger der Fall: Im Kronrat von dem empörten Choiseul zur Rede gestellt, gibt er feige seine geheime

Ordre und das Schicksal Frankreichs preis! Für Graf Saint-Germain wird es eng; der Haftbefehl ist keine unrealistische Drohung mehr. Der Neutrale in diesem Spiel der Ohnmächtigen, Hollands Bevollmächtigter Minister Graf Bentinck van Rhoon, zeigt Mut und Geistesgegenwart: Von dem wieder auf Distanz gehenden General Yorke erwirkt er einen Blankopass für England und lässt den Unterhändler mit seinem eigenen Wagen und den eigenen Dienern zum Paketboot befördern. So wird Ende April 1760 Graf Saint-Germain wieder Tagesgespräch in London, aber der Minister William Pitt d. Ä. besteht auf seiner Ausreise, denn er steht im Wort, dass es Frieden nur Schulter an Schulter mit dem verbündeten Preußen geben soll. Leider ist Saint-Germains Renommee als erfolgreicher Unterhändler seit der Affäre Den Haag empfindlich angeschlagen. Doch er kann sich unbehelligt in Holland niederlassen und 1763 in Tournai an den Aufbau bedeutender Manufakturen gehen.

Er soll aber doch im Frühjahr 1762 in St. Petersburg gewesen sein? Wieder so ein Zusammentreffen von Daten, aber ich meine auch: Ein halbes Jahr für den Aufenthalt in Russland wäre schon Zeit gewesen. Über das russische Abenteuer wüssten wir gerne Genaueres. Die Vermutungen darüber gründen

chen worden. Zu ihrem Glück war ich beim Konzil zu Nicäa, und da ich mehrere der dort versammelten Bischöfe kannte, bat ich so innig und stellte ihnen so oft vor, eine wie brave Frau sie gewesen sei und wie wenig es ihnen kostete, so dass sie dann auch wirklich heilig gesprochen wurde." Diese abgeschmackte Posse wurde in Paris ziemlich ernsthaft weitererzählt und trug Herrn von Saint-Germain den Ruf ein, im Besitz eines Lebenselixiers zu sein, das ihn verjüngte und unsterblich machte. Daraus entstand die Schnurre von der alten Kammerfrau einer Dame, die eine Phiole dieser göttlichen Flüssigkeit heimlich bewahrte. Die alte Kammerfrau grub sie aus und trank so viel davon, dass sie immer jünger und schließlich zum kleinen Kinde wurde.

Obwohl alle diese Fabeln und mehrere Anekdoten über Saint-Germains Alter weder Glauben noch Beachtung bei vernünftigen Menschen verdienen, so bleibt immerhin wunderbar, was mir zahlreiche glaubwürdige Personen über seine lange Lebensdauer und die fast unbegreifliche Unveränderlichkeit seines Äußeren bestätigt haben.

Und wie ein Nachklang von Lord Gowers Streichen drang es noch an das Ohr von Lady Craven, die seit 1791 zweite Frau des Ansbacher Markgrafen war (und Saint-Germain niemals gesehen hat), was ihr vom Hörensagen aus den Pariser Salons geblieben ist:

Den Apostel Petrus hatte der Graf sehr genau gekannt und ihm oft freundschaftlich geraten, seine Heftigkeit zu mäßigen. Johannes sei ein schlanker, hübscher Mann gewesen, von sanftem Charakter und etwas zum Mystizismus geneigt...

Vor ein anderes Problem stellen uns hartnäckige Verleumder wie der Abenteurer *Casanova*, der Saint-Germain ohne Begründung einen Abenteurer, Scharlatan, Betrüger nennt — und zwar nicht nur in seinen 12 Bänden privater Aufzeichnungen *Geschichte meines Lebens*, sondern auch in seiner 1784 in Prag erschienenen Schrift *Monolog eines Denkers*, in der er seine Meinung dem Leserecho anvertraute:

Der unlängst in Schleswig verstorbene Saint-Germain war niemand anders als der Geigenspieler Catalani. Er war groß unter dem Namen eines *Marquis de la croix noire* in England, wunderbar unter dem Namen eines *Grafen Saint-Germain* in Frankreich und Spanien, und einzig unter dem eines *Grafen Belmar* in Italien. Was war

sich auf eine Bemerkung von Admiral Alexej Orlow zu Markgraf Karl Alexander von Ansbach-Bayreuth: „Dieser Mann hat eine große Rolle bei unserer Revolution gespielt!" I. Cooper-Oakley hat sich von einem russischen Gewährsmann folgendes berichten lassen:

Der Graf von Saint-Germain war hier in der Zeit Peters lll. und reiste ab, als Katharina II. auf den Thron kam. M.Pyliaeff glaubt, sogar schon vor Katharinas Zeit. In St. Petersburg lebte Saint-Germain bei Graf Rotari, dem berühmten italienischen Maler, der die schönen Portraits in Schloss Peterhof schuf. Die Straße, wo sie wohnten, war vermutlich das Grafengässchen in der Nähe der Anitschkow-Brücke, wo der Palast steht am Newski.

Saint-Germain war ein ausgezeichneter Geiger, 'er spielte wie ein Orchester'. In der *Geschichte der Rasumowsky-Familie* wurde von Alexis R. berichtet, er habe davon gesprochen, Saint-Germain sei im Besitz eines schönen Mondsteins.

M. Pyliaeff sah Musiknoten (er kann sich jetzt nicht erinnern wo), ein Air für Harfe, der Gräfin Ostermann gewidmet, eigenhändig von Saint-Germain signiert. Es ist hübsch gebunden in rotem Maroquin. Die Zeit ist um 1760. M. Pyliaeff glaubt, dass Saint-Germain nicht in Moskau war. Er sagt, die Familie Jussupow habe viele Handschriften in alten Truhen und Saint-Germain stand in Beziehungen zum Prinzen Jussupow, dem er das Elixier für langes Leben gab. Er sagt auch, dass Saint-Germain den Namen Soltikow nicht in Russland trug, sondern dass er diesen Namen in Wien benutzte. Was die von Saint-Germain signierte Musik betrifft, erinnert sich M. Pyliaeff nun, dass sie ihm selbst gehörte. Er erwarb sie bei irgendeinem Verkauf und war für einige Zeit in seinem Besitz. Dann gab er sie dem berühmten Komponisten Peter Tschaikowsky als Geschenk. Sie muss nun in Tschaikowskys Unterlagen sein, aber da der große Musiker sehr wenig Ordnung hielt, meint M. Pyliaeff, es sei sehr unwahrscheinlich, dass sie gefunden wird, besonders, da durch Tschaikowskys plötzlichen Tod alles ohne jede Anweisung zurückblieb, was den Besitz betrifft.

das für ein Mensch! Selbst von ihm angeführt zu werden, gereichte nicht zur Unehre...

Und da Casanova Saint-Germain doch recht häufig erwähnt, kommt man ins Grübeln, wie das zu werten ist:

Wieder war es der Adept Saint-Germain, der die Tischgesellschaft unterhielt, ohne selbst etwas zu essen. Was er sagte, war Prahlerei, aber alles war feinsinnig und geistvoll. Ich habe zeit meines Lebens nie einen gewandteren und verführerischeren Schwindler kennen gelernt.   (Casanova Bd. 5)

Wer nachlesen möchte, wie von sich überzeugt Casanova auch Höhergestellten gegenübertritt und Friedrich d. Gr. über Steuervorteile verschiedener Lotteriesysteme belehrt und es bei Katharina d. Gr. mit einer Lektion über den Gregorianischen Kalender versucht – aber sie kommt ihm zuvor –, der kann sich ein Bild machen, dass der Venezianer sich selbst für den Gipfel der Menschheit halten muss. Er kann es sich auch nicht versagen, den Geistesfürsten Voltaire zu korrigieren, er habe nicht genügend Einblick in die italienische Literatur. Sie geraten in ein Geplänkel über Algarotti, Ariost und verschiedene populäre satirisch-anstößige Werke. Ja, der Gast kann es nicht lassen, dem Gottes-

verächter seine Religionsfeindlich-
keit vorzuhalten. „Sie sind verliebt
in die Idee, die Menschheit veredeln
zu wollen. Und darin liegt Ihr Fehler. Diese Verliebtheit macht Sie
blind. Nichts gegen die Liebe zur
Menschheit an sich, aber Sie müssen sie lieben, wie sie ist. Sie ist für
die Wohltaten, mit denen Sie sie
überschütten wollen, nicht empfänglich und wird dadurch nur unglücklicher und böswilliger." (6.
Buch, 10. Kap.)

Casanova findet es demnach, wo
er auftritt, unerträglich, nicht der
Erste zu sein und verweist jeden
auf seinen Platz. Das ist, sobald
Graf Saint-Germain erscheint, nicht
möglich. Daher kommt Casanova
immer bei Nennung dieses Namens
der Reflex, ihn eine Stufe unter sich
zu stoßen mit stereotypen Wen-
dungen, die er sich gar nicht erst
die Mühe macht zu begründen:
Schwindler, Betrüger, Aufschneider,
Taschenspieler.

Dass er selbst ein Glücksspieler,
Libertin, Aufschneider war und Madame d'Urfé um eine Million betrogen hat durch seine Vorspiegelungen als Adept der Alchemie, das
erfahren wir dank seiner Wahrheits-
liebe. Aber diesen merkwürdigen
verfälschenden Saint-Germain-
Komplex „Keiner darf besser sein als
ich!", den müssen wir von Casanovas Beschreibungen einfach abzie-

In aller Kürze: Der Tod der Zarin Elisabeth, Tochter Peters d. Gr., die ihre Armeen gegen Friedrich geschickt hatte,
brachte den Holsteiner Peter III. auf den
Thron, der den Preußenkönig verehrte
und Waffenstillstand schloss – die
große Wende im Siebenjährigen Krieg!

Zum Regieren war der eigenwillige
Zar allerdings ungeeignet. Gleich
wollte er einen neuen Krieg anzetteln,
um sein Stammland, das winzige
Schleswig-Holstein, den Dänen zu entreißen (und seine Regimenter standen
ja schon in Mecklenburg). Auch ein
Laie kann ermessen, dass das keine guten Voraussetzungen waren, um die
Großmacht Russland zu beherrschen –
solche Perspektiven waren schlicht
grotesk. Ein Machtwechsel sollte Peter
zur Abdankung zwingen und seine
ehrgeizige Gemahlin Katharina II. auf
den Thron heben – so geschah es am
8. Juli 1762. Vorher hatte Katharina
ihre Getreuen gar nicht instruieren und
um sich sammeln können. Sie musste
erst einem Knaben das Leben geben,
am 18. April, der den Nachnamen Bo-
brinsky bekam und Grigorij Orlow
zum Vater hatte. Die Brüder Orlow
wollten aber ihrer Angebeteten den
Thron endgültig sichern, und der ge-
walttätige Alexej brachte mit seinen
Helfern den wehrlosen Peter am 17.
Juli in Ropscha zu Tode. *Vor* diesem

Mord verließ Graf Saint-Germain das Land mit Orden und Auszeichnungen eines Grafen Soltikow. Sein Geheimauftrag hatte nur auf einen friedlichen Machtwechsel gelautet.

Wir finden Graf Saint-Germain wieder als Fabrikunternehmer in den österreichischen Niederlanden. Deren Statthalter ist ein langjähriger Freund Saint-Germains, Karl von Lothringen, der Schwager Maria Theresias. Das Geschäftliche erledigt der Staatsminister Karl Graf Cobenzl. Von ihm gehen Berichte an die Hofkanzlei in Wien: Dass ein Herr *Surmont* aufgetreten sei mit interessanten Vorhaben und neuartigen Verfahren und im Verein mit der Bankiersfrau Madame Nettine passende Manufakturen einrichten würde. Statt dieses Team zu beglückwünschen, dass sie der Staatskasse erwünschte Einnahmen bringen würden, macht Kaunitz in systematischer und absolut unnachgiebiger Weise das Projekt zunichte. Aus der Ferne maßregelt er seinen Minister, als habe der sich vom Augenschein täuschen lassen. Die Proben, die nach Wien geschickt werden, erfahren eine vernichtende Beurteilung – nach entsprechender Behandlung durch den Gutachter.

Kaunitz, darauf bedacht, das mühsam Etablierte zu erhalten, kann einem Rakoczy, der sich verdient gehen! Denn sonst müsste er den Grafen Saint-Germain womöglich als überlegen anerkennen – in der Gesprächskunst, im eleganten Auftreten, in seinen Kenntnissen und Reiseerlebnissen, in der Politik, Literatur, Alchemie oder schlechthin in allem, worin Casanova selbst der große *Arbiter* sein möchte und keinen neben sich dulden kann.

Was all die anderen unsicheren und nebulösen Quellen betrifft, so möchte ich nur eine für alle herausgreifen: Wenn Luise von Zastrow schreibt, Charlotte Amalies Mutter wäre eine Enkelin Jakobs I. gewesen und unser Graf Saint-Germain demnach ein leiblicher Nachkomme der Stuarts, so kann ich das nicht bestätigen und wüsste gern, woher das stammt. Es gibt allerdings eine Verbindung Stuart - Rakoczy: Elisabeth Stuart, die Tochter Jakobs L, vermählt mit dem Winterkönig Friedrich V. von der Pfalz, gebar ihm 14 Kinder. Von ihnen wurden bekannt Karl Ludwig von der Pfalz oder die Tochter Sophie, die in Hannover die Freundin und Förderin Leibniz' wurde. Das neunte Kind, Henriette Marie, heiratete Sigmund Rakoczy, einen Bruder von Georg. Da dessen Sohn Franz I. jung starb, wuchs Franz II. vaterlos auf. Sigmund (1622-1652) und Henriette Marie (1626-1651) hatten keine Kinder...

macht hat, keinen Raum in der Welt Habsburgs zugestehen. Auch hierin gelingt es ihm wie in allem anderen, Maria Theresia zu beeinflussen. Aus
staatsmännischer Sicht stimmt sie dem Verdikt des Kanzlers bei. Saint-Ger-
main/Surmont muss sich zurückziehen. Madame Nettine führt mit ihrem
Sohn die begonnene Fabrikation in eigener Regie weiter.

Zehn Jahre später trifft Saint-Germain unter dem Namen „Graf Tzarogy" in
Ansbach ein und lebt bis 1776 in Schwabach oder Triesdorf. Im dortigen Roten Palais hat er wieder ein Labor. Es könnte den Anschein haben, als sei er
im Lauf der Jahre „so tief gesunken", dass nur an einem merkwürdigen Duo-
dezfürstenhof eine Bleibe für ihn übrig war. Markgraf Karl Alexander lernt
ihn schätzen und empfängt viele wertvolle Ratschläge, um der spärlichen Industrie des Ländchens aufzuhelfen. Aber es liegt auf der Hand, dass Graf
Saint-Germain in Ansbach vor allem eine Vertraute besuchte, derzeit die Fa-
voritin des Landesherrn und kultivierten Gesprächen sehr zugetan.

Die russisch-englische Flotte in Livorno

Der Engländer, der den Ansbacher Markgrafen über seinen Gast aufklärte und
zwar rühmend, ist Konsul John Dyke (Dicke). Er weiß sich Saint-Germain zu
Dank verpflichtet für die Gesundheit der englischen Matrosen, die die brütende
Mittelmeerhitze mithilfe des seinerzeit schon bestempfohlenen Saint-Germain-
Tees gut überstanden hatten. Fügt man hinzu, dass der russische Admiral Alexej
Orlow von Livorno durch Deutschland zurück in seine Heimat reiste, setzt sich
folgendes Bild zusammen: Katharinas Expansionsgelüste in Richtung Schwarzes
Meer und Mittelmeer hatten der türkischen Flotte nichts entgegenzusetzen, es
gab keine ausgebildeten Mannschaften.

Die Seegefechte gegen die Türken übertrug man vielmehr den erprobten Eng-
ländern. Es gelang ihnen 1770 die in der Bucht von Tscheschme ankernde Flotte
durch zwei Branderboote zu überlisten und vollständig zu vernichten. Der legendäre Sieger von Tscheschme, mit dessen Bild sogleich eine Medaille geschlagen wurde, hieß allerdings Alexej Orlow und war kein Engländer. Jedermann wusste das und ließ den prahlsüchtigen Russen sich feiern (damals war
sein Bruder Grigorij noch Favorit Katharinas, er fiel aber schon 1773 in Ungnade).

Es ist niemand anderes als die legendäre Schauspielerin der „Comédie Française", die *Clairon*. Ein Name wie ein Hornsignal, in ganz Europa gefeiert. Die Dame, die sich von der Bühne zurückgezogen hat, führt in Ansbach als erstes schmackhafte Weißbrotwecken ein. In ihre Nähe begibt sich Graf Saint-Germain und bleibt – nach dem Treffen mit Alexej Orlow – für unbestimmte Zeit, denn die Clairon ist ihm gut bekannt: Er hat sie nämlich entdeckt, auf die Bühne gebracht und gefördert. Er ist der ebenbürtige Gesprächspartner dieser genialen Frau, und nicht der Markgraf. Dieser muss sich auf seiner Italientour in Livorno anhören, dass sein Hausgast der berüchtigte Graf Saint-Germain sei. Im Glauben, dass dies seinem Ansehen in Europa abträglich sei, entzieht er seinem bis dahin für ihn unbescholtenen Berater ohne Aussprache oder Gegenüberstellung das Vertrauen und kündigt ihm aus der Ferne, ohne ihn noch einmal zu Gesicht zu bekommen.

Graf Saint-Germain muss von Ansbach weiterziehen, nimmt Aufenthalt in Leipzig und richtet von dort seine erstaunliche Liste an Friedrich den Großen, die an Verfahren und Erfindungen ihresgleichen suchen dürfte. Der Preußenkönig winkt ab. Mag der Aufenthalt in Berlin 1778 angenehme Kontakte erneuern: mit Prinz Heinrich, Prinzessin Amalie, Lordmarschall Keith und anderen, es kommt nicht dazu, dass Graf Saint-Germain sein Ingenium dem zur Sparsamkeit verurteilten Land zur Verfügung stellt (wie es drei Generationen früher Hugenotten und Holländer taten).

So geht Saint-Germains Lebensreise nach Altona, wo er im Herbst 1779 mit Carl von Hessen-Kassel zusammentrifft, dem jungen Statthalter von Schleswig-Holstein, das damals zu Dänemark gehört. Dieser schildert in seinen Memoiren offen seine Vorbehalte, den berühmten (er sagt berüchtigten) Mann bei sich aufzunehmen: Musste er nicht, genauso wie Friedrich der Große, selbst in Verruf kommen, also seinem Land schaden, wenn er öffentlich gemeinsame Sache mit ihm machte, der in ganz Europa in Misskredit gefallen war?

Doch Carl war immer ein mutiger Mann. Graf Saint-Germain wusste ihn von Vorteilen zu überzeugen, bekam in Schleswig das Palais Ahlefeldt als Domizil angewiesen (heute Landesarchiv) und gewann den Landesherrn zum Vertrauten und Schüler. Die Sommer verbrachte man im Schlosspark von

Louisenlund an der Schlei, wo der Statthalter einen Freimaurerpark anlegte – er war Provinzialgroßmeister – und den sogenannten Alchemistenturm errichten ließ mit einem feierlichen Logenraum, unter dem sich ein Alchemistenlabor befand. Dort wurde Carl auch praktisch in die Geheimnisse der Umwandlung von Stoffen eingeweiht. Seinerseits hatte er den Wunsch, die darbende Industrie des Ländchens anzuheben mit einer Farbenfabrik. Das Gebäude – es war vorher die Tuchfabrik Otte – steht noch in Eckernförde in der Kieler Straße 96 - 100. Dort, beim Aufbau einer neuen Fertigung, hat Graf Saint-Germain am 27. Februar 1784 seine irdische Hülle abgelegt. Das Kirchenbuch von St. Nicolai verzeichnet seine Bestattung unter dem 2. März in der Grabkapelle Ahlefeldt.

Grab oder Grabstein sind nicht erhalten. Die höchste bisher gemessene Sturmflut in Eckernförde (13. November 1872) deckte die Fischerhäuser ab, riss die Kutter von ihren Ketten und drückte mühelos die Kirchenportale auf. Anschließend musste der ganze Fußboden von St. Nicolai erneuert werden, die Steine aus dem knietiefen Schlamm hinausbefördert werden. Ohne begrenztes Irdisches zu hinterlassen, ist der Graf von Saint-Germain aus der Mitte seiner Brüder und Schwestern gegangen. Reliquienkult ist bei ihm nicht möglich. Die Nachgeborenen können vor der Fabrik in Eckernförde stehen (sie hieß im 19. Jahrhundert auch Christianspflegehaus) oder auf der Stelle im Schlosspark Louisenlund, wo das Alchemistenlabor lag (der Turm selbst steht nicht mehr) – dort kann man seinem Geist oder seiner Ausstrahlung nachspüren.

Hat man ein annäherndes Bild von ihm gewonnen, füllt es sich vollends mit Leben in den vier gut dokumentierten Abschnitten, wo wir Graf Saint-Germain in Aktion wahrnehmen können. Sie zeigen allerdings auch im Detail die bestürzenden Verleumdungen, denen ein Mann, dessen guter Ruf das Einzige ist, worin er von den Mitmenschen abhängig ist, nichts entgegenzusetzen hat als unbeirrte Treue zu seiner selbstgewählten Aufgabe.

Die vier Nahaufnahmen machen ihn erkennbar als Diplomaten, Manufakturgründer, unablässig Forschenden und Weltweisen – die Verleumdungen inbegriffen.

4. Erste Nahaufnahme: Den Haag 1760

Der letzte Krieg war ja noch nicht so lange her: 1748 hatten sich die Mächte zum Frieden von Aachen bereitgefunden, doch was sich der fähigste Kopf unter Europas Politikern ausgedacht hatte, führte prompt zum nächsten: Wenzel Anton Graf Kaunitz hatte als österreichischer Botschafter in Paris und danach als Staatskanzler eine riskante Wende vorangetrieben: die Annäherung von Frankreich und Österreich. Man nannte das *"renversement des alliances"*. Sie wurde 1756 vollzogen und mit Einbeziehung der Großmacht Russland eine *perfide Umzingelung Preußens* Tatsache. Um ihr zu begegnen, begann Friedrich d. Gr. in einem Präventivschlag im Spätherbst 1756 den nächsten Krieg. Er besetzte Sachsen und behielt so vorerst das Gesetz des Handelns in der Hand, gestützt auf sein Bündnis mit England, das in Personalunion mit dem Kurfürstentum Hannover auch Truppen auf dem Kontinent einsetzen konnte.

Das wechselnde Kriegsglück hatte Friedrich d. Gr. bis zum Jahr 1759 zermürbt: Er hatte mit seinen Feldherrn – Ferdinand von Braunschweig war der Beste neben Prinz Heinrich – an nicht weniger als fünf Fronten zu kämpfen: das waren die Schweden, Russen, Österreicher, Franzosen und die sog. Reichsarmee, die der Kaiser aus den Kontingenten einiger Reichsfürsten bildete. Die Übermacht war erdrückend, aber ihre Koordination nicht immer glücklich. Die Verluste auf allen Seiten niederschmetternd. Für Friedensverhandlungen war es hohe Zeit.

Dafür boten sich die neutralen Niederlande an, und die Gesandten all dieser Länder gaben sich dort ein Stelldichein. Auch damals sprach man viel von Friedenskonferenz und schon damals kam sie nicht voran. Der Entschluß des französischen Königs, einen geheimen Vorstoß zu wagen, um mit England Frieden zu schaffen, ist voll verständlich: geheim musste dieser Entschluß schon deshalb bleiben, weil sein Außenminister Choiseul – im Einvernehmen mit Kaunitz – auf hinhaltendes Taktieren festgelegt war.

Der Geheimdiplomat Graf Saint-Germain begibt sich in Den Haag zum englischen General Yorke — sie kennen sich schon, vor 17 Jahren in London – und legt ihm Beglaubigungsschreiben von Kriegsminister Belle-lsle vor.

Yorke macht keine Einwände. Da Belle-Isle und Choiseul verfeindet sind, ist dies ein nicht mißzuverstehendes Signal: der Abgesandte kommt zu Verhandlungen ohne das Außenministerium. Warum zeigte Saint-Germain nicht eine Beglaubigung von Ludwig XV., oder hatte er keine?

Aber ein so kompromittierendes Papier wäre doch nichts für die ersten Schritte gewesen! Denn Saint-Germain erzielte mit Yorke in zwei Gesprächen eine vielversprechende Annäherung. Aber er hat vorher wegen der Anleihe in Amsterdam schon Kontakte geknüpft und bei dem Volumen von 100 Millionen hat sich eben schon einiges herumgesprochen, auch bis zum französischen Botschafter d'Affry, der unter dem 22. Februar Saint-Germains Anwesenheit in Amsterdam seinem Vorgesetzten meldet. Am 8. März ist Saint-Germain in Den Haag bei d'Affry gemeldet und spricht mit ihm über die Finanzmisere Frankreichs und die Notwendigkeit einer Anleihe. Ein Ablenkungsmanöver? Eher wollte er doch wohl den Botschafter als wichtige Schlüsselfigur auf seine Seite ziehen. Wenn Saint-Germain am Sturz des vorigen Generalkontrolleurs der Finanzen Silhouette beteiligt ist (wofür es eine Andeutung gibt), dann ist es schlüssig, dass der neue Plan mit dessen Nachfolger Bertin abgestimmt ist. Der Gesandte Yorke schreibt an seinen Vorgesetzten, den Staatssekretär Lord Holdernesse, am 14. März: *Der Mann ist vor ein paar Tagen hier angekommen ... Der Freimut, mit dem er über alles mögliche sprach, erregte allerlei Vermutungen, nicht zuletzt die, dass er als Friedensunterhändler gekommen sei. Herr d'Affry behandelt ihn mit Achtung und Aufmerksamkeit, ist aber sehr eifersüchtig auf ihn. Ich für mein Teil kümmerte mich nicht um ihn und habe mir nicht einmal die Mühe gemacht, meine Bekanntschaft mit ihm zu erneuern.*

Im ersten Gespräch drückt sich Saint-Germain folgendermaßen aus:

Der König, der Dauphin, Frau von Pompadour, der ganze Hof und das gesamte Volk, mit Ausnahme Choiseuls und Berryers [Marineminister], wünschen Frieden mit England. Sie könnten nicht anders, da die innere Lage es fordere. Die wahre Gesinnung Englands ist ihnen unbekannt, und sie wünschen mit Anstand aus der Sache herauszukommen. Herr d'Affry ist nicht eingeweiht, und der Herzog von Choiseul ist so öster-

reichisch gesinnt ... aber das hat nichts zu bedeuten, denn er wird hinausgesetzt werden.

Als das Gespräch lebhafter wurde, fragte ich ihn, welcher Verlust für Frankreich am empfindlichsten gewesen sei? Ob es Kanada wäre?

„Nein", sagte er, "denn wir wissen, dass es uns 36 Millionen gekostet hat, ohne uns etwas einzubringen."

„Guadalupe?"

„Deswegen wird der Frieden nicht scheitern, denn wir haben auch ohne diese Insel Zucker genug."

„Ostindien?"

„Das ist der empfindliche Punkt, denn es hängt mit unserer Finanzlage zusammen."

Ich fragte ihn, was man von Dünkirchen dächte.

Das „Secret du Roi"

Um dem Fiasko der Hofschranzenpolitik und dem Niedergang von Frankreichs Geltung zu entgehen, verfiel ein findiger Mann auf den Vorschlag, einen geheimdiplomatischen Dienst, der nur dem König, nicht aber seinen Ministern verantwortlich war, einzurichten. Es heißt, Saint-Germain selbst wäre der Urheber dieser Idee gewesen.

Der König stimmte zu, zumal er in seinem Cousin, Prinz Conti, den passenden Organisator dieses vertraulichen Kabinetts wusste. Conti konnte Emissäre, versehen mit Geld und Pass, losschicken, ohne dass der Außenminister – er war es ja in der Regel, dessen Ressort betroffen war – eingeweiht wurde. Die Geheimdiplomaten konnten in ungewohnter Effizienz arbeiten und waren erfolgreich. Sie verhandelten direkt und kamen mit erledigten Aufträgen zurück. Wer diese Konstruktion zu Fall bringen konnte, war im Grunde nur einer: der König selbst. Der Graf von Broglie z. B. wurde als Botschafter nach Polen entsandt und erhielt gleichzeitig als Spion geheime, anders lautende Direktiven. Mit solchen Usancen desavouierte Ludwig XV. den Erfolg seiner Einrichtung. Als Außenminister de Bernis protestierte, was für Sachen Broglie in Warschau mache, wehrte sich dieser unter Deckung der Geheimhaltung. *Die Kraftprobe spitzte sich zu, bis Bernis schließlich am 1. Februar 1758 die Order zur Abberufung Broglies nach Versailles erließ. Erstaunlicherweise widersetzte sich Bro-*

„Man wird es ohne Schwierigkeit schleifen; darauf können Sie sich verlassen."

Nun fragte er mich, was wir von Minorka dächten. Ich entgegnete ihm, wir hätten es vergessen, wenigstens spräche niemand mehr davon.

„Das", sagte er, „habe ich ihnen hundert und tausendmal gesagt. Auch die Kostenfrage brächte uns sehr in Verlegenheit."

Das sind die Hauptpunkte einer dreistündigen Unterredung, über die ich ihm zu berichten versprach. Er bat mich um Geheimhaltung und sagte, er ginge nach Amsterdam und Rotterdam, bis er erführe, dass ich eine Antwort erhalten hätte. Ich habe ihn nicht ermutigt, darauf zu warten, aber auch nicht das Gegenteil getan.

Ich hoffe, Seine Majestät wird mein Benehmen nicht mißbilligen.

glie dieser Order und schrieb umgehend an den König, nach seinem Verständnis könne nur er, der König, eine derartige Order erlassen. Das brachte den König in eine schwierige Situation, in der er zwischen dem Geheimdienst und dem Außenministerium wählen musste. Ludwig schlug sich auf Bernis' Seite, und Broglie wurde seines Postens in Warschau enthoben. Aber er behielt Broglie in Versailles, als Chef des Geheimdienstes ...

Während nach außen hin Broglie zurückberufen wurde, hatte er in Wirklichkeit den besseren, nämlich ungeteilten Posten bekommen (Prinz Conti war bei Ludwig politisch in Ungnade gefallen). Bernis überlebte als Außenminister nicht, und der gewandte Choiseul bewegte sich weiter in dieser verqueren Situation. Man könnte vermuten, dass Ludwig durch die Warschauer Affäre vorsichtiger geworden sei, aber mitnichten. Das Opfer seines zweigleisigen Vorgehens, das uns interessiert, ist Graf Saint-Germain. Aber auch nach dem Scheitern von Den Haag 1760 hatte Ludwig am Spiel mit dem Feuer noch nicht den Gefallen verloren (und verspielte übrigens damit den letzten außenpolitischen Kredit). Für uns ist die nächste Affäre deshalb so aufschlussreich, weil sie *Belege* für königliche Geheimordres liefert.

Unfreiwilliger Held dieser Affäre ist der gewandte Chevalier d'Eon, einer der besten Männer Frankreichs sowohl im diplomatischen wie im geheimdienstlichen Feld. Nach seinen Einsätzen in Russland bei Zarin Elisabeth wurde er nach England geschickt im Rang eines bevollmächtigten Ministers. Als der

Es ist in solchen Verhältnissen nicht leicht, das Rechte zu treffen, aber ich kann diese Verhandlungen ebenso leicht abbrechen, wie ich sie angeknüpft habe. Der König scheint ja dem Frieden eine Tür öffnen zu wollen, und Frankreich scheint ihn sehr nötig zu haben. Die Gelegenheit scheint günstig, aber bevor ich weiter gehe, erwarte ich Weisung. Ein allgemeiner Friedenskongress scheint nicht nach Frankreichs Geschmack, und man scheint weiter gehen zu wollen, als man gesagt hat, aber es wäre Frankreich sehr angenehm, wenn man ihm irgendein Angebot machte; denn Seine Allerchristlichste Majestät und die Marquise sind etwas schwer von Entschluss.

Holdernesse antwortet aus London am 21. März zustimmend: Seine Majestät [Georg II.] hält es für wahrscheinlich, dass der Graf Saint-Germain – viel-

neue Außenminister Choiseul-Praslin (ein Vetter des vorigen) d'Eons Abberufung verfügte und Botschafter Guerchy entsandte, weigerte sich d'Eon, um seinen Geheimauftrag zu schützen, hielt sich an seinen königlichen Auftrag gebunden und blieb auf eigene Rechnung in London, ja er zog mitsamt den Geheimpapieren in eine gesicherte Wohnung, um den Machenschaften des Außenministers zu entgehen. Doch finanziell geriet er aufs Trockene. Seine Bücher musste er teilweise verkaufen, Wetten wurden auf ihn abgeschlossen, aber er hielt durch. Ihn auszuliefern, weigerte sich der englische Richter. D'Eon war sicher, dass seine Dienste das „Secret du Roi" bewegen mussten, ihn eines Tages entsprechend zu belohnen. Als das nicht geschah, veröffentlichte er sage und schreibe einen Teil der geheimdienstlichen Noten – er war der erste, der so etwas tat! Von dem Erfolg des Buches, das in Frankreich verboten war, konnte er sich wieder über Wasser halten – bis Graf Broglie den König so weit hatte, dass eine einvernehmliche Lösung gefunden wurde. Unter Vermittlung des gewissermaßen ebenbürtigen Beaumarchais wurde ein Vertrag aufgesetzt, der d'Eon eine Entschädigung und die Rückkehr nach Frankreich garantierte.

Das alles ist unerlässlich als Hintergrund zu Saint-Germains Situation im Frühjahr 1760, vor allem in zweierlei Hinsicht: 1. um zu erkennen, dass da ein Spiel nach gleichem Muster ablief, nämlich der Kraftprobe zwischen den Männern des Königs (Geheimdienst) und dem Außenministerium, und 2. um einzusehen, dass die einzige Handhabe eines Geheimdienstlers die Veröffentlichung geheimer Papiere war, um sich vor der Laune des Königs, der ihn fallen

leicht sogar mit Vorwissen des Königs von Frankreich – ...tatsächlich beauftragt war, so zu reden, und es ist einerlei, durch welche Mittelsperson man zum gewünschten Ziele kommt. Aber: Alles, was Sie sagen, ist offiziell, wogegen Saint-Germain kurzerhand verleugnet werden kann, wenn es dem französischen Hofe passt. Deshalb ist sein Auftrag auch nicht nur dem französischen Gesandten im Haag unbekannt, sondern auch dem Minister des Auswärtigen in Versailles. Vorsorglich bekräftigt der Lord, dass er die Voraussetzung einhalte, dass die Verbündeten Seiner Majestät, insbesondere der König von Preußen, in das Abkommen einbegriffen werden.

Und wenn England schon so deutlich am Bündnis mit Preußen festhält, was sagt der preußische Geschäftsträger von der Hellen? Der berichtet am 15. März dem im Feld stehenden Friedrich: Er ist seit etwa 3 Wochen im

---

ließ, zu schützen. Genau das hatte Saint-Germain angedroht.

Er ist ja im Sommer 1761 in Paris gesehen worden – unauffällig, aber unbehelligt. Der uns bekannte Außenminister Choiseul machte kein Hehl daraus und gab auf den Bericht der Madame d'Urfé, den Grafen von Saint-Germain im Bois de Boulogne gesehen zu haben, die ergötzliche Antwort: „Ich bin darüber keineswegs überrascht", denn er hat die Nacht in meinen Räumen verbracht." (Casanova Bd. 8)

Es wurde also Frieden geschlossen zwischen Choiseul und Saint-Germain, der ihm natürlich keine Geheimpapiere übergab, aber Choiseul musste schon geradestehen für den Schaden, den ein außenpolitischer Zwischenfall für Saint-Germain zur Folge hatte. Das englische Handelsschiff „Akkerman", an dem er zur Hälfte beteiligt war, hatten französische Freibeuter in den Hafen von Dünkirchen gedrängt, wo es festlag und das Ziel seiner Bestimmung nicht anlaufen konnte.

Was das „Secret du Roi" betraf, hat Saint-Germain wohl auch zu diesem Zeitpunkt mit Graf Broglie und dem König eine Klärung herbeigeführt – wir wüßten ja gern, ob sich Ludwig in irgendeiner Form entschuldigt hat.

Genug des Widersinns! Für den Enkel, Ludwig XVI., war es keine Frage, diese Dinge aufzulösen, als er nach Regierungsantritt davon erfuhr. Der junge Mann war ja nicht dumm und hatte von der Würde des Königtums hohe Vorstellungen.

Land, mit einer Empfehlung an Herrn Hope, den reichsten Kaufmann in Amsterdam, bei dem er sogar vierzehn Tage gewohnt hat. Hier hat er Empfehlungen an die reichsten portugiesischen Juden. Wie behauptet wird, hat er den Auftrag, über 30 Millionen [Anleihe] für Frankreich zu verhandeln, aber ich neige zu der Ansicht, dass er andere Aufträge hat, und zwar ohne Wissen des Grafen d'Affry, der ihn zwar höflich behandelt, aber im Grunde sehr eifersüchtig auf ihn ist. Gestern bat er um eine Unterredung mit dem General Yorke, die 2 Stunden gewährt hat. Das sagte mir dieser am Abend ins Ohr...Heute muss ich mich auf die Meldung beschränken, dass der Mann viel schwatzt, sich als Gegner Österreichs ausgibt und Frankreich wegen seines Bündnisses mit Wien laut tadelt. Dagegen ist er ein großer Anhänger Eurer Majestät.

Friedrich antwortet auf den genaueren Bericht am 23. März aus Freiberg in Sachsen: Indes habe ich meinem Gesandten in England einiges über diese Unterredung vertraulich mitgeteilt und ihn angewiesen, beim englischen Ministerium nach Kräften darauf zu dringen, dass es jetzt sobald wie möglich seine Weisungen dem General Yorke gibt, damit er genau weiß, welche Friedensbedingungen England für sich und seine Verbündeten Frankreich gegenüber stellt, und was es von seinen Eroberungen behalten oder den Franzosen zurückgeben will.

Friedrich ist der, der den Frieden womöglich noch dringender braucht als Frankreich, und – wie wir lesen – drängt er England, dem baldigen Abschluß grünes Licht zu geben. Auch der englische Gesandte am preußischen Hof wird

> „Wie ist es nur möglich, dass ein König die Arbeit seines eigenen Kabinetts untergräbt! Er sendet geheime Botschafter aus und gibt ihnen Weisungen, die denen des Ministers Choiseul widersprechen. Dabei hat der König die Richtlinien für die Außenpolitik selbst festgelegt. Niemals aber steht er später zu seinen Sonderinstruktionen. So hetzt er alle gegen alle auf. Er macht die Menschen misstrauisch, verdirbt ihren Charakter und demoralisiert seine Umgebung. Er macht die hohe französische Diplomatie zu einem Hexenkessel, und diesen Widersinn nennt er das *Secret du Roi*!
>
> Isa von der Schulenburg,
> *Der Magier und der Kardinal*, Hamburg 1983 (auch Knaur Tb.)

ins Vertrauen gezogen. Sir Andrew Mitchell, der den König ins Feld begleitet hat, schreibt ebenfalls aus Freiberg am 27. März an Lord Holdernesse: Der König von Preußen ... fragte mich, ob ich den Grafen Saint-Germain kenne, der, wie er gehört habe, eine Zeitlang in England gewesen sei. Ich antwortete, ich hätte ihn dort gesehen, hätte aber nicht geglaubt, dass er zum Unterhändler werden würde. Seine Preußische Majestät entgegnete, er hätte gehört, dass der Graf Mittel und Wege gefunden hätte, sich die Gunst des Königs von Frankreich zu verschaffen. Er hätte ihn mit einigen chemischen Versuchen unterhalten, und der König hätte ihm das Schloss Chambord geschenkt.

Der abgefangene Brief

In Den Haag wohnt Graf Saint-Germain beim Grafen Willem Bentinck van Rhoon, dem Bevollmächtigen Minister der Generalstaaten. In dessen persönlichen "Papieren" fasst er seine Eindrücke zusammen:

Sonntag, 9. März 1760. Saint-Germain erzählte mir, England würde dem Frieden keine Hindernisse in den Weg legen, Frankreich dagegen Schwierigkeiten bereiten. Der französische Hof und Frau von Pompadour, der ganze Hof sowie das gesamte Land verlangten leidenschaftlich nach Frieden. Der Herzog von Choiseul sei der Einzige, der dies Bestreben zu vereiteln suche...Einen Weg aus dieser Verlegenheit gebe es: nämlich den Friedensschluß zwischen England und Frankreich. Das übliche System von Präliminarien, Kongressen und Konferenzen würde nur die Lösung unbegrenzt hinausschieben und zu einem neuen Kriege führen. Der bloße Gedanke lasse einen erschaudern. Sobald man nur einige annehmbare Vorschläge vorbrächte oder nur etliche aufrichtige und vertrauenswürdige Männer sich ins Mittel legten, würde seiner Ansicht nach der Friede zustandekommen, den England ebenso dringend gebrauche wie Frankreich...Er bekam noch einen weiteren Brief über Brüssel aus London, und dieses letztere Schreiben enthielt Andeutungen über einen Sonderfrieden zwischen Frankreich und England.

Es ist klar, dass ein erfolgreiches Friedensbemühen nicht ohne Bentincks Dazutun gelingen kann. Er gilt aber als ein Mann Englands, wo er lange gelebt hat. Saint-Germain berichtet in einem Brief an Madame de Pompadour unter dem 11. März, wie er bei Bentinck um Annäherung an Frankreichs Position geworben habe.

Ich war so erfolgreich, dass ich glaube, Frankreich hat keinen verständigeren, treueren und beständigeren Freund.

Des seien Sie versichert, gnädige Frau, wenn Sie auch das Gegenteil davon hören sollten...

Ich glaube mit gutem Grunde, dass der König angesichts seiner Macht, seiner Aufrichtigkeit und Redlichkeit große Dienste von ihm erwarten kann. Wenn der König glaubt, dass meine Beziehungen zu ihm irgendwie von Nutzen sein können, so will ich mich aufs äußerste bemühen, ihm zu dienen. Meine freiwillige selbstlose Hingebung an seine heilige Person muss ihm ja bekannt sein. Sie kennen die Treue, die ich Ihnen geschworen habe, gnädige Frau: Befehlen Sie, und ich gehorche. Sie können Europa ohne die Verdrießlichkeiten und Schwierigkeiten eines Kongresses den Frieden geben. Ihre Befehle werden mir völlig sicher zukommen, wenn Sie sie an den Grafen van Rhoon im Haag senden oder, wenn Sie es für besser halten, an die Herren Thomas und Adrian Hope, bei denen ich in Amsterdam wohne. Was ich Ihnen zu schreiben habe, erscheint mir so bedeutsam, dass ich mir schwere Vorwürfe machen müßte, gnädige Frau, wenn ich es Ihnen verschweigen wollte, da ich nie etwas verborgen habe noch verbergen werde. Wenn Sie keine Zeit haben, mir selbst zu antworten, so bitte ich Sie, es durch eine sichere, vertrauenswürdige Person zu tun. Aber verlieren Sie keinen Augenblick; ich beschwöre Sie bei aller Liebe und Zuneigung für den besten und würdigsten aller Könige.

Aber dieser Brief kommt in die falschen Hände, nämlich in die des Außenministers Choiseul. Der zögert nicht, sich seinen eigenen Vers darauf zu machen und schickt den abgefangenen Brief seinem Botschafter d'Affry zurück mit folgender Anweisung:

Versailles, 19.März 1760

Ich sende Ihnen einen Brief des Herrn von Saint-Germain an die Marquise von Pompadour, der die unglaubliche Art dieses Mannes hinreichend beweist. Er ist ein Abenteurer ersten Ranges und zudem, soweit ich sehen kann, sehr töricht. Ich bitte Sie, ihn sofort nach Empfang meines Briefes zu sich kommen zu lassen und ihm zu sagen, ich wisse zwar nicht, wie man im Finanzdepartement über ihn dächte, gäbe Ihnen aber den Befehl, ihm zu eröffnen: sobald ich erführe, dass er sich irgendwie im Großen oder im Kleinen in die Politik einzumischen wage, so könne er sich darauf verlassen, ich würde beim König den Befehl erwirken, ihn bei seiner Rückkehr nach Frankreich für den Rest seiner Tage in einem Kerkerloch einzusperren. Sie wollen hinzusetzen, er möge ganz sicher sein, dass diese meine Absichten ebenso ernst sind, wie dass sie bestimmt ausgeführt werden, falls er mir Anlass gibt, mein Wort zu halten.

Nach dieser Erklärung werden Sie ihn auffordern, nie wieder einen Fuß in Ihr Haus zu setzen, und Sie werden gut daran tun, allen fremden Gesandten sowie den Amsterdamer Bankiers das Kompliment bekanntzugeben, das Sie diesem unausstehlichen Abenteurer in meinem Auftrage gemacht haben.

Hat nicht Saint-Germain geschrieben, die Pompadour möge erst befehlen? Ist also noch gar nichts in Gang gekommen? Und doch ist der zuständige Minister schon so alarmiert, dass er einen Mann, der das Vertrauen der Ersten Dame Frankreichs genießt, einsperren lassen will! Nun, das ist erst mal eine Drohung. Der Minister hat Lunte gerochen und muss fürchten, dass *seine* Vollmachten in die Luft fliegen. Für ihn gilt als oberster Grundsatz, dass ein Frieden nur mit *seiner* Mitwirkung zustande kommen kann, nach *seinen* Vorgaben, ohne Einmischung anderer. Wenn auch Frankreich seine Flotte verloren hat und bankrott ist – nun, so heißt es Zeit zu gewinnen! D'Affry ist mächtig verunsichert. Hat er doch gerade eine Antwort, zusammen mit Österreich und Russland, abgegeben, die den englisch-preußischen Vorschlag, einen Friedenskongress in Breda zu beschicken, *abweist*.

Er teilt den anderen Gesandten, auch dem sächsischen Residenten Kauderbach, den Inhalt von Choiseuls Schreiben mit. Saint-Germain sucht ihn nicht mehr auf. Am 3. April eröffnet Prinz Ludwig von Braunschweig-Wolfenbüttel, der für den minderjährigen Wilhelm V. von Oranien die Regentschaft führt, den drei Gesandten Golowkin, Reischach und d'Affry, es gehe um noch mehr Briefe an Saint-Germain. Es ließe sich ihm zwar nichts zur Last legen, aber er sei in diesem Augenblick und hierzulande eine sehr gefährliche Person, und ein Mensch von solcher Dreistigkeit könne eine Unterhandlung durch einen einzigen Schritt erschweren und verzögern. D'Affry berichtet: Nun glaubte ich das Wort ergreifen zu müssen und sagte zum Prinzen Ludwig, ich sei vollauf ermächtigt, ihm sowie den Herren Golowkin und Reischach zu erklären, dass Saint-Germain von uns völlig desavouiert werde und dass auf irgendwelche Äußerungen von ihm über unsere Angelegenheiten oder unsere Regierung nichts zu geben sei.

Dies könne er auch dem englischen Gesandten übermitteln. D'Affry geht aber auch persönlich zu Yorke und erfährt aus dessen Mund, es habe *zwei* Friedensgespräche gegeben.

Er fügte hinzu, dass [Holdernesse] auf seinen Bericht über den ersten Besuch des Mannes an ihn geschrieben hätte, er möge ihm erwidern, dass Eröffnungen über den Frieden von Seiten Frankreichs in London stets willkommen seien, einerlei durch wen sie gemacht würden. So lautet d'Affrys Bericht an Choiseul vom 5. April 1760. Wir wissen nicht, ob der Außenminister darob blass wurde oder vor Wut schäumte. Er versetzt jedenfalls den Friedenschancen für dieses Jahr den Todesstoß mit folgendem Antwortschreiben.

Versailles, 11. April 1760
Aus meinem besonderen Schreiben über den Grafen Saint-Germain haben Sie ersehen, welche Meinung ich von diesem unausstehlichen Abenteurer habe. Ich kann Ihnen versichern, dass alle Minister Seiner Majestät ebenso denken, und der König läßt Ihnen ausdrücklich befehlen, Sie sollen den sogenannten Grafen Saint-Germain nicht nur bei allen Personen in ganz Holland, von denen Sie annehmen können, dass sie diesen Halunken kennen, mit Schimpf und Schande in Verruf bringen, sondern Seine Majestät wünscht auch, dass Sie mit Berufung auf die zwischen ihm und Holland bestehende Freundschaft die Verhaftung dieses Burschen durchsetzen, damit er nach Frankreich überführt und

gemäß der Schwere seines Vergehens bestraft wird. Es liegt im Interesse aller Herrscher und der öffentlichen Moral, dass mit solcher Unverschämtheit aufgeräumt wird, die sich in die Angelegenheiten einer Macht wie Frankreich einzumischen wagt, ohne dazu ermächtigt zu sein. Nach meiner Meinung ist das Auslieferungsverlangen in diesem Falle ebenso berechtigt, wie sonst bei Verbrechern. Somit hofft der König nicht ohne Grund, dass Saint-Germain auf Ihren Antrag verhaftet und mit sicherem Geleit nach Lille gebracht wird.

Ich muss gestehen, dass Sie nach meiner Meinung sehr schonend mit ihm verfahren sind und dass ich vielleicht nach Ihrer letzten Unterredung mit ihm den Befehl hätte geben sollen, ihm eine gute Tracht Prügel verabfolgen zu lassen.

Was er Ihnen über Chambord gesagt hat, ist eine Lüge ersten Ranges. Der König will durchaus, dass dieser Abenteurer alsbald in den Vereinigten Provinzen in Verruf und Misskredit gebracht und, wenn möglich, so bestraft wird, wie sein Unterfangen es verdient. Seine Majestät hat mich ausdrücklich beauftragt, Sie in seinem Namen aufzufordern, dass Sie der Sache Ihre volle Aufmerksamkeit widmen.

Nachschrift. Wäre es nicht möglich, außer dem Antrag auf Auslieferung Saint-Germains bei den Generalstaaten einen Artikel in die holländischen Zeitungen zu bringen, durch den dieser Halunke ein für allemal diskreditiert wird, damit alle Betrüger, die ihn nachahmen wollen, eine Lehre erhalten? Auch dies hat der König vollauf genehmigt, und Sie werden es voll ausführen, wenn Sie es für möglich halten.

Nun hätte der französische Botschafter Ursache gehabt erzürnt zu sein, für einen unbegabten grünen Jungen hingestellt zu werden. Oder hatte er schon leidvolle Erfahrungen mit diesem schwierigen Vorgesetzten? Auch aus der zeitlichen Entfernung können wir vielleicht ermessen, dass Choiseuls Vorgehen auf diplomatischem Parkett ganz unerhört war und der Bloßstellung eines Ertappten gleichkam, der "Haltet den Dieb!" ruft. War Saint-Germain nicht unvorsichtig, dreist und vorlaut? Dann war Choiseul es nicht minder! Bei ihm kann man sich hineindenken: die Machtfülle, die Position, Habsburgs Interessen und das Salär aus Wien gaben ihm das Recht, all dies zu verteidigen.

So ist es nur gerecht, wenn 1763 der schmählichste Friede, den Frankreich bis dahin geschlossen hat, auch mit dem Namen Choiseul verbunden ist.

Aber warum ist Saint-Germain so unvorsichtig? Vorsätzlich, damit jedermann weiß wie erfolgreich er ist? Damit der Erfolg umso weniger aufzuhalten ist? Es wäre gut, das zu verstehen, denn Geheimhaltung ist eine Sache und Hinausposaunen eine andere. Saint-Germain läßt es darauf ankommen, dass *seine* Berichte nach Versailles beim König darauf hinwirken, die Friedensverhandlungen fortzusetzen. Denn die Zeit drängt. Die Zuträgereien in Den Haag setzen sogar den österreichischen Gesandten, Freiherrn Thaddäus Reischach, instand, an Staatskanzler Kaunitz unter dem 28. März zu berichten (er schreibt deutsch):

> Mir ist indessen von guter Hande [einem Freund] zu vernehmen gekommen... Mr. Yorke habe ihm die stärkste Versicherung erteilet, wie sehnlich und aufrichtig Engelland einen baldigen Frieden wünsche und suche; diese Krone werde den König in Preußen nicht verlassen, jedoch denselben vermögen, dass von ihm Ihro Majestät der Kaiserin *raisonnable* und *acceptable* Friedensvorschläge gemacht werden. Von welchem allem er nach Versailles seinen Rapport abgestattet, darüber aber noch keine Antwort erhalten habe. Saint-Germain habe sich gegen diesem seinem Freunde herausgelassen, in was für großem Credit er bei der *Madame la Marquise de Pompadour* und dem *Duc de Belle-Isle* stehe und nicht anders glauben könne, als dass Herr *Graf d'Affry* die an ihm vollzogene Ordre von Herrn *Duc de Choiseul* [von welchem ihm, *Comte de Saint-Germain*, nichts *committiret* worden] erhalten habe. Er werde aber auf das Stärkeste arbeiten, dass alles ohne Anstand *repariret* und seine hierin verletzte *Reputation* auf das bäldeste und vollkommenste hergestellt werde.

Man kann sich die Spannung vorstellen, mit der die Gesandten in Den Haag und auch die von ihnen informierten Höfe die nächsten Schritte Saint-Germains aufnehmen: wird er es auf die Spitze treiben oder nicht? Aber ja: er begibt sich zu seiner zweiten Unterredung mit General Yorke. In Reischachs Worten, der ja den Engländer nicht direkt fragen kann, aber von Herzog Ludwig von Braunschweig (dem Vormund des Erbstatthalters) mit folgender Auskunft beehrt wurde:

8. April 1760

Und da der Herr Herzog ihm hierauf zu erkennen gegeben, dass Saint-Germain von der Zeit, als er ihm obiges Verbot getan, den Mr. Yorke nochmals besucht und sich mit ihm unterhalten habe, so hat Graf d'Affry demselben erwideret, dass er ihn sogleich zu sich kommen lassen und ihm bedeuten wolle, dass, wann er hiervon nicht sogleich gänzlich abstehe, der französische Hof schon Mittel finden werde, ihn einzusperren und in eine *basse fosse* [Kerker] setzen zu lassen, wobei er den Herrn Herzog ersuchte, all solches dem Mr. Yorke zu hinterbringen.

Ich beobachtete hierbei, dass besagter Herr Herzog mit vielem Eifer sich wider Saint-Germain an Laden gelegt, welches mich urteilen gemacht, dass er vielleicht besorgen dürfte, es möchte durch seinen Canal ein Fried zwischen der Krone Frankreich und Engelland mit Ausschluss der engeländischen Alliierten befördert werden.

Königliche Geheimordre

Herr von Eon empfängt meine Ordres durch den Grafen von Broglie oder Herrn Tercier, um in England zu rekognoszieren, und wird sich von allem zu dem Zwecke Gehörigen unterrichten, als hätte ich es ihm direkt bezeichnet. Es ist meine Absicht, dass er das tiefste Geheimnis über diese Angelegenheit walten lasse und niemandem auf Erden, selbst nicht meinen Ministern, etwas davon sagt.

Der nötigen Korrespondenz wegen wird derselbe eine eigene Chiffrenschrift erhalten. Die Adressen werden ihm von dem Grafen von Broglie oder Herrn Tercier zugestellt werden, denen er vermittelst dieser Chiffrenschrift alles mitzuteilen hat, was er von Englands Plänen hinsichtlich Russlands und Polens sowie des Nordens und ganz Deutschlands erfährt. Sein Eifer und seine Anhänglichkeit sind mir bekannt.

Versailles 3. Juni 1763
Unterschrift eigenhändig Louis

Zur Belohnung der Dienste, die Herr D'Eon mir sowohl in Russland, als bei meinen Kriegsheeren und bei anderen Aufträgen, die ich ihm gegeben, geleistet hat, gebe ich ihm die Versicherung eines jährlichen Gehalts von zwölf tausend Li-

vres, die ich ihm alle sechs Monate, in welchem Lande er sich auch befinde, außer in Kriegszeiten bei meinen Feinden, richtig werde auszahlen lassen, und zwar so lange, bis ich für dienlich erachte, ihm eine Stelle zu erteilen, wovon die Besoldung noch ansehnlicher sein würde, als das jetzige Gehalt.
Zu Versailles, den 1. April 1766
(unterzeichnet) Louis

Ich, Eydes unterschriebener, bevollmächtigter Minister des Königs an diesem Hofe, zeuge auf meine Ehre und auf meinen Eyd, das oben stehende Versprechen würklich von des Königs, meines Herrn, eigener Hand geschrieben, und unterzeichnet ist, und dass er mir Befehl erteilt hat, selbiges dem Herrn D'Eon, seinem ehemaligen bevollmächtigten Minister bei Sr. großbritannischen Majestät zu überreichen.
Zu London, den 11. Juli 1766
(unterzeichnet) Durand

Ist nicht der Ausdruck "besorgen" interessant? In der Tat sollten sich die Österreicher Sorgen machen. Aber als Äußerung des Herzogs Ludwig von Braunschweig muss man es doch so verstehen, dass nach seinen Informationen die *Annäherung* in Richtung Sonderfrieden schon recht weit gediehen ist.

Von Yorke selbst liegen von diesem Zeitpunkt keine Berichte vor. Choiseul hat sich entschieden, im Kronrat den ganz starken Mann zu spielen, und tritt dem König offen entgegen, es werde sich ja niemand in sein Ressort einmischen – ein, wie er wusste, wirksames Vorgehen, denn in dieser offenen Machtprobe zieht Ludwig XV. nicht zum erstenmal den kürzeren. Schuldbewusst gibt er seine Geheimordre preis und damit auch das Schicksal Frankreichs, denn was wird aus der Friedenshoffnung, wenn Choiseul den Unterhändler Saint-Germain verhaften läßt? Am 27. März hatte Graf Saint-Germain seine zweite Unterredung mit General Yorke und nahm Abschrift von der Weisung des englischen Königs. Und jetzt musste alles auf eine Karte gesetzt werden auch entgegen Choiseuls energischem Eingreifen – aber würde und konnte England da mitspielen? Yorke berichtet Lord Holdernesse, was inzwischen geschehen ist:

Am Sonntag [23. März] erhielt d'Affry einen Kurier vom Herzog von Choiseul mit der Weisung, zu erklären, Saint-Germaln hätte keinerlei

Auftrag vom Versailler Hofe, und er [d'Affry] solle ihn wissen lassen, dass er nicht in seinem Hause verkehren dürfe, ja er solle ihm dies sogar verbieten. Das teilte d'Affry dem Saint-Germain am Mittwoch [26. März] bei seinem Besuche mit, und zwar im Namen des Königs von Frankreich. Als dieser aber den Befehl zu sehen verlangte, da er sich nicht denken konnte, dass er vom König selbst käme, räumte d'Affry ein, dass der Befehl nicht vom König selbst, sondern vom Herzog von Choiseul als Staatssekretär des Auswärtigen käme. Dies begleitete er mit Versicherungen seiner Hochachtung und drückte zugleich den Wunsch aus, ihn am nächsten Tage nochmals zu sprechen. Saint-Germain jedoch lehnte dies ab, da er nicht gewillt sei, den Gesandten nochmals zu einem Verstoß gegen seine Befehle zu veranlassen, die er bereits durch seinen Empfang übertreten hätte. D'Affry ließ einfließen, dass dieser Befehl die Folge eines Briefes sei, den Saint-Germain an die Marquise von Pompadour geschrieben hätte, und durch den er, wie er sich ausdrückte, in Versailles in Teufels Küche geraten sei, obwohl er leugnete, von dem

Choiseuls Ernte: Der Frieden von Paris 1763

Trotz der Feiern, mit denen in Paris das Ende des Krieges ostentativ zelebriert wurde, wusste jeder, der mit der französischen Außenpolitik vertraut war, dass der Vertrag schlechterdings eine Katastrophe war. In seiner Korrespondenz versuchte Außenminister Praslin, den Vertrag wenigstens so gut wie möglich zu verkaufen: „Der Frieden ist nicht gut, aber er ist notwendig, und ich denke, dass wir uns in der gegenwärtigen Situation nicht einbilden sollten, dass wir es hätten besser machen können." Kriegsminister Choiseul war noch etwas deutlicher: „Wir wissen nur zu gut, dass dieser Frieden für Frankreich weder ruhmreich noch nützlich sein wird ... aber die Umstände erlauben es uns leider nicht, bessere Konditionen zu erhalten." Der König pflichtete dem bei. „Der Frieden, den wir gerade unterzeichnet haben, ist weder gut noch ruhmreich, und niemand empfindet das tiefer als ich. Aber unter diesen unglücklichen Bedingungen, war etwas anderes nicht möglich ... Wenn wir den Krieg ein weiteres Jahr fortgesetzt hätten, hätten wir noch einen schlimmeren [Friedensvertrag] akzeptieren müssen." Und Pompadour brachte das Ganze gegenüber Nivernais noch wesentlich unverblümter auf den Punkt: „Ich glaube, dass alles verloren ist."

Der Frieden von Paris sollte tatsächlich als eine der schlimmsten Niederlagen Frankreichs in der jüngeren Neuzeit gesehen werden. Frankreich hatte sich für die größte Macht in Europa, wenn nicht gar auf der Welt gehalten. Bündnisse mochten weitere Expansionen Frankreichs zwar verhindern, aber kein anderer Staat konnte es mit den Franzosen direkt aufnehmen. Und jetzt hatten die Briten sie praktisch im Alleingang auf See geschlagen und ihr amerikanisches Imperium zerschlagen. Viele in der französischen Regierung waren der Meinung, dass Frankreichs neues Bündnis mit Österreich zumindest teilweise schuld an der Niederlage war. „Europa gewöhnte sich daran, Frankreich im Rahmen der internationalen Beziehungen als eine zweitrangige Macht zu sehen", schrieb der Graf von Broglie 1773. „Kurz: als einen Staat, der seine Befehle von Österreich erhielt."

Gary Kates

Inhalt des Briefes das Geringste zu wissen. Saint-Germain berief sich auf die ihm bei seinem ersten Besuche gegebenen Beweise dafür, dass er nicht ohne Vollmacht sei, und erklärte, dass die möglichen Folgen seiner Briefe ihm keine Kopfschmerzen verursachten, was den Gesandten einigermaßen misstrauisch machte. Schließlich verabschiedete er sich kurzerhand. Nichtsdestoweniger ließ d'Affry sich gestern wieder nach ihm erkundigen. Dabei ließ er ihm sein Bedauern ausdrücken, ihn nicht gesehen zu haben, und seine Besorgnis, er möchte unpässlich sein. Ob er seitdem bei ihm war, weiß ich nicht.

Diese neue Episode in dem Roman Saint-Germains verwunderte mich nicht sehr. Ebensowenig sollte es mich wundern, wenn über kurz oder lang ein mächtiger französischer Minister seinem Treiben ein Ende macht, obwohl er behauptet, sich vor nichts zu fürchten...

Der Erfolg muss sich erst noch zeigen. inzwischen ist es klar, dass die französischen Minister gegeneinander arbeiten und somit verschiedene Systeme verfolgen. Welches den Sieg davontragen wird, hängt nicht von uns ab, aber es kann für den königlichen Dienst nicht nachteilig sein, dass die Gesinnung Seiner Majestät am französischen Hofe bekannt wird, einerlei durch welche Mittelperson dies geschieht.

Dass d'Affry dem Grafen Saint-Germain noch Komplimente macht, nachdem er ihm den Befehl des Herzogs von Choiseul mitgeteilt hatte, ist ebenso ungewöhnlich wie das übrige, zumal er dessen Beziehungen zum Marschall von Belle-Isle sehr wohl kennt und den vom König ihm ausgestellten Pass gesehen hat.

Dies ganze Mysterium wird nach und nach aufgeklärt werden, und ich werde nicht verfehlen, Eure Lordschaft von allem zu unterrichten, was ich darüber erfahren kann. Ich ließ Saint-Germain wissen, dass er oder irgendeine andere gehörig beglaubigte Person England genehm sei. Was wir gegenwärtig einzuwenden hätten und was die ganze Sache zum Stillstand brächte, sei der Mangel einer richtigen, ausreichenden Vollmacht.

Ein Haftbefehl im Ausland

Eine schwierige Situation, in die der überreizte Choiseul da seinen Botschafter bringt! Denn d'Affry hat, wie aus vielen Hinweisen hervorgeht, Achtung für Saint-Germain gewonnen, es ist wohl auch die ritterliche Achtung, die Freimaurer füreinander haben, und er ist Soldat, d.h. er hat feste Begriffe von Loyalität, und er ist ein Schweizer Graf, kein französischer. Er wird sein Gesicht wahren und es nicht zum Äußersten kommen lassen. Aber Befehl ist erst mal Befehl. Er berichtet an Choiseul am 17. April, was er ausgeführt hat:

> Der Greffier (Sekretär der Generalstaaten) sagte mir, er zweifle nicht, dass dieser Mann an uns ausgeliefert würde. Da jedoch Herr van Bentinck der Vorsitzende des ständigen Ausschusses ist, von dem die Sache während der Abwesenheit der Generalstaaten [Stände] geprüft werden muss, fürchtete ich sofort, man werde Saint-Germain das Entkommen erleichtern, und diese Befürchtung ist eingetroffen.

In gewundenen Worten unterrichtet d'Affry seinen Vorgesetzten, dass der in Haft zu Nehmende entkommen sei. Saint-Germains Gastwirt, ein Sachse, musste ihm und Kauderbach bestätigen, dass um 5 Uhr morgens ein Wagen des Grafen Bentinck vorgefahren sei mit dessen Bedienten und Saint-Germain mitnahm. Die Holländer sind in Verlegenheit, was sie mit dem Haftbefehl des französischen Außenministers anfangen sollen. Der Ratspensionär sagt zu d'Affry, der Ausschuss werde wohl Saint-Germains Verhaftung beschließen, nicht aber seine Auslieferung, bevor er nicht von den Staaten von Holland bei ihrem demnächstigen Zusammentritt dazu ermächtigt sei. Eine würdige Antwort, die den Minister in seine Grenzen weist.

Graf Bentinck persönlich hat Saint-Germains Entkommen in die Hand genommen, denn er war über das Auslieferungsgesuch entrüstet. Er sprach am 15. April mit dem Ratspensionär und entwickelte meine Ansicht, dass Saint-Germain, wie andere Fremde, im Vertrauen auf den Schutz der Gesetze hergekommen sei und auf seine persönliche Sicherheit rechne; dass er kein Kapitalverbrecher sei, wie Mörder oder Giftmischer, denen kein Herrscher Schutz gewähre und dass das Asylrecht in unserer Republik als geheiligt gelte. Auch er wendet sich hierauf an den Greffier, der äußert, dass er nicht glaube, die Regierung werde jemand ausliefern, der im Lande im Vertrauen auf dessen Schutz lebe. Infolgedessen sucht Bentinck am 16. April General Yorke auf.

Statt aber Saint-Germain in Schutz zu nehmen, nahm er seinen harten, hochmütigen und anmaßlichen Ausdruck an und sagte, es sei ihm „sehr lieb, Saint-Germain in den Händen der Polizei zu sehen". Ich war wie vom Donner gerührt und sagte ihm mit voller Absicht meine Meinung, freilich in sehr höflicher und vorsichtiger Weise, um ihn nicht zu verletzen. Aber Yorke blieb dabei und sagte, er „wüsche sich betreffs Saint-Germains die Hände in Unschuld". Auch verweigerte er mir einen Pass für das Paketboot, um den ich ihn bat. Als ich ihn drängte, sagte Yorke schließlich, wenn ich einen Pass als *persönliche* Gunst erbäte, werde er ihn mir „mit Rücksicht auf meine Stellung" nicht abschlagen. Ich nahm es an und betonte, dass d'Affry uns eine Menge Scherereien machen könne, denen sich vorbeugen ließe, wenn man Saint-Germain die Flucht ermöglichte. Darauf rief Yorke seinen Sekretär und ließ einen Pass bringen, den er unterzeichnete und mir unausgefüllt aushändigte, sodass Saint-Germain seinen eigenen Namen oder irgendeinen anderen hineinsetzen konnte, um sich den Verfolgungen d'Affrys oder seiner Agenten zu entziehen. Ich ging mit dem Pass fort, ohne Yorke zu zeigen, wie sehr ich über diesen Vorfall verletzt und empört war.

Sicher kann uns der tatkräftige Graf Bentinck am Besten mit eigenen Worten erzählen, wie es dann weiterging:

Ich ging selbst zu Saint-Germain und riet ihm in seinem eigenen Interesse, sobald als möglich fortzugehen. Ich erzählte, ich wäre von dritter Seite unterrichtet, dass d'Affry Befehl habe, seine Festnahme zu bewirken, worauf er unter Bedeckung an die Grenze gebracht und an Frankreich ausgeliefert werden solle, damit er dort für den Rest seines Lebens eingekerkert würde. Er war außerordentlich überrascht, nicht sowohl über Choiseuls Befehle, als darüber, dass d'Affry daran dächte, sie in einem Lande, wo Recht und Gesetz noch Geltung hätten, zur Ausführung zu bringen. Er stellte eine Menge Fragen, eine immer gemessener als die andere, und mit der größten Ruhe der Welt. Ich wollte mich auf keinerlei Erörterung einlassen, da es mir zu schwierig schien, alle seine Fragen zu beantworten und alle Punkte, die er zur Sprache brachte, aufzuklären. Ich sagte ihm, dazu wäre keine Zeit; er solle vielmehr an sofortige Abreise denken, wenn ihm seine Sicherheit lieb wäre. Bis zum anderen Morgen hätte er für seine Vorbereitungen Zeit, da d'Affry die Schritte, die er etwa vorhätte, nicht vor 10 Uhr am nächsten Morgen unternehmen könnte. Vor diesem Zeitpunkte müsse also Saint-Germain seine Pläne gefasst und ins Werk gesetzt haben. Darauf wurde Art und Weise und Ziel der Reise besprochen. Für das erstere stellte ich mich zur Verfügung; für das letztere riet ich zu England. Wir einigten uns darüber, und ich erbot mich, ihm von Herrn Yorke den Pass zu besorgen, dessen er zur Einschiffung auf dem Paketboot bedurfte. Da ein Schiff am nächsten Tage fahren sollte, drängte ich ihn, sich so schnell als möglich nach Hellevoetsluls zu begeben. Sei das geschehen, kämen alle Schritte d'Affrys zu spät...
     Abends zwischen 7 und 8 Uhr brachte ich Saint-Germain den Pass. Er richtete einen Haufen Fragen an mich, auf die ich aber nicht einging;

vielmehr bat ich ihn, lieber an Wichtigeres zu denken als Fragen zu stellen, die in der gegenwärtigen Bedrängnis abgeschmackt und nutzlos seien. Er entschloss sich zur Abreise. Da keiner von seinen Bedienten Sprache, Straßen und Bräuche des Landes kannte, bat er mich, ihm einen der Meinigen zu leihen, was ich mit Vergnügen tat. Ja, ich tat noch mehr, ich bestellte einen Mietwagen mit vier Pferden, der ihn angeblich nach Leiden bringen sollte, für den nächsten Morgen um 4 1/2 Uhr vor mein Haus und beauftragte einen Diener, den Grafen Saint-Germain auf den richtigen Weg zu bringen und bei ihm zu bleiben, bis dieser ihn zu mir zurückschicken würde.

Auch in der Aufregung des 17. April hat Botschafter d'Affry seinen politischen Verstand klar beisammen: In der Kurierpost an Choiseul eignet er sich zwar dessen Sprachregelung an und schreibt vom dreisten Abenteurer, dem sog. Grafen Saint-Germain, verfehlt aber nicht durch die Schilderung, wie die Holländer auf Saint-Germains Flucht reagiert haben, dem Minister die Augen zu öffnen, wie verfahren diese Angelegenheit geworden ist, und wie geschickt er, d'Affry, alles daran setzt, Frankreichs Ansehen zu wahren.

Ich erwartete gestern morgen weitere Nachrichten, als Herr Kauderbach zu mir kam und mich fragte, ob ich schon von Saint-Germains Flucht gehört hätte? Ich verneinte es – darauf berichtet ihm der Sachse, was er weiß. Diese Abreise geschah so hastig, dass er im Wirtshause seinen Degen und Koppel sowie ein Paket mit Silber- oder Zinnspänen und ein paar Flaschen mit einer unbekannten Flüssigkeit hinterlassen habe. Ich hielt an mich, um Herrn Kauderbach meine Entrüstung über das Benehmen des Herrn von Bentinck zu verbergen. Dann ließ d'Affry Saint-Germains Gastwirt, einen Sachsen, holen, und er bestätigte alles, was Herr Kauderbach mir gesagt hatte. Am andern Morgen sucht er den Ratspensionär auf, erzählte ihm Saint-Germains Flucht mit allen Einzelheiten und dem, was vorhergegangen war, ohne den Gastwirt weiter zu erwähnen, und stellte alles so dar, dass er glauben musste, ich hätte das Ein- und Ausgehen des Herrn von Bentinck in dem Gasthofe und das Erscheinen seines Bedienten mit dem Mietwagen nur durch die Wachsamkeit meiner Spione erfahren. Er schien mir über alles, was er hörte, ehrlich entrüstet. An dem Willen Frankreichs, auf Saint-Germains Auslieferung zu dringen, läßt d'Affry keinen Zweifel. Und was Graf Bentinck betrifft, wenn ich ihn dieser Tage treffe, werde ich mit ihm von Herrn von Saint-Germain und dessen Abreise sprechen, ohne mich bloßzustellen, aber so, dass ich ihn zwinge, sein Benehmen und seine Beziehungen zu diesem Abenteurer ein für allemal abzuleugnen.

D'Affry scheint seine Sache gut gemacht und ein Einvernehmen mit Bentinck erreicht zu haben, denn kurze Zeit darauf tat ihm (und Frankreich) dieser einen wichtigen politischen Gefallen in einer anderen heiklen Angelegenheit.

D'Affry kann Choiseul am 25. April melden, man glaubt, Saint-Germain habe sich entweder nach England oder über Utrecht nach Deutschland begeben. Dennoch wird am 30. April die folgende Denkschrift an die *Sitzung* der Generalstaaten eingereicht:

Denkschrift des Grafen d'Affry an die Generalstaaten

Haag, 30. April 1760. Hochmögende Herren! Ein Unbekannter, der sich Graf Saint-Germain nennt und dem mein Herr und König Zuflucht in seinem Reiche gewähren wollte, hat seine Gnade gemissbraucht. Er ist vor einiger Zeit nach Holland und seit kurzem nach dem Haag gekommen, wo er ohne irgendeine Vollmacht Seiner Majestät und des Ministeriums und ohne irgendeinen Auftrag in schamloser Weise ausgesprengt hat, er wäre zu Unterhandlungen im Namen des Königs ermächtigt. Mein Herr und König befiehlt mir ausdrücklich, dies Ihnen, hochmögende Herren, öffentlich mitzuteilen, damit niemand in Ihrem Machtbereich durch einen derartigen Schwindler getäuscht werde.

Seine Majestät befiehlt mir ferner, die Auslieferung dieses Abenteurers von dunkler Herkunft zu beantragen, der von Anfang an die ihm gewährte Zuflucht gemissbraucht hat, indem er sich beikommen ließ, von der Regierung des Königreiches mit ebenso großer Dreistigkeit wie Unkenntnis zu reden und die falsche und dreiste Behauptung zu verbreiten, er sei mit Vertretung der wichtigsten Interessen meines Herrn und Königs betraut. Seine Majestät zweifelt nicht, dass Sie, hochmögende Herren, ihm die Gerechtigkeit nicht versagen werden, die er von Ihrer Freundschaft und Gerechtigkeit erwarten darf, und dass Sie veranlassen, dass der angebliche Graf Saint-Germain verhaftet und mit guter Bedeckung nach Antwerpen gebracht wird, um von dort nach Frankreich überführt zu werden. Ich hoffe auf unverzügliche Gewährung dieser Bitte.

Es wird beschlossen, die Denkschrift der *Versammlung* zu übergeben. Diese beschließt am 16. Mai ihre Prüfung durch den Ausschuss. Da die Bitte nicht mehr „unverzüglich" gewährt werden konnte, erübrigte sich eine andere Reaktion.

Einem „Unbekannten" also hat Ludwig XV. das prächtige Schloss Chambord zur Verfügung gestellt? War das nicht vorher der Sitz des ruhmbedeckten Feldherren Moritz von Sachsen? Deutet das etwa darauf hin, der König hat keinerlei Unterscheidungsvermögen mehr? In der Tat, wenn Ludwig XV. diese Denkschrift tatsächlich autorisiert hat und nicht von Choiseul übergangen wurde, wirft es das denkbar schlechteste Licht auf den politischen Stil von Versailles. Oder ist Kaunitz' ohnmächtiger Zugriff darin zu spüren?

Freiherr von Knyphausen, der preußische Gesandte in London, hat den ganz zutreffenden Eindruck: London 22. April. Wie wir in diesem Augenblick erfahren, soll der sogenannte Graf Saint-Germain mit dem heutigen Postschiff in England angekommen sein, nicht als Unterhändler, sondern um Zuflucht vor den Gewaltakten des Herzogs von Choiseul zu suchen, der über sein Auftreten im Haag entrüstet ist. Diese Geschichte scheint den Einfluss des Ministers und seine Bundestreue gegen den Wiener Hof von Neuem zu bestätigen. Ein Schlachtopfer musste offenbar fallen, um dafür öffentlich Zeugnis abzulegen.

Soviel ist also dem Mitdenkenden schon klar, bevor Knyphausen Saint-Germain in London überhaupt gesehen und gesprochen hat. Friedrich antwortet grimmig: Meißen 30. April 1760. Es ist leicht zu merken,,,, dass der Herzog von Choiseul wieder die Oberhand über seinen König und Herrn erlangt und im Staatsrat über die Friedenspartei gesiegt hat. Was dem Grafen Saint-Germain zugestoßen ist, ist ein schlagender Beweis dafür. Ebenso sieht man, dass Frankreich unter dem Einfluss des Wiener Hofes jetzt nicht ernstlich an Frieden denkt, sondern dass es England nur hinhalten und hintergehen will.

Am 3. Mai verlässt Saint-Germain England wieder, offiziell.

Was wissen wir vom österreichischen Staatskanzler aus diesen Wochen? Freiherr Reischach berichtet Kaunitz am 18. März, dass Saint-Germain mit General Yorke eine dreistündige Unterredung gehabt habe. Am 23. März wurde d'Affry die Anweisung Choiseuls überbracht, und zwar aus Brüssel, Saint-Germain weiteres Auftreten zu untersagen. Dies meldet der Gesandte (er schreibt in deutsch) an Kaunitz am 25. März, am 28. März fügt er einen Bericht an, Saint-Germain suche seine Reputation wiederzuerlangen und – falls Kaunitz dadurch noch nicht genügend alarmiert sein sollte – am 8. April: *Der sogenannte Mr. Le Comte de Saint-Germain* befindet sich noch allhier und hat dem Mr. Yorke und Herrn Grafen von Bentinck ein und das andere Mal besuchet. Der Staatskanzler erfährt, wie sehr sich Choiseul ereifert und Saint-Germain verhaften lassen will. Reischach bestätigt überdies, dass Saint-Germain sich allhier verlauten lassen, dass, wann der französische Hof ihm wegen jenem, was mit ihm allhier vorgefallen, nicht Satisfaction geben werde, er sich im Stand befinde, Sachen von demselben an Tage zu legen, welche ihn vollkommen rechtfertigen, demselben aber ungemein nachteilig sein werden.

In diesem Hinweis, der ja mit Diplomatenpost nur für die Augen des Staatskanzlers bestimmt war, können wir den womöglich entscheidenden Schlüssel erkennen, dass Kaunitz realisiert, wie gefährlich Saint-Germain *ihm* werden könne. Ein Rakoczy im Besitz von Papieren, die die Machenschaften zwischen Versailles und Wien bloßstellen könnten – das ist für Kaunitz eine Konstellation, wo nur unnachsichtige Diffamierung und Verfolgung gegensteuern kann.

In der Korrespondenz mit Graf Cobenzl drei Jahre später fällt denn auch der unversöhnliche Tonfall auf. Berichtet Cobenzl, der Grat Saint-Germain habe sich 1760 nichts zuschulden kommen lassen, und er habe die Briefe gesehen, so fährt ihm Kaunitz schneidend in die Parade (Brief vom 10. Mai 1763), als hoffte er, Frankreich würde auch jetzt noch diesen Mann im Ausland verhaften lassen!

Der Wortlaut der unsäglichen Denkschrift erscheint in allen Zeitungen, um die Glaubwürdigkeit Saint-Germains ein für allemal zu untergraben. In den Worten des preußischen Gesandten von der Hellen an Friedrich d. Gr. Haag 3. Mai 1760. E. M. werden in der Leidener und Amsterdamer Zeitung den genauen Abdruck des Antrages finden, den Graf d'Affry am 30. April bei den Generalstaaten wegen der Auslieferung des Grafen Saint-Germain gestellt hat, obwohl er, wie er nicht abstreitet, schon wusste, dass dieser bereits vor einigen Tagen nach London abgereist ist. Die Hochmögenden haben diesen Antrag im Schoße von Kommissionen begraben, offenbar um ihn nicht zu beantworten.

Saint-Germains holländische Mission ist beendet. Kann er aber die Friedensverhandlungen nicht erfolgreicher in London vorantreiben? Dagegen wettert William Pitt d.Ä., der an einem Friedensvertrag nur unter Einschluss des verbündeten Preußen festhält. Um nicht in den Verdacht geheimer Unterhandlungen zu kommen, besteht Pitt auf Saint-Germains schleuniger Abreise.

Reischach schreibt an Kaunitz unter dem 16. Mai: Mehrere allhier halten dafür, dass das engelländische Ministerium denselben aus *Attention* vor Frankreich sogleich aus Engelland weggeschaffet habe, aus welchem sie *inferiren*, dass diese Kron sehr geneigt sei oder Hoffnung habe, mit Frankreich den Frieden in Bälde zu schließen.

Ein Spion – für welches Land?

Der Herzog von Choiseul hatte so getan, als sei Saint-Germain in Frankreich in Ungnade gefallen, um ihn als Spion in London einzusetzen; doch Lord Halifax fiel darauf nicht herein, er fand diese List sogar recht plump. (Casanova)

Hierzu passt das Gerücht, das Reischach am 13. Juni nachschiebt: Es wird aber von mehreren öffentlich versicheret, dass derselbe [Saint-Germain] schon vor geraumer Zeit her einen *Espion* vor den König in Preußen gemachet habe, dergleichen derselbe an allen Höfen haben und solche reichlich bezahlen solle.

Kaunitz versteht natürlich den politischen Widersinn, dass ein preußischer

Geheimagent Friedensverhandlungen voranbringen würde, bei denen Preußen benachteiligt werden soll. Das ist eben eines der Gerüchte, die nahelegen, Saint-Germain sei auch in England und Preußen gut angeschrieben – aber würde das nicht bedeuten, er hätte gar keine Mission für Frankreich haben *können*! Wenn jemand den Hof von Versailles wieder ins rechte Licht hätte rücken sollen: Wie geht er auf Distanz zu einem Abenteurer? Dann verbreitet man das Gerücht, er wäre ein preußischer Spion! Fabelhaft! Eine solche Meldung steht im „London Chronicle" vom 30. Juni 1760. Wie wir aus Paris erfahren, haben mehrere vornehme Personen beim König Schritte zugunsten des Grafen Saint-Germain getan, der so viel von sich reden machte. Seine Majestät war im Begriff, ihm zu verzeihen, als es sich herausstellte, dass der Graf ein Spion des Königs von Preußen am französischen Hofe und sein Vertreter bei Frau von Pompadour war. Es war also Zeit genug, auch von Österreich aus solche Berichte zu lancieren, garniert von den Hinweisen, Saint-Germain habe sich nach seiner Rückkehr aus London nach Deutschland begeben.

Was wird aus der Anleihe?

An sich hätte die Staatsanleihe von dem Scheitern der politischen Mission unberührt bleiben können. Die Bankiers in Amsterdam hatten ihre eigenen Interessen und das Pfand der Juwelen aus dem Kronschatz war eine unleugbare Sicherheit. Juweliere und Bankiers hatten sich zu einer Interessengemeinschaft vereinigt, die das Risiko gemeinsam tragen wollten – und mit französischen Staatspapieren noch weiter gute Geschäfte zu machen vorhatten. So ist es doch eigentümlich, dass eine ganz andere üble Nachrede die Anleihe zu Fall brachte. Mag auch die Bedeutung, die dem Abenteurer Casanova damit zufällt, überzeichnet erscheinen: wir müssen bedenken, dass er seine Memoiren ohne Absicht schrieb, ein Echo seiner Leser zu erfahren, sondern allein für sich als Altersbeschäftigung in der Bibliothek des Grafen Waldstein. Er muss deshalb nichts beschönigen oder verschweigen und sich auch keine angemaßte Wichtigkeit beilegen.

Casanova wohnt um die Jahreswende 1759/60 wie im Vorjahr bei seinem Quartiergeber in Amsterdam, den er Mijnheer D. O. nennt und in dem

wir den königlichen Kaufmann Thomas Hope erkennen. Um sich der hüb-
schen und vermögenden Tochter (in Wirklichkeit Nichte) erfolgreich an-
zunähern, ersann er ein Kabbala-Orakel, das von ihm vorgegebene Antworten lieferte, ohne dass das faszinierte Mädchen das bemerkte. Wegen
des Orakels in seinem Haus kommt Hope auf die Idee es zu befragen. Er
vertraut seinem Gast an: Es handelt sich darum, die französischen Kronjuwelen mit 100 Millionen zu belehnen. Dieses Geschäft möchte der König
abschließen, ohne dass sich seine Minister einmengen, ja ohne dass sie etwas davon erfahren. Nun stellt Casanova das verschlüsselte Orakel für Esther: Dabei schrieb ich ihr die Additionen und Subtraktionen, die ich haben
wollte, unbemerkt vor, und so fand sie ganz erstaunt die Antwort: "Die
Gesellschaft täte besser daran zu schweigen, denn ganz Europa würde sie
auslachen. Der angebliche Diamant ist nur eine Nachbildung'.

Für Casanova ist Graf Saint-Germain ein Betrüger, in diesem Fall ein überlegener Konkurrent um Anleihen. Wenn er mit seinen Kronjuwelen Erfolg
hat, bleibt für den von Choiseul ermächtigten Casanova keine große Chance
mehr für einen eigensüchtigen Fischzug (wie er ihm ein Jahr früher geglückt
war). Indes: er selbst wagt ein betrügerisches Manöver, um Saint-Germains
Anleihe zu Fall zu bringen.

Nach dem Mittagessen gab es eine komische Szene, als der wackere
Mijnheer D.O. durch das Orakel seiner Tochter erfuhr, dass der Stein
falsch war. Er schimpfte aus vollem Hals. Da ihm die Sache kaum
glaubhaft schien...machte er sich auf, um den Diamanten allen Proben
zu unterziehen und nach Bestätigung der Wahrheit Stillschweigen zu
empfehlen. Aber diese Empfehlung nützte nichts. Die Sache wurde allgemein bekannt, und man behauptete natürlich, obgleich es nicht
stimmte, die Gesellschaft hätte sich hereinlegen lassen, als sie dem Betrüger die verlangten hunderttausend Gulden gegeben habe.

So unbedenklich ruiniert Casanova den guten Ruf Saint-Germains bei den
Bankiers – nur um bei der schönen und klugen Esther Eindruck zu schinden!
Der gewiegte Thomas Hope kann es natürlich nicht auf sich sitzen lassen,
dass der Diamant, den er so sehr bewundert hat, falsch ist. Was soll denn das

heißen? Und er erkundigt sich seinerseits bei d'Affry in Den Haag. Als wir allein waren, sagte er uns, er habe in Den Haag erfahren, dass der Graf von Saint-Germain das Geheimnis besitze, Diamanten herzustellen, die sich von echten nur durch das Gewicht unterschieden, was nicht ausschließe: dass er allein auf Grund dieser Fähigkeit sehr reich sein könne. (Casanova Bd.6)

Daran meine ich einen Kaufmann zu erkennen, der mit Recht sehr erfolgreich ist: für ihn ist klar, welchen Marktwert ein solches Geheimnis gewinnen kann. Kaufmännisch geht es nur darum, nicht betrogen zu werden – sowohl mit künstlichen wie mit echten Diamanten lassen sich gute Geschäfte machen.

Wenn wir aber wissen wollen, woher d'Affry in Den Haag von diesem Geheimnis erfahren hat, das er an den Bankier weitergab, ist die Auflösung wieder – Casanova! Dieser war auf der Hinreise nach Amsterdam in Den Haag abgestiegen und hatte d'Affry, den er vom Jahr zuvor kannte, folgendes anvertraut: Als ich ihm aber sagte, der Graf besitze das Geheimnis, Diamanten zu machen, lachte er und sagte, er zweifle nun nicht mehr daran, dass er die hundert Millionen [Anleihe] auftreiben werde, (Casanova Bd. 5 Schluss). So ist jedenfalls trotz der Pfänder durch Casanovas Manipulation die Anleihe gestorben. Die Flucht Saint-Germains nach England allein hätte sie nicht zunichte gemacht. Erst das aus 'höherer Quelle' erlangte Gerücht, der wunderschöne Diamant sei falsch, zerschlug den erfolgreichen Abschluss. Und ohne Casanovas späte Selbstbekenntnisse hätte niemand erfahren, dass er der eifersüchtige Urheber war.

Der menschliche Faktor

Aus den Reaktionen, die Den Haag in ganz Europa auslöst, hebt sich jene des sächsischen Residenten Kauderbach besonders heraus – als ein Lehrstück weit übers Politische hinaus; wie Menschen immer wieder von Saint-Germains Eigenschaften begeistert waren und sein Lob sangen, ihn jedoch im Stich ließen, wenn sich der Wind gedreht hat. In Den Haag dauerte das nur 6 Wochen! Kauderbach als Typ steht hier – schön ausführlich – für viele andere:

Haag, 14. März 1760

Wir haben hier gegenwärtig einen höchst seltsamen und ganz außer-
gewöhnlichen Mann, der sich Graf Saint-Germain nennt. Er sieht
höchstens wie 45 Jahre alt aus, und doch behauptet man, dass er mindestens 110 Jahre zählt. Wie mir Herr d'Affry versicherte, wäre er viel
älter als wir beide zusammen, und doch sind wir beide über die Sechzig.
Fest steht, dass ein fast siebzigjähriges Mitglied der Generalstaaten mir
gesagt hat, er habe diesen seltsamen Mann im Hause seines Vaters gesehen, als er selbst noch ein Kind war, und er hätte fast genau so aus-
gesehen wie heute. Trotzdem macht er den gelenken, munteren Eindruck eines Dreißigjährigen. Seine Waden sind wie gedrechselt, sein
eigenes Haar schwarz und voll, und er hat sozusagen keine Runzel im
Gesicht. Fleisch isst er fast nie, außer etwas Hühnerbrust; seine Nahrung beschränkt sich auf Grütze, Gemüse und Fische. Gegen Kälte
schützt er sich sehr, aber er schont sich nicht übermäßig durch frühes
Schlafengehen und hat uns, gleichsam aus Gefälligkeit, bis 1 Uhr nachts
Gesellschaft geleistet, ohne dass man es ihm am nächsten Morgen an-
merkte. Gelingt es mir, dem guten Alten sein Geheimnis zu entlocken,
so glaube ich, dem König [König August III. von Polen, Kurfürst von
Sachsen (1733-1763)] einen wesentlichen Dienst zu leisten, wenn ich
es Euer Gnaden mitteile, um Sr. Majestät ein so kostbares und für seinen Dienst so nützliches Leben zu verlängern.

Saint-Germain besitzt unermessliche Reichtümer, und wenn man ihm
glauben will, auch die schönsten Geheimnisse der Natur. Er spricht gelehrt darüber, ohne den Geheimnisvollen zu spielen, und sucht durch
seine Beweisführungen auch die Ungläubigsten zu bekehren, anscheinend ohne jede Hintergedanken. Seine Reichtümer sind eine festste-
hende, in ganz Frankreich bekannte Tatsache. Er steht in höchster Gunst
beim Allerchristlichsten König, der ihm das Schloss Chambord zum le-
benslänglichen Wohnsitz angewiesen hat. Er zeigte uns Steine von unschätzbarem Wert und sämtlich von unvergleichlicher Größe und
Schönheit. Beiliegend übersende ich E.E. der Wissenschaft halber die
Maße eines seiner schönsten Opale, der von tadelloser Reinheit und
herrlicher Schönheit ist. Nach seiner Behauptung besitzt kein Herrscher

der Welt solche Schätze, wie er sie in Steinen zu besitzen vorgibt. Er sagt, dass alle irdische Größe ihm gleichgültig sei und dass er nur auf den Titel eines Bürgers Anspruch erhebe.

Von Frankreichs Unglück gerührt, hat er dem König seine Dienste angeboten, um das Land zu retten, und zu diesem Zweck ist er nach Holland gekommen. Aus seinem Auftrag oder wenigstens dessen Zweck macht er kein Geheimnis. Wir sind gespannt, welche Mittel er hat; nach seiner Behauptung sind sie unfehlbar, da sie von ihm allein abhängen. Er ist ein großer Fürsprecher der Frau von Pompadour und sucht sie von dem Makel zu befreien, den man ihr hier angeheftet hat. Er schreibt ihr das beste Herz zu, die redlichsten Absichten und beispiellose Uneigennützigkeit. Ich hatte mit ihm ein langes Gespräch über die Ursachen von Frankreichs Missgeschick und über die Ministerwechsel. Folgendes sagte er mir hierüber: "Das Grundübel ist die Schwachheit des Monarchen. Seine Umgebung kennt seine übergroße Güte und missbraucht sie, und diese Umgebung besteht nur aus Kreaturen der Brüder Pâris, die allein Frankreichs ganzes Unglück verschulden. Sie haben alles verderbt und die Pläne des besten französischen Bürgers, des Marschalls von Belle-Isle, durchkreuzt. Daher die Uneinigkeit und die Eifersucht unter den Ministern, die jeder einem anderen Herrscher zu dienen scheinen. Alles ist durch die Brüder Pâris verderbt: mag Frankreich zugrunde gehen, wenn sie nur ihr Ziel erreichen, 800 Millionen Vermögen zu erwerben. Unglücklicherweise besitzt der König mehr Güte als Scharfblick, um die Bosheit seiner Umgebung zu durchschauen. Da diese seine Charakterschwäche kennt, tut sie nichts, als seinen Schwächen zu schmeicheln, und findet dadurch vor allen anderen Gehör. Die gleiche Charakterschwäche zeigt sich bei der Mätresse. Sie kennt das Übel, hat aber nicht den Mut, ihm zu steuern."

Er also, Saint-Germain, will die radikale Heilung unternehmen und macht sich anheischig, durch seine Maßnahmen in Holland zwei Männer zu stürzen, die dem Staate so schädlich sind und die man bisher für ganz unersetzlich hielt. Hört man ihn so frei von der Leber sprechen, so muss man annehmen, dass er seiner Sache gewiss ist, oder man muss ihn für den größten Gimpel auf Erden halten.

Ich könnte Euer Gnaden noch manches über diesen seltsamen Mann und seine physikalischen Kenntnisse erzählen, müsste ich nicht fürchten, Sie durch Berichte zu ermüden, die mehr romanhaft als wirklich erscheinen. Doch halte ich mit meinem Urteil noch zurück. D'Affry erweist ihm die größten Aufmerksamkeiten und scheint ihn für ein Wunder zu halten. Saint-Germain hat die ganze Welt durchstreift und spricht die meisten bekannten Sprachen. Er war mehrmals in Dresden und, wie er mir sagte, dem verstorbenen König [König August II., der Starke, von Polen, Kurfürst von Sachsen (1694–1733)], wohlbekannt. Auch in der Musik leistet er Hervorragendes. Er spielt vollendet Violine und Klavier und singt entzückend. Man läuft ihm hier das Haus ein, wie einem Wundertier, und er ist in der Tat ein sehr angenehmer Gesellschafter.

Haag, 24. April 1760

Wie ich soeben erfahre, hat der Kurier, den d'Affry letzten Montag [14. April] erhielt, ihm Befehl gebracht, bei den Generalstaaten die Verhaftung und Auslieferung des berüchtigten Grafen Saint-Germain zu beantragen, da er ein gefährlicher Mensch sei, mit dem Se. Majestät aus guten Gründen unzufrieden ist. D'Affry hat diesen Befehl dem Großpensionär mitgeteilt und letzterer dem ständigen Ausschuss der Provinz Holland Bericht erstattet. Der Vorsitzende dieses Ausschusses, Graf Bentinck, hat den Mann gewarnt, ihn nach England abreisen lassen, und zwar hat er ihm dazu seinen eigenen Wagen geschickt. Am Tage vor seiner Abreise war Saint-Germain vier Stunden beim englischen Gesandten. Er hat sich gerühmt, mit der Herbeiführung des Friedens beauftragt zu sein. Ich habe jedoch die Schriftstücke gesehen, auf die er sich für seine Mission beruft, und habe darin nichts gefunden, was seine Behauptung erhärtet. Belle-Isle pflegt mit den elendesten Zeitungsschreibern und Projektenmachern in Briefwechsel zu stehen und ihre Offenbarungen sehr teuer zu bezahlen.

Dieser Saint-Germain hat uns so viele andere grobe und elende Märchen erzählt, dass man ihn nur mit Widerwillen zum zweiten Mal hört, es sei denn, dass man sich über dergleichen Aufschneidereien belustigen will. Dieser Mann kann kein zehnjähriges Kind betrügen, geschweige denn aufgeklärte Männer. Es ist also anzunehmen, dass die Protektion, die er findet, andere Gründe und Zwecke hat, als Verhandlungen durch ihn anzuknüpfen. Ich betrachte ihn als Abenteurer ersten Ranges, der mit seinen Mitteln am Ende ist, und ich würde mich sehr täuschen, wenn er kein tragisches Ende nähme. Unter den englischen Offizieren, die hier sind, haben einige ihn in London vor 20 Jahren gekannt und sprechen mit größter Verachtung von ihm. Sie halten ihn für einen einfachen Violinspieler.

Das könnte man so verstehen, dass Kauderbach ihn nicht in Den Haag musizieren gehört hat, sondern sich auf die Berichte der Engländer stützt, die Saint-Germain 1745 erlebt haben. Aber hat er ihnen damals nicht gefallen? Wie selten ist es offenbar, dass jemand seinen Augen und Ohren traut!

Haag, 2. Mai 1760

Der Abenteurer hat sich hier als geheimer Unterhändler des Marschalls Belle-Isle aufgespielt und Briefe von ihm gezeigt, denen allerdings die Glaubwürdigkeit nicht ganz abzusprechen ist. Er ließ durchblicken, dass Belle-Isle ganz im Sinne der Frau von Pompadour, aber im Gegensatz zu Choiseul, leidenschaftlich nach Frieden trachte. Er hat stark aufgetragen und mit den stärksten Farben die Kabalen, die Not und die Zwistigkeiten geschildert, die in Frankreich herrschen sollen, und durch solche Schmeicheleien hat er das Vertrauen der englischen Partei zu gewinnen geglaubt. Andrerseits hat er an den Marschall Belle-Isle geschrieben, d'Affry wisse die Bestrebungen des Grafen Bentinck-Rhoon weder zu würdigen noch zu unterstützen. Dabei sei Bentinck von den besten Absichten beseelt und wünsche nichts so sehr, als die französischen Verhandlungen mit England zu fördern. Diese Briefe sind an d'Affry zurückgesandt worden, mit der Weisung, zu verhindern, dass Saint-Germain sich in irgendeine Angelegenheit einmische, falls er seine Dreistigkeit nicht damit büßen wolle, dass er bei der Rückkehr nach Frankreich seine Tage in einem Kerkerloch beschlösse. Trotz dieses Verbots fuhr Saint-Germain fort, Reden zu halten und

Schritte zu tun, um sich auch weiterhin das Ansehen eines bedeutenden Mannes zu geben. Er hat beharrlich den englischen Gesandten besucht, der ihn aber scheinbar verachtete. Herr von Rhoon hat ihn beschützt, ihn bevorzugt und viel Aufhebens von ihm gemacht, und als d'Affry seine Auslieferung verlangte, hat er ihn vor der ganzen Stadt nach London reisen lassen. Ich fürchte, der Elende wird noch Anlass zu manchen Skandalgeschichten geben.

Wie kann man auch mit solchen wankelmütigen Männern wie Kauderbach Politik machen bzw. zu dauerhaften Friedenslösungen kommen? Aber er hat das auch gehört, was Kaunitz von Reischach berichtet wurde: Er hat gedroht, alle Urkunden nebst einer Rechtfertigungsschrift zu veröffentlichen. Er ist ein Gauner, der eine Rolle spielen will. (Dresden ist immer noch von den Österreichern besetzt! Sollte sich nicht ein mutiger Kurier finden, der eine solche Nachricht unbehelligt durch die preußischen Linien nach Wien bringt?)

Ein besonderer Fall bleibt d'Affry: weisungsgebunden muss er auch ausführen, womit er persönlich nicht einverstanden ist. Während er Choiseuls Kampagne die Hand reichen muss, hofiert er Saint-Germain weiterhin – so sehr, dass man fast argwöhnen würde, d'Affry wäre mit Saint-Germains Flucht im Einvernehmen gewesen. Aber er muss nach so vielen Seiten das Gesicht wahren! Wenn er von Saint-Germains Abstammung offenbar etwas weiß: Der König weiß es – wie kann er ihn für einen Abenteurer und Verbrecher erklären? War ihm Saint-Germain nur als fesselnder, interessanter Gesellschafter genehm – und in dem Moment, als sein eigenes Ressort betroffen war, ließ er ihn fallen? Oder nur nach außen fallen, während er es in Wirklichkeit recht geschickt arrangieren half, dass Saint-Germain außer Reichweite kam? Freilich hat d'Affry als einzelner damit die skandalöse Choiseul-Politik verlängert. Ob es ihm gedankt wurde?

Auch General Yorke ändert sein Wohlwollen, als sein Gesprächspartner ins Schussfeld gerät. Wie er sich dem französischen Botschafter gegenüber ausgedrückt hat, wissen wir nicht. Seine Worte zu Graf Bentinck jedenfalls sind erstaunlich: Es wäre ihm lieb, wenn er in Polizeigewahrsam sei. Hat denn England irgendetwas zu verlieren? Keineswegs, seit Admiral Hawke die französische Flotte vernichtet hat. So kann Yorke wohl nur auf den nächsten Unterhändler warten. Es scheint keine Vertraulichkeit zwischen Yorke und Bentinck geherrscht zu haben. Diese scheint der Engländer erst durch das Ausfertigen des Blanko-Passes angeboten zu haben, eine deutliche *fairplay*-Geste! So steht Bentinck als einziger unerschrocken und aufrecht in dieser Affäre da. Er hat sich ein Urteil über einen Mann gebildet, von dem er die Herkunft nicht kennt, der ihm aber empfohlen wurde, und als er ihn schätzen gelernt hat, steht er auch zu ihm ohne Ansehen, dass sein Ruf als Gastgeber bei den ausländischen Mächten lädiert würde: Wenn er offensichtlich nicht die Neutralität wahrt (wie Ludwig von Braunschweig-Wolfenbüttel), sondern zugunsten der Friedenspartei handelt, nämlich aller Friedenswilligen in den betroffenen Ländern, und den allein fähigen Unterhändler deckt. Da er gute Verbindungen zu England hat, ist anzunehmen, dass er diese aktivieren wird, wenn er Saint-Germain statt nach Deutschland nach England expediert.

Vogelschau

Lassen wir die Situation vom Frühjahr 1760 noch aus der Vogelschau auf uns wirken! Frankreich hätte Frieden bekommen und zusammen mit der Anleihe hätten sich die Staatsfinanzen erholen können. Saint-Germain hätte weiter Einfluss nehmen können. Die unheilvolle Kaunitz-Tendenz wäre zurückgedrängt worden. König Ludwig XV. und Madame de Pompadour hätten in ihrer maßvollen Politik Verstärkung gefunden und sich nach und nach andere Männer als Choiseul geholt.

England hätte, wenn auch vertragsbrüchig, aufgeatmet und sich ungestört dem wirtschaftlichen Aufschwung und den Angelegenheiten der neuen Erwerbungen in Übersee gewidmet.

Österreich und Russland hätten den von Verbündeten entblößten Preußenkönig voraussichtlich niedergerungen bzw. zu einem raschen Frieden mit Gebietsabtretungen gebracht. Selbst im Fall von Friedrichs Selbstmord oder Abdankung hätte Prinz Heinrich die preußischen Interessen wirksam weiter vertreten. Allerdings wäre Preußen dann wieder auf Normalmaß gestutzt worden: zurück zu der vorigen Viermächte-Konstellation, in die es sich eben erst als fünfte Parvenü-Großmacht hinein geschoben hatte. Damit war der deutschsprachige Bereich zerrissen in zwei Machtzentren. Österreich bewegte sich im Gegenzug weiter in Balkanrichtung mit all dessen Vielvölkerproblemen.

Frankreich, dem im Frieden von Paris 1763 alle Verluste bestätigt wurden, fühlte sich von der Allianz mit Österreich so wenig gestärkt, dass Wien mit der Kaisertochter Marie Antoinette nachbessern wollte, die 1770 den Dauphin heiratete, es aber versäumte, sich beim französischen Volk beliebt zu machen, vielmehr als verhasste *„l'Autrichienne"* zur Zielscheibe der gärenden Volkswut wurde. Soviel nur als erster Eindruck, was sich aus der Sicht des Frühjahrs 1760 in Europa alles entwickeln oder verändern konnte.

Frankreichs Verluste

Der Frieden von Paris 1763 beendete den Krieg um die Kolonien. Die französische Kolonie vom St. Lorenz-Strom bis zu den großen Seen zählte nur 40 000 Franzosen, da nur katholische Siedler geduldet wurden. „Weil die Ausfuhr von Pelzen und Biberfellen weit unter der Einfuhr lag, musste Frankreich das Defizit tragen." Kanada und das Gebiet östlich des Mississippi gingen an England verloren, westlich des Mississippi mit New Orleans an Spanien.

In Westindien verlor Frankreich die Inseln St. Vincent, Dominica und Tobago, in Afrika Senegal. Bengalen, der reichste und fruchtbarste Teil Indiens, geriet unter britischen Einfluss, Frankreich behielt nur fünf Hafenplätze.

Die von den Franzosen eroberte Baleareninsel Menorca wurde zurückgegeben.

Schon 1759 war die französische Flotte besiegt worden: eine Hälfte vor Lagos von Admiral Boscawen, die andere bei Quiberon von Admiral Hawke.

Damit hängt der Streitpunkt Dünkirchen zusammen. „Die Briten wollten in jedem Fall sicherstellen, das Frankreich niemals von einem der britischen Insel so nahe vorgelagerten Hafen aus eine Invasion starten können. Sie verlangten, dass Frankreich den gesamten Hafen zerstörte, um so praktisch von vornherein eine Präsenz der französischen Flotte unmöglich zu machen." Choiseul musste auch diesem Punkt zustimmen.

All dies hätte ohne Weiteres schon im Frühjahr 1760 ratifiziert werden können – vgl. Saint-Germains Gespräch mit General Yorke vom 12.März (S.40f.).

Benjamin Franklin, Delegierter des US-Kongresses in Paris, sinniert Ende 1777:
Wäre damals, so hieß es hier in Paris, wäre damals, als Friedrich von Preußen so gut wie alles verloren hatte, nicht die russische Kaiserin gestorben und ihr romantisch blöder Sohn auf den Thron gekommen, dann wäre Preußen unterlegen, dann hätte Frankreich hier auf dem Kontinent den Frieden diktiert, dann hätten die beiden katholischen Mächte niemals ihre Besitzungen in Amerika preisgegeben.

Oft sinnierte Franklin über die seltsamen Auswirkungen jenes englischen Sieges von 1763, und wie sich dieser Sieg nun gegen England selber kehrte. Wäre er nicht erfochten worden, dann lägen jetzt die katholischen Kolonien Frankreichs und Spaniens nach wie vor als ein erstickender Gürtel um das englische Amerika, dann wäre dieses englische Amerika, um sich gegen Frankreich und Spanien zu halten, nach wie vor angewiesen auf den militärischen Schutz des Mutterlandes, dann hätten diese Kolonien niemals daran denken können, sich für unabhängig zu erklären.

(Lion Feuchtwanger, *Die Füchse im Weinberg*, Bd. 2
Die Allianz, Kap. 1 „Das lange Warten")

5. Wie ergeht es Friedrich dem Großen damit?

Das Jahr 1760 ist für Friedrich vor allem das Jahr nach Kunersdorf. Am 12. August 1759 hat er sich im Oderbruch den vereinigten Gegnern Russland und Österreich stellen müssen, die er bis dahin immer getrennt angegangen war. Nach Seydlitz' Verwundung behielt Laudon das Feld und zerstreute die preußischen Regimenter. Anderntags resümiert Friedrich an seinen Minister von Finckenstein:

> Mein Rock ist von Kugeln durchlöchert. Zwei Pferde wurden mir erschossen. Mein Unglück ist, dass ich noch lebe. Alles flieht. Ich bin nicht mehr Herr meiner Truppen. Man wird wohl tun, in Berlin auf seine Sicherheit zu denken. Ich habe keine Hilfsmittel mehr und glaube, offen gesagt, dass alles verloren ist. Ich werde den Untergang meines Vaterlandes nicht überleben. Adieu für immer!

Statt jedoch auf Berlin zu marschieren, ziehen sich die Verbündeten auf Schlesien zurück. Dem Draufgänger Laudon steht der weitsichtige Saltykow gegenüber, der sich ausrechnet, vom russischen Thronfolger zur Verantwortung gezogen zu werden, weil er dessen Abgott, dem Preußenkönig, so hart zugesetzt hat. Aber Dresden wird an den Feind übergeben, und Friedrich hat zudem zu verantworten, dass Daun, schon auf dem Rückzug nach Böhmen am 21. November bei Maxen, 12000 Preußen einkesselt. Als ein Geschlagener steht Friedrich am Jahresende vor der Welt da, die preußischen Waffen sind nicht mehr gefürchtet.

Er muss den Winter in Freiberg verbringen statt in Dresden, das von den Österreichern gehalten wird. Den Winter 1759/60 reorganisiert er sein dezimiertes Heer. Die Aussichten, aus diesem Ringen gegen die Übermacht unbeschadet hervorzugehen, sind deprimierend. Vor allem ist er dringend auf die Hilfsgelder aus England angewiesen! Im Briefwechsel mit dem Geistesfürsten Voltaire (der ihn nur charakterlich enttäuscht hat), will Friedrich die öffentliche Meinung Frankreichs dezidiert von seiner entschlossenen Haltung unterrichten. Voltaire schreibt aus Ferney am 15. April über die Bemühungen, zu einem Friedenskongress in Breda zu kommen (aus dem allerdings nichts wird). Er verweist darauf, dass ein Mann namens Saint-Germain mehr dafür prädestiniert ist, und in seiner ironisierten Formulierung klingt an, dass man dazu übernatürlicher Fähigkeiten bedürfe und auch der König solche benötigen wird (in 50 Jahren wäre Friedrich 98 bzw. nach Menschenermessen unsterblich). Der Brief lautet:

Ihre Gesandten werden in Breda wohl mehr erfahren, als ich weiß. Der Herzog von Choiseul, Graf Kaunitz und Herr Pitt verraten mir ihr Geheimnis [des Friedens] nicht. Bekannt soll es nur einem Herrn von Saint-Germain sein, der einst in der Stadt Trient mit den Vätern des Konzils gespeist hat und wahrscheinlich die Ehre haben wird, Eure Ma-

Die Schicksalsnacht von Kunersdorf

Es geht nach Norden durch die flüchtenden Trümmer seiner Armee. Dumpf und stickig der Abend. Leiterwagen mit Wunden und Sterbenden werden passiert, die umgeworfen haben im Wald.

Beim Dorfe Ötscher liegt hart am Strom eine Hütte. Man hat sie geplündert, sie ist ganz leer, nur ein wenig Stroh ist noch da. Er geht hinein. Er legt sich hin auf das Stroh. Die beiden Fenster sahen auf die Schiffsbrücke hinaus. Eines davon war zerbrochen. Noch immer war es schwül, aber Windstöße kündigten ein nächtliches Gewitter an. Über den vollen Mond trieben Wolkenfetzen, es wurde abwechselnd hell und ganz dunkel. In diesem zuckenden Licht sah Friedrich den Zug der Verwundeten sich über die Brücke nach Reitwein schleppen, wo die Lazarette waren. Über das breite Wasser trug ihm der Wind das Jammergeschrei der Opfer zu, die dort vom Eisen der Feldschere zersägt und zerschnitten wurden. Meldungen kamen. Hier im Winkel zwischen dem Warthebruch und der Oder stauten sich die Reste der geschlagenen Armee. Nur wer verwundet war, durfte über den Fluss. Alle die anderen todmüden Menschen wurden von den todmüden Adjutanten in Klumpen gesammelt und auf die kleinen Anhöhen bei Ötscher geführt. So formte man in der Nacht noch neue Bataillone, ein Viertel so stark – ein Zehntel so stark wie die alten.

jestät in etwa fünfzig Jahren zu besuchen. Der Mann ist unsterblich und allwissend.

Von Saint-Germain und dem Entgegenkommen der Engländer, einen Sonderfrieden mit Frankreich zu schließen, hatte Friedrich durch seine Gesandten schon gehört. Nachdem er das Hauptquartier nach Meißen verlegt hat, alles zu neuem Losschlagen bereithaltend, antwortet er von dort am 1. Mai zornig:

Augenblicklich muss ich alle Segel der Politik und der Kriegskunst entfalten. Diese Spitzbuben, die mich bekriegen, haben mir Beispiele gegeben, die ich bestens befolgen werde. Es wird keinen Friedenskongress geben, und ich werde die Waffen erst nach drei weiteren Feldzügen niederlegen. Diese Gassenbuben sollen sehen, dass sie meine guten Gesinnungen enttäuscht haben, und wir werden den Frieden nicht anders unterzeichnen als der König von England in Paris und ich in Wien...

Dann folgt der Satz: Le Comte de Saint-Germain n'est qu'un conte de rire! Wie ist das zu verstehen? Friedrich ist höchst aufgebracht (aber ein Wortspiel

Friedrich hörte die Meldenden an und entließ sie; es war nicht einmal sicher, ob er sie anhörte. Beim Schein einer Stalllaterne schrieb er:

„Mein lieber Minister von Finckenstein, ich bin gezwungen worden, das Schlachtfeld zu räumen. Von einem Heere von 48000 Mann habe ich noch dreitausend. Ich glaube, dass alles verloren ist. Retten Sie die königliche Familie nach Magdeburg!"

Dies wurde expediert. Ein Musketier kam als Wache vor die Tür. Nun blieb er allein.

Entsetzliche Wahrheit: Die Armee war vernichtet, von Sachsen und Schlesien war er abgeschnitten, der Kern seiner Staaten lag dem Feinde offen. Der Weg nach Berlin war frei. Und er selber war krank.

Die Gicht hatte nun alle seine Glieder ergriffen. Es waren Schmerzen, wie er sie niemals gekannt hatte, reißend und zuhackend mit satanischer Kraft, unüberbietbar. Diese Schmerzen waren eine Wohltat für ihn. Solange sie wüteten, verschlangen sie jeden Gedanken, machten sie taub, rissen sie die Wirklichkeit in ihren höllischen Strudel, und alles, die Hölle selbst, war besser als diese

kann er doch nicht lassen!) Die Übersetzung *Der Graf von Saint-Germain ist nur ein Ammenmärchen!* trifft den Sinn gar nicht. Der Sinn ist vielmehr: *Eure Versuche, einen Sonderfrieden zu erreichen, sind kindisch!* (oder lächerlich!) Es geht ja noch weiter:

> Ja, man hat mich in Zorn versetzt! Ich habe alle meine Kräfte gesammelt. Und alle diese Schlingel, die sich so unverschämt gebärden, werden noch erfahren, wen sie zum Besten gehabt haben.

Nicht die Person des Unterhändlers wird infrage gestellt (der ja dem Vernehmen nach sehr tüchtig sein muss), sondern das Beginnen selbst. Denn Friedrichs illusionsloser Groll über die Verschleppung des Friedens hat ja nun gleich zwei Begründungen: Dass die offiziellen Gesandten nichts zuwege bringen, *und,* wenn man schon einen Geheimdiplomaten ins Spiel bringt, auch dieser nur für einen Sonderfrieden tätig wird.

> Der Zorn, der aus diesen Sätzen spricht, ist echt. Drei Jahre lang hat Friedrich Krieg ohne Hass geführt, als aufgeklärter Absolutist, der die

Wirklichkeit. Aber setzten sie aus und gaben ihn frei, dann trug ihm der Sturm von jenseits die Rufe der Gemarterten ins Ohr.

Und dies war nicht zu ertragen. Auch nach seinen Siegen hatte er sie ja schreien und stöhnen hören. Aber da war wenigstens etwas erkauft mit soviel Leiden. Da konnte er sich sagen: Zu ändern ist es nicht, sie bluten und klagen, doch ich habe zum Frieden einen Schritt vorwärts getan, ihre Kinder werden dafür in ruhigem Wohlstand ihren Acker bauen. Aber jetzt, aber heute!

Ja, nun war es so weit. Ein Staat von drei Millionen widerstand nicht den hundert Millionen Europas. Es war aus.

Er fieberte schon wieder hoch. Mit der Gicht hatte das nichts zu schaffen. Es mussten in seinem Leibe geheime Entzündungen sein, umsonst schlug nicht immer wieder die Flamme in seinem Blute auf und verzehrte ihn fast, um dann rasch niederzubrennen und ihn fröstelnd, kraftlos zurückzulassen. Sein Kopf glühte. Wie noch Widerstand leisten gegen zerstörende Gedanken!

War er selbst es denn noch? Wo war der Mensch seiner Jugendjahre hingeraten? Wo waren die einst geliebten Begriffe, Gerechtigkeit, Milde, Gesittung?

fremden Interessen wie die eigenen objektiv einzuschätzen wusste. Die unvorstellbaren russischen Gräuel in Pommern und in der Neumark, die bittere Niederlage von Kunersdorf und die enttäuschten Friedenshoffnungen haben nun seine Stimmung vergiftet. Der arrogante Ton indessen, mit dem er Voltaire bedeutet, er werde nur in Wien Frieden schließen, ist künstlich, ist für die Regierung in Paris berechnet, die er mit verbissener Kampfentschlossenheit beeindrucken will. In Wahrheit ist er pessimistisch. (Wolfgang Venohr)

Wie groß muss Friedrichs Erbitterung sein, wenn er, von Geld und Truppen entblößt, ankündigt weiterzukämpfen bis zum Friedensschluss in Paris und Wien? Eben weil er die Umzingelung als tödlich empfindet und er weiß, dass er am Ende seiner Kräfte ist, rafft er sich wieder (zum wievielten Mal?) auf und bekennt, dass er weiterhin für Preußens Stellung kämpfen wird ohne die mindesten territorialen Zugeständnisse. Dass sich der Preußenkönig alle Illusionen abgeschminkt hat, ist einem Privatbrief an seinen Freund in Berlin, Marquis d'Argens, vom 14. Mai zu entnehmen:

War er es nicht, der seine Laufbahn mit dem „Antimacchiavell" begonnen hatte, der geharnischten Streitschrift gegen alles, was Treubruch hieß, Willkür, ungerechter Krieg? Welche Gewalt denn hatte ihn getrieben, so gegen das eigene Bekenntnis die Habsburgerin anzugreifen [1740] und einen Krieg zu beginnen, der alles war, was er selber verwarf: ungerecht, willkürlich, treulos? Er war Garant ihres Reiches gewesen wie alle Fürsten. Und alle blieben ruhig, als der römische Kaiser starb, alle hielten seiner Tochter den Vertrag, – er, er ganz allein hatte am Janustempel das Tor aufgestoßen, das sich nun nicht wieder schloss.

Er vergaß im Fieber, was er doch wusste. Er vergaß, dass Ansprüche auf Schlesien da waren, halb vergessen zwar, doch gültig verbrieft. Er vergaß die schlecht gezügelten Begierden der anderen, uralte Rivalitäten, stets sprungbereiten Neid. Nein, sein Beispiel allein, das eines ruhmbegierigen, für sein Land gewalttätigen jungen Fürsten hatte die Gewissen beschwichtigt! Und nun standen alle auf gegen alle, Frankreich, Spanien, Neapel gegen England, Russland und Holland. Nicht in Deutschland und Böhmen allein strömte Blut, auch in Italien, den Niederlanden, in Finnland - durch seine Schuld. Ja, damit

Wie Sie sehen, sind alle Friedenshoffnungen zerronnen ... Es ist also leicht einzusehen, dass ich da, wo ich am schwächsten bin und der erdrückenden Übermacht nichts entgegensetzen kann, notwendig zugrunde gehen muss ...Mir dreht sich regelmäßig drei-, viermal täglich der Kopf, und ich quäle mich fast zu Tode, um Auswege zu finden, und komme doch nicht zum Ziel...

Da in diesem Frühjahr 1760 kein Friedensschluss erreicht wurde, muss Friedrich hinnehmen, dass ihm Laudon die Niederlage von Landeshut und die Beschießung Breslaus bietet. Friedrich, völlig frustriert, lässt sich die vergebliche Bombardierung Dresdens einfallen. Ein einziger Lichtblick ist in der Schlacht bei Liegnitz die erfolgreiche Überrumpelung Laudons gegen eine riesige Übermacht. Dafür muss die Hauptstadt Berlin dran glauben; am 9. Oktober muss sie den Russen die Tore öffnen, während Österreichs Husaren am 10. die Schlösser Charlottenburg und Schönhausen verwüsten. So war der Fortgang noch bei Bestand des englischen Bündnisses. Wie würde es erst gewesen sein, wenn Saint-Germains Bemühungen Erfolg gehabt hät-

Preußen groß werden könne, darum verspürten Länder das blutige Elend, die den Namen Preußen nicht kannten. Über die Meere hinüber leckte der Brand. Damit Preußen groß werden könne, darum kämpften braune Männer an der Küste Bengalens, darum skalpierten einander rote Männer an den großen Seen in Nordamerika.

Aber Preußen konnte nicht groß werden. Er wusste es jetzt. Preußen, dies Land mit der spröden Erde, in der nichts wuchs, mit seinen wenigen Menschen, ohne Hilfsmittel, fast ohne Küste. Preußen neben Frankreich, neben Österreich? Er hatte das arme Sandland vergewaltigt, ein Siebentel der Bevölkerung hatte er ständig beim Heere gehalten mit unerbittlicher Disziplin. Preußen war nur der Schaft gewesen für seine Waffe. Diese Waffe war heute zerbrochen.

Ja, im vierten Jahre war er nun völlig umstellt, all die zerreibende Mühsal, die unendliche Kunst, sie waren vergebens gewesen. Und sein Hirn rollte die furchtbar vertraute Bilderreihe dieses Krieges ab, die Tatenliste, das blutige Auf und Nieder, zu jäh, zu unerträglich für irgendein menschliches Herz. Den schweren, unerwartet zähen Beginn in Sachsen, den zu teuer erkauften Sieg vor Prag, den zerschmetternden Strahl von Kolin. Dann trug ihn die Welle hinten? Vor diesem Hintergrund wird man die Dokumente von Den Haag deutlicher zu lesen verstehen.

Als Saint-Germain in London durchaus erwägt, zu Friedrich d. Gr. ins sächsische Hauptquartier zu reisen – denn sein Engagement für den Frieden ist ungebrochen, drängt Pitt d. Ä. Knyphausen sogar, *Eurer Majestät nach Möglichkeit abzuraten, den Grafen Saint-Germain zu empfangen, damit daraus keine Umtriebe oder Unannehmlichkeiten entstehen.* Friedrich antwortet: *Meißen 19. Mai 1760. Was Herr Pitt Ihnen über den Grafen Saint-Germain gesagt hat, leuchtet mir völlig ein ... Ich fürchte nur, der seltsame Mann wird so unbesonnen sein, hierher zu kommen, ohne an mich zu schreiben und vorher um meine Erlaubnis zu bitten, wofür ich keine Verantwortung übernehme.*

Darin spüren wir schon das Ergebnis von Choiseuls Kampagne (die d'Affry ja nur ausführen musste): Saint-Germain ist als Unterhändler diskreditiert. Die

auf, hoch bei Roßbach, höher bei Leuthen und Zorndorf. Finsternis wieder und Unheil: der dumpfe Nachtschlag von Hochkirch, die Wunde von Kay, der Stich von Bergen, und nun hier, ganz nahe der Hauptstadt, in Sumpf und Dreck das Ende, das Ende.

Ein wütender Schmerz zerriss ihm die Hand. Seydlitz fiel ihm ein, dem die seine als ein triefender Lappen heruntergegangen war, durch seine Schuld, Friedrichs. Hätte er doch gehört auf den Tollkühnen, der zum Abbrechen riet! Aber nein, nein, die Fahne genommen und gerufen: „Kinder, verlasst euern Vater nicht!" Er krümmte sich bei der Erinnerung. Ja, da jammerten sie über den Strom, die Kinder, die zerfetzten Kinder, die verstümmelten Kinder, unter den Messern der Pfuscher. Und Seydlitz selber hatte er vielleicht umgebracht.

Alle hatte er ja umgebracht, die mit ihm ausgezogen waren, die Besten sah man nicht mehr. Er sah sich als Sämann allen Unheils, fiebernd wütete er gegen die eigene Brust. Schläge, die ihn selbst am grausamsten getroffen hatten – sich gab er an ihnen die Schuld. Bis in die eigene Familie hinein hatte er getötet. Seinen Bruder [August Wilhelm], den Thronfolger, hatte er heimschicken müssen vom Kriegsfeld, und nach einem Jahr war er gestorben vor Kummer. Heinrich, der nächste Bruder, hasste ihn. Amaliens Leben war vernichtet. Wen

Mächte können sich nicht mehr erlauben, ihm einen Friedensvertrag zu verdanken, Frankreich, England und Preußen verleugnen ihn bereits, und es wird weiter gekämpft, nämlich solange es eben dauert, bis das Repertoire der gewohnten diplomatischen Winkelzüge erschöpft ist und man sich kriegsmüde an einem Konferenztisch wiedertrifft. So ist es aber auch nur konsequent, dass der Frieden von Paris, der endlich 1763 mit dem Namen Choiseuls verknüpft ist, der erbärmlichste und verlustreichste ist, den Frankreich bis dahin abgeschlossen hat.

Und dennoch hatte es Friedrich d. Gr. seinen Raub, das in drei Kriegen so heiß umkämpfte Schlesien, nicht entreißen können!

hatte er noch? Die Mutter tot – gestorben sogleich nach Kolin, die Schwester in Bayreuth [Wilhelmine] tot – qualvoll geschieden, genau in der Schreckensstunde von Hochkirch. Allein, allein, er war allein, und oh welche Erlösung, nun auch zu sterben, keinen Morgen mehr zu erleben nach dieser Nacht!

Er stand auf, rasch, die Gichtschmerzen hinderten nicht. Schmutzig, mit Stroh an der Kleidung, ganz klein und zusammengefallen stand er da in der Hütte, in der nichts war als ein paar Glasscherben von dem zerschlagenen Fenster und an einem Nagel die Laterne. Ja, er ging! Nur ein Ende, ein Ende! Ein Offizier trat ein, von der Wache nicht aufgehalten. Es schlug ihm die Tür aus der Hand, denn draußen brach krachend das Unwetter los. Der Offizier war jung. Friedrich kannte ihn nicht. „Majestät", rief er freudig, „jetzt sind auch noch drei Kanonen gekommen!"

„So", sagte Friedrich, „drei Kanonen sind gekommen." Er hörte sich selber laut lachen, und dabei merkte er, dass ihm die Tränen stromweise aus den Augen liefen.

Ein Krampf war gelöst. Das Fieber war fort. Er konnte nicht fliehen.

Aus seinen Ketten, der Wille des Schicksals war deutlich, würde er einst, ohne je mehr zu leben, ausgedient in sein Grab fallen.

Bruno Frank, *Trenck*. 3. Buch, 2. Kapitel

6. Zweite Nahaufnahme: Tournai 1763

Bei keiner anderen Unternehmung Saint-Germains muss man eine solche Gratwanderung leisten, um zu einem sicheren Urteil zu gelangen, wie bei der Fabrikgründung in Belgien (damals österreichische Niederlande). Die von Volz veröffentlichten Schreiben, die zwischen dem Bevollmächtigten Minister Karl Graf Cobenzl in Brüssel und dem Staatskanzler Fürst Kaunitz in Wien gewechselt wurden, irritieren durch die Bedeutungsnuancen, die zwischen den Zeilen stehen. Vorderhand ergibt sich nichts anderes, als dass ein gutmütiger und vertrauensseliger Minister in eine für die Staatskasse teure Angelegenheit hineinreitet, vor der ihn der wissende und welterfahrene Kanzler gleich von Anfang an gewarnt hat. Aber so kann es nicht gewesen sein. Am überzeugendsten wäre diese Version aus der Welt geschafft, wenn Nachweise auf dem Tisch liegen würden, dass die Fabriken nach Saint-Germains Abreise florierten. Das lässt sich bis heute nur vermuten. Aber genauso wenig sind Belege bekannt, dass sie mit Verlust aufgegeben wurden.

Einzelheiten der Fertigung gebe ich im Manufaktur-Abschnitt wieder (s. Kap. 10); erst soll überhaupt die Geschichte erzählt werden.

Minister Cobenzl ist im Jahr 1763 51 Jahre alt und kein unerfahrener Mann mehr, der sich leicht täuschen lässt. Allerdings kann er sich nichts anderes vorstellen, als dass Brüssel in jeder Kleinigkeit von Wien gegängelt wird, denn er kennt es nicht anders. Was Saint-Germain betrifft, gibt es in Brüssel aber noch einen Gönner und zwar den Statthalter und Schwager der Kaiserin, Karl von Lothringen. An ihn kann sich Cobenzl jeden Tag wenden, wenn zu befürchten ist, dass Saint-Germain ein Betrüger ist. Und auch Kaiser Franz I. Stephan, Karls Bruder, kann in diesem Jahr von Wien aus noch seine schützende Hand halten – erst nach seinem Tod 1765 hat Kaunitz freie Bahn, Saint-Germain ungehindert zu diskreditieren. „Was erlaubt sich dieser Rakoczy auf Habsburger Gebiet? Dem werde ich das Handwerk legen!" mag sich Kaunitz, auf französisch natürlich, gesagt haben, aber nach Brüssel schickt er nur feine vergiftete Pfeile, voll Skepsis und Ironie, und mehr als einmal lässt er den gradlinigen Minister als Einfaltspinsel dastehen.

Bis dieser durchschaut, dass es gar nicht um Staatsgelder und Fabriken geht, sondern um die Unperson Saint-Germain, der verschwinden soll – und ab da verschwindet er auch! Dann dämmert es Cobenzl, dass er arglos mit seinen Andeutungen die Kaunitz'sche Ausschaltungskampagne erst richtig angeheizt hat. Der Name Saint-Germain allein hätte schon genügt, um Kaunitz' Gegenmaßnahmen auszulösen. Aber Cobenzl liefert noch die Stichworte: Er hat Papiere der französischen Minister und der Madame de Pompadour, und wenn er sich für Den Haag rächen wollte, könnte er das. Das ist es ja gerade: Habsburgs politische Interessen sind ja mit diesen Papieren engstens verknüpft. Und eine Andeutung seiner Abstammung – Cobenzl schreibt nicht mehr, aber das reicht für Alarm in der Hofkanzlei, und der Minister bekommt den Gegenwind zu spüren. Er hat einfach alles Interessante weitergemeldet, was er von seiner neuen Bekanntschaft hörte, und Saint-Germain hat ihn vielleicht nicht ausdrücklich davor gewarnt. Warum blieb er auch nicht in Holland bei den dortigen Unternehmungen? Musste er seinen Fuß in das Habsburger Herrschaftsgebiet setzen? Es scheint, es ergab sich so. „Der Zufall" führte ihn über die Bankierswitwe Nettine mit dem tätigen Minister zusammen.

Im Übrigen ist uns heute unvorstellbar, dass sich Minister persönlich in all solche Details monatelang hineingekniet haben. Aus meiner Sicht ist dies ein Indiz dafür, dass man – mit den Details als Munition – einen Feldzug ganz anderer Art miteinander austrug. Der erste Brief von Cobenzl an Kaunitz, in dem Saint-Germain erwähnt wird, datiert vom 8. April:

Vor etwa drei Monaten ist der unter dem Namen Saint-Germain bekannte Mann hier durchgekommen und hat mich aufgesucht. Ich fand in ihm den seltsamsten Menschen, der mir im Leben begegnet ist. Seine Herkunft kenne ich noch nicht genau; ich glaube jedoch, dass er einer heimlichen Verbindung aus einem mächtigen und berühmten Hause entsprossen ist. Er ist im Besitz großer Mittel, lebt aber äußerst einfach. Er weiß alles und zeigt eine bewundernswerte Rechtschaffenheit und Seelengüte.

Das war die Einleitung und sie übertönt – für Kaunitz – alle folgenden Berichte von viel versprechenden Verfahren, die hohen Gewinn abwerfen würden:

Diese Einzelheiten sind noch sehr unvollkommen, aber ich bitte Eure Exzellenz, sie nur als vorläufigen Bericht über eine Sache zu betrachten, die für die Staatsfinanzen und die Wohlfahrt der Völker Ihrer Majestät von größter Bedeutung werden kann und muss. Zugleich versichere ich Eure Exzellenz, dass ich keine beträchtliche Summe aufs Spiel setzen werde. Bald werde ich ausführlicher berichten und eine genaue Berechnung des Gewinns, die ich schon in Arbeit habe, einsenden. Inzwischen bitte ich um Gutheißung des Geschehenen. Ich glaube mich nicht zu täuschen, wenn ich versichere, dass die Sache für das Wohl der Monarchie von größter Wichtigkeit ist.

Wir haben die Miene des Staatskanzlers, als er seine Antwort vom 19. April formuliert, nicht vor Augen. Wenn es seine gewöhnliche ist, wäre sie abweisende und überlegene Arroganz. Mit der Spitze seiner Waffe Ironie – die gleiche Ironie, die Maria Theresia 25 Jahre die Arbeit mit ihm vergällte – rückt er gleich im ersten Satz die Positionen zurecht: Ich will heute nur auf die Wunder eingehen, die der berüchtigte Graf Saint-Germain aus Freundschaft für Eure Exzellenz vollbringen will. Ich sehe die Dinge aus der Entfernung und somit ohne den Zauber der Aufmachung.

Cobenzl, der stolz auf seine vorteilhafte Neuerwerbung ist, muss sich nach dieser kalten Dusche erst wieder sammeln. Der allmächtige Kanzler hegt Zweifel, ob das alles richtig gesehen wurde – über diese Unverschämtheit könnten reelle Fachleute achselzuckend hinwegsehen –, oder belehrt, dass zwischen Versuchen im Kleinen und der Herstellung im Großen ein himmelweiter Unterschied ist. Das lässt darauf schließen, dass in der Hofburg noch ein ganzer Vorrat an Gegenargumenten parat liegt, und um in Brüssel darüber keine Unklarheit aufkommen zu lassen, schickt Kaunitz „Anekdoten über die wunderbare Persönlichkeit, die sich gegenwärtig in Brüssel aufhält" mit: Spielmaterial, wie es jeder Geheimdienst herumliegen hat, um einen missliebig Gewordenen zu jeder Gelegenheit anzuschwärzen. Dem Augenschein von Kaufleuten und ausgewiesenen Fachmännern in Belgien werden die abgefeimten Gerüchte aus Wien entgegengesetzt, ein unwägbares Gift.

Kaunitz hält es für das Beste, auch die Kaiserin auf seine Linie zu bringen. Er selbst sei versucht, das Ganze als bloße Vision und Betrügerei anzusehen.

Ich habe den Grafen Cobenzl also aufgefordert, äußerst vorsichtig zu sein, keine Staatsgelder aufs Spiel zu setzen und Nachforschungen über die Reichtümer seines angeblichen Orakels anzustellen. Möglicherweise befinden sich unter der großen Zahl von Geheimmitteln, deren Ausbeutung so glänzende Erfolge verspricht, auch ein paar brauchbare. Möglicherweise aber löst sich auch alles in Dunst auf. Auf jeden Fall wäre es angezeigt, wenn Eure Majestät den Inhalt meines Berichts geheim halten wollten; denn im ersteren Falle würde Saint-Germain zu sehr eine Entlarvung fürchten, und im zweiten müsste man die Schwachheit der Regierung, die sich von einem Schwindler anführen ließ, mit einem Schleier zudecken. Mit ihrer eigenhändigen Randbemerkung beugt sich Maria Theresia dieser Version (d. h. sie verlässt sich blind auf Kaunitz, sonst könnte sie ihren Brüsseler Minister selbst hören).

Die Diffamierungskünste des Herrn Staatskanzlers sind wirklich ausgereift. Mit fein verteilten Ausdrücken spinnt er ein Netz von Begriffen, deren Auflösung nur *Betrüger* sein kann. Die Möglichkeit, von der Cobenzl spricht, nämlich dass die Fabriken prosperieren und der Staatskasse Geld bringen werden, ist für Kaunitz bereits in diesem allerersten Stadium ausgeschieden. Mit der Übersendung der Anekdoten hat er zu verstehen gegeben: Alles, was dieser Mann unternimmt, wird von ihm sabotiert werden!

Warum würde er sonst zu diesem frühen Zeitpunkt an die Kaiserin gerichtet schon von dieser Komödie sprechen? Weil er, der wachsame Hüter der Staatsinteressen, eine daraus machen wird.

Cobenzl, der ja nicht auf den Kopf gefallen ist, denkt zunächst, er müsse Verstandesargumente auffahren:

Wie soll man den Glauben an etwas verweigern, das sich vor den eigenen Augen abspielt, das man selbst macht und das im großen wie im kleinen das gleiche sein muss? Denn es ist doch ausgeschlossen, dass mit einem Mittel, womit ein Stück gefärbt wird, nicht auch hundert Stück zu färben sind. Dazu kommt die völlige Klarheit der physikalischen Gründe, so dass man erkennt, dass Ursache und Wirkung ganz unfehlbar sind. (28. April 1763)

Aber er ist auch Manns genug, die Diffamierungen im Ansatz abzublocken: Seine persönlichen Eigenschaften sind uns ziemlich gleichgültig, wofern er uns ein Geheimnis preisgibt, das ich zum Teil schon besitze und das ich auf die oben genannte Weise ganz erfahre werde. Nur darauf kommt es an.

Ich verstehe das im Klartext so: Verschonen Sie uns mit weiteren unsauberen Verdächtigungen dieses Mannes!

Aber da er den Schaden ermessen kann, den die Anekdoten des Kanzlers anrichten würden, bemüht er sich gewissenhaft, sie Punkt für Punkt zu entgegnen. Er hat sich auch die Papiere zur Affäre Den Haag zeigen lassen und wagt es, nach Wien zu schreiben: Ich habe die Schriftstücke gesehen und finde auf Saint-Germains Seite kein Verschulden. Aber selbst wenn ein solches vorläge, täte es nichts zur Sache; denn hier handelt es sich nur um Erlangung seiner Geheimmittel.

Kaunitz merkt, dass er an einen entschlossenen Gegenspieler geraten ist, und antwortet am 10. Mai: Die Auskünfte Eurer Exzellenz zur Behebung meiner Zweifel an all den Wundern, die Herr von Surmont zugunsten unserer Finanzen wirken soll, vermehren nur meine Überraschung – und in diesem Tonfall weiter. Nachdem er ordentlich Misstrauen gesät hat – unter dem Stichwort 'unberechenbare Mehrkosten' –: Ich bin nicht überzeugt, aber ich möchte es werden, kommt der nächste Hieb sofort: Tournai, eine Stadt an der Grenze. So kostbare Manufakturen müssen dort notgedrungen die ganze Aufmerksamkeit und Eifersucht unserer Nachbarn erregen. Auch Herr von Surmont selbst ist dort nicht völlig sicher.

Jetzt, in dieser Sprache, hat Cobenzl voll verstanden. Ich will Eure Exzellenz heute nicht mit langen Einzelheiten über Herrn von Surmont belästigen, vielmehr will er die *Sache,* die Fertigungsproben und den Kostenvoranschlag für sich sprechen lassen. Leider muss er sich ja den Spielregeln einer vom Staat dirigierten Wirtschaft beugen, im benachbarten Holland wäre eine solche Korrespondenz gegenstandslos. Wirtschaftlicher Sachverstand selbst würde dort entscheiden.

Als Ort habe ich Tournai bestimmt, weil die Anlage dort billiger ist und ich dort einen Vertrauensmann und Sachverständigen für die Manufakturen [Rasse] habe, schließlich auch, weil ich dort am wenigsten

Schwierigkeiten mit den abscheulichen Zünften befürchte. – Frau Nettine hat bei ihrer Reise nach Paris nichts Ungünstiges über unseren Mann gehört und sich durch ihre Schwiegersöhne die Sicherheit verschafft, dass wir bei keiner einzigen Unternehmung Widerstand zu befürchten haben.

Er ist offenbar erleichtert, am 27. Mai endlich schreiben zu können! Ich beehre mich, Eurer Exzellenz die Proben von Metall, gefärbter Seide, Wolle, Leder und Holz zu übersenden. Ich habe die Päckchen mit den vom Erfinder versehenen Aufschriften und den von ihm gegebenen Erläuterungen gelassen. Ich hoffe, Eure Exzellenz werden alles vortrefflich finden. Ich wiederhole nur, dass all diese schönen Färbungen mit den einfachsten Mitteln hergestellt sind, und dass keine Cochenille verwandt ist; somit ist alles sehr billig.

Auf diese Weise lässt sich Kaunitz nicht drankriegen – statt seiner übernimmt es Hofrat Johann Jakob von Dorn, die schriftliche Ohrfeige auszuteilen. Der Herr Kanzler kann ... nicht umhin, Eurer Exzellenz mitzuteilen, dass alle Vorarbeiten, die etwa zur Herstellung im Großen im Gange sein sollten, einzustellen sind, und dass mit Herrn von Surmont nichts abzuschließen ist, bis wir in der Lage sind, Ihnen den ausdrücklichen Befehl Ihrer Majestät hierüber kundzugeben. Die übersandten Proben sprechen so wenig zu seinen Gunsten, dass unsere hiesigen Farben für Seide weit besser sind als die seinen. Es überrascht uns hier etwas, dass man seine Erzeugnisse nicht mit anderen verglichen hat, oder, wenn dies geschehen ist, dass man sich hat täuschen lassen. Man hat in Brüssel – oder sollte sie doch haben – die prachtvollen englischen und die glänzenden, schönen französischen Farben, mit denen die des Herrn von Surmont keinen Vergleich aushalten. Werden diese doch selbst von unseren Wiener Farben übertroffen. In dieser Art geht es unnachsichtig weiter. Was ich Eurer Exzellenz mitzuteilen habe, schließt nicht aus, dass Sie Herrn von Surmont in der bisherigen Weise weiter empfangen. Im Gegenteil, man darf ihm kein Misstrauen zeigen. (8. Juni).

Hofrat Dorn ist nur der Referendar für niederländische Angelegenheiten in der Geheimen Hof- und Staatskanzlei. Für die Expertise wendet er sich am

9. Juni an Kommerzienrat Thys in Klagenfurt. Das bedeutet, man hatte in Wien vielleicht drei Tage Zeit gehabt, um eine solche 'Prüfung' vorzunehmen, d. h. für die erwähnte Absage hätte man die Päckchen gar nicht zu öffnen brauchen.

Der Niederländer Thys wird für das gewünschte Ergebnis gewonnen: Er hatte der hiesigen Beurteilung der Proben von Surmonts Geheimverfahren und der Unzuträglichkeit ihres Staatsbetriebes nichts hinzuzufügen und hielt es gleichfalls für unmöglich, diesen Erzeugnissen einen Absatz zu verschaffen, der den in den Niederlanden gehegten überspannten Erwartungen entspricht. In Gegenwart von Hofrat Dorn macht er (nur) einen praktischen Versuch. Schließlich hatte Surmont in seiner Denkschrift* erklärt, dass in den Niederlanden niemals Stoffe aus Ziegenhaar gefärbt worden seien, wie er sie zu färben sich anheischig machte, aber Thys versicherte, er selbst hätte Brüsseler Kamelott in dem gleichen Kübel mit Tuch zusammen scharlachrot gefärbt, und beides sei gleich gut ausgefallen. So Kaunitz' Bericht an Maria Theresia vom 27. Juli. Aber dann war ja Thys nichts anderes als ein Konkurrent, oder?

Mit wahrhaft stoischer Ruhe stellt Cobenzl einen ausführlichen Plan der Manufaktur in Tournai in Aussicht. Soweit will es Kaunitz gar nicht kommen lassen:

Da Sie absolut nichts Neues zu bieten haben, kommt ein Monopol gar nicht in Frage, der einzige Weg, auf dem sich Neuheiten wenigstens für eine Zeitlang ausbeuten lassen. Ihre Hölzer und Metalle sind nur Armseligkeiten – verzeihen Sie mir den Ausdruck, mein lieber Graf! Von dem Holze zu reden, lohnt nicht einmal die Mühe. Was haben Sie mit dem Metall vor? Gesetzt, es eignete sich zur Herstellung von Leuchtern, Lichtputzern, Feuerzeugen usw., wollen Sie für das alles Werkstätten anlegen oder das Metall in Barren oder Blöcken verkaufen? In diesem Falle wird es entweder nachgeahmt, und Sie haben nur die Unkosten davon, oder es kommt in Misskredit durch die Mängel, die so viele verschiedene minderwertige Verbindungen von Kupfer und Zink in Verruf

---

* hat sich nicht erhalten.

gebracht haben, wie Tombak, Similor u.a.m., die eines guten Goldüber-
zuges bedürfen, um erträglich zu sein. Im ersten Falle aber frage ich:
Wo ist die Aussicht auf Riesengewinne? Wo ist auch nur die Möglichkeit, die Konkurrenz so vieler, schon bestehender derartiger Fabriken
aus dem Felde zu schlagen? Welche Sicherheit haben Sie, auch nur die
Anlage-, Verwaltungs- und Betriebskosten zu decken?

Von Ihren Ölen will ich schweigen. Wie ich mir Ihren Abenteurer vorstelle, muss ich glauben, dass es ihm gelingen wird, Ihnen auch hierbei
wie bei allem übrigen etwas vorzumachen. Wie, Herr Graf? Jemand,
der anderthalb Millionen Vermögen und so wunderbare Geheimmittel
besitzt, sollte nicht selbst Gebrauch davon machen, sondern Ihnen aus
purer Freundschaft seine Reichtümer ausliefern? Wahrhaftig, ein derartiges Benehmen spricht aller Wahrscheinlichkeit zu sehr Hohn, als
dass es auf irgendwen Eindruck machen könnte. Wäre der Mann seiner
Sache gewiss, er brauchte Sie nur um Genehmigung zu bitten und dann
auf eigene Rechnung zu arbeiten. Aber seine Geheimmittel werden
teuer zu stehen kommen.

Jetzt hat er doch tatsächlich das Visier geöffnet! Vielen Dank, Herr Staatskanzler! Aus dieser wichtigen Stelle ersehen wir, dass tatsächlich Welten zwischen Saint-Germain und Kaunitz liegen. Für einen mit allen Wassern gewa-
schenen, brillanten Diplomaten, der strikt die Hausmachtinteressen seines
Landes verficht, würde man doch Verständnis haben (vor allem, wenn er Erfolg hat – Kaunitz hielt sich auch noch, wenn er Misserfolg hatte). Aber ein
eiskalter Egozentriker, dessen Evangelium der Eigennutz ist, sollte vielleicht
nicht die Wohlfahrt der Völker bestimmen. Ihm, der für seine persönliche Bereicherung vorgesorgt hat, bleibt das übergeordnete Anliegen eines Saint-
Germain völlig fremd, ja er *muss* es ablehnen. Wie eine zynische Ausgabe
des pragmatischen Adam Smith („Privater Eigennutz schafft Gemeinwohl")
offenbart er sich an dieser Stelle, ein Gefangener rückwärtsgewandten Denkens. Dass der Erfinder jahrelanges Forschen selbstlos drangibt und nur
wünscht, dass es floriert, dass es den Menschen zugute kommt – das weist so
weit in die Zukunft, dass wir bis zu einem gewissen Grad auch nachvollziehen
können, welche Irritation Saint-Germain damit bei seinen Geschäftspartnern

ausgelöst hat. Aber es ist nicht daran zu zweifeln, dass er seine Verfahren uneigennützig zur Verfügung stellte. Seine Sache war es, sich finanziell dazu in die Lage zu setzen – und soweit wir die vorliegenden Dokumente überblicken, ist es tatsächlich so gewesen. Er war auf Einkünfte aus den Manufakturen, oder was wir Patentrechte nennen, nicht angewiesen. Heute haben wir aber weltweit einsehen gelernt, dass es ohne Innovationen, also das geistige Kapital fähiger Einzelner, keine florierende Wirtschaft geben kann. Saint-Germains Botschaft an die Heutigen würde lauten: Man muss das auch zur Verfügung stellen *wollen*. Von der Verflechtung mit dem Eigennutz lösen. Aus der Einsicht: Es ist genug für alle da, die Profitgier überwinden. Am Ende kommt eine ganz andere, nämlich solidarische Wirtschaftsweise dabei heraus!

Inzwischen hat Cobenzl die Kaunitz'sche Lektion verstanden und sich mit Madame Nettine abgesprochen. Sie schrieb an den Referendar Dorn, sie erkläre sich gern bereit, das Unternehmen auf eigene Rechnung zu führen, falls Ihre Majestät es nicht übernehmen wolle. Das ganze Konvolut seiner Projektbeschreibung läuft auf die Frage hinaus, wer es betreiben soll, und von Saint-Germain, dessen Erwähnung immer nur Anstoß erregt, ist nicht mehr die Rede. Nun kommt es auf die Allerhöchste Entscheidung an, ob Ihre Majestät das Unternehmen der Frau Nettine überlassen oder es auf eigene Rechnung übernehmen will. Das letztere scheint mir in jeder Hinsicht empfehlenswert. In diesem Falle müsste man Frau Nettine ihre Vorschüsse auf das Unternehmen mit vier Prozent verzinsen und das Kapital nach und nach aus dem Gewinn zurückzahlen. Auch wäre es recht und billig, ihren Sohn zum Generaldirektor des Unternehmens zu ernennen. Er eignet sich dazu besonders durch seinen Eifer und Einsicht und als Alleinbesitzer des Geheimverfahrens. Zum Schluss weiß er sich vollends abzusichern: Bemerke nur noch, dass ich in alledem mit höchster Billigung Seiner Königlichen Hoheit [Prinz Karl von Lothringen] verfahren bin und diesen Bericht, den ich ihm vorgelesen habe, nur auf seinen Befehl absende. Der Vertrag in der am 25. Juni nach Wien übermittelten Form lautet:

Vorläufige Bedingungen, die zwischen Graf Cobenzl und dem Grafen Surmont vereinbart sind.

Der Graf von Surmont wird *lebenslänglich* an den jetzt in Tournai errichteten Manufakturen zur Hälfte beteiligt. Von dem ihm zufallenden Gewinn sind die ihm vorgeschossenen Summen und die für ihn zu machenden Auslagen abzuziehen. Nach erfolgtem Abzug soll er über seinen Gewinn frei verfügen.

Der Graf verpflichtet sich dem Grafen Cobenzl gegenüber noch zur Angabe der Herstellung von Blau und Grün, der Verfeinerung von Ölen, des Krempens von Leder zur Herstellung von Hüten oder zu jedem anderen, ihm bekannten Gebrauch, sowie zur Bekanntgabe jedes anderen Geheimverfahrens oder jedes geeigneten Mittels, um die Manufakturen zur größten Vollendung zu bringen.

Graf Surmont hat diese Bedingungen unterzeichnet.

Falls sich jemand über diese eher beiläufige Vereinbarung wundert, erläutert Cobenzl am 2. Juli: Der Eventualvertrag, den ich mit ihm abgeschlossen habe, beweist, dass die Geheimverfahren zwar durch die an ihn gezahlten Vorschüsse und die Anlagekosten teuer zu stehen kommen, in der Folge aber tatsächlich nichts kosten; denn diese Summen kommen in Anrechnung auf den dem Grafen Surmont zugesagten Gewinnanteil. Auch habe ich für Ihre Majestät nichts auf Spiel gesetzt; denn Frau Nettine übernimmt das Ganze sehr gern auf eigene Rechnung.

Nun bleibt für Kaunitz nichts übrig als die Einsicht, er habe es in Brüssel mit einem gewieften Team zu tun. Kann er eine beträchtliche Einnahmequelle für die Staatsfinanzen ausschlagen? Ja, er kann (und die Expertise wird dementsprechend ausfallen). Er muss jetzt seinerseits den Entrüsteten spielen, da er die verblendeten Fabrikanten nicht von ihrem Vorhaben abhalten konnte, das Saint-Germain ein für allemal in Misskredit bringen sollte. Am 5. Juli ergeht seine Antwort an Cobenzl: Auf Ihren Bericht (vom 25. Juni) mit den ärgerlichen Einzelheiten Ihrer Unternehmung in Tournai könnte ich sofort mitteilen, dass Ihre Majestät *sich nicht mit einem Pfennig beteiligt.*

Mit gekonnter Entrüstung reibt ihm Kaunitz unter die Nase, was er schon Wochen vorher der Kaiserin prophezeit hat. Er erinnert an seine Warnung, *die Interessen Ihrer Majestät nicht aufs Spiel zu setzen...Sie schrieben mir* damals: „Ich habe Vorschüsse *in sehr geringem Betrage* durch Frau Nettine geben lassen." Heute übersteigt dieser *sehr geringe Betrag* bereits 190 000 Gulden! Das Bild, das ich Ihnen zugleich von diesem berühmten Abenteurer oder Gauner gab – denn schließlich ist ein Betrüger nichts anderes – blieb offenbar eindruckslos ... Wie ist es möglich, dass sie [Madame Nettine] diesem Elenden auf seine schönen Augen hin 81 720 Gulden vorschießen konnte? Wie konnten Sie Ihrerseits zusehen, dass er 12 280 Gulden bloß für Reisen und Verpflegung vertan hat? Wie konnte man sich abgesehen von alledem auf eine Ausgabe von 99 935 Gulden einlassen, ohne dass bisher für einen Pfennig Betriebsmittel oder Rohstoffe für Ihre Fabriken angeschafft sind? ... Doch nach alledem, was ich Ihnen hierüber schon geschrieben habe, ist jede weitere Aussprache zwecklos.

In Vorwegnahme seines Berichts an Maria Theresia schreibt der Kanzler am 5. Juli an Cobenzl seine Schlussfolgerungen:

1. Die Fabriken eignen sich nicht zu Staatsbetrieben, weder der Sache nach noch im Hinblick auf das Einzelne und die Verwaltungskosten.
2. Sollte trotz allem, was ich dagegen angeführt habe, die Herstellung oder Ausbeutung von Surmonts Geheimverfahren einen Ertrag abwerfen, so hat Frau Nettine den allerersten Anspruch darauf.
3. Somit kann man ihr nicht den Schutz und die Erleichterungen abschlagen, die sie bei der Regierung beantragen wird, zumal es Regierungsgrundsatz ist, den Manufakturen jede Förderung zu gewähren, die mit der Verfassung des Landes vereinbar ist.

In einem endlosen Schriftsatz vom 21. Juli an die Kaiserin wird die Cobenzl'sche Initiative von Kaunitz niedergemacht. Darin kommt er viermal warnend auf „Surmonts Abenteuer in Frankreich" (gemeint ist Den Haag 1760) zu sprechen! Die Bezeichnungen „Abenteurer" und „Gauner" verwendet er auch der Kaiserin gegenüber – was können schon die Geheimmittel eines solchen taugen? Dies berechtigte Misstrauen wird bestärkt durch die Abweisungen, die Surmont in Frankreich, in Holland, in England und überall erfahren hat, wo er seine kümmerlichen Geheimmittel wie bei uns angepriesen haben wird. Ich hätte mir also alle Vergleichungen, Berechnungen, Proben und Prüfungen ersparen können. (Dachten wir's doch!)

So familiär, wie er mit der Majestät ist, kann er sich auch erlauben, ihr folgenden Unsinn zur Lektüre zu geben:

6. Dass die Gewinne aus der Gerberei heute von den einheimischen Gerbern gemacht werden, und dass Graf Cobenzl diese Gewinne durch Surmonts Geheimverfahren nur zu vergrößern hofft. Dabei verdient die Gerberei unter den angeblichen Geheimverfahren noch am meisten Beachtung, und gerade darüber wissen sie noch am wenigsten; denn alle ihre positiven Angaben beschränken sich auf das Gewicht der heute von unseren Gerbern verarbeiteten und verkauften Felle. Ebenso gut könnte man sagen: Es gibt in den Niederlanden 10 000 Schuhmacher; jeder verdient täglich so und so viel. Man braucht also nur alle Stiefel und Schuhe, die diese Schuhmacher anfertigen, auf Rechnung des Staates herzustellen und hat allein den ganzen Gewinn davon. Wenn man so weiter fortfährt, alle Gewerbe an sich reißt und sie selbst ausübt, und angenommen, es gelingt, so muss man E. M. neue Untertanen verschaffen, die soviel Geld haben, um alle diese Waren zu kaufen; denn die Ihren wären zugrunde gerichtet und verarmt. Dass bei der Gerberei Geld zu verdienen ist, wussten wir ohnehin. Dass aber der Staat diesen Gewerbszweig auch noch an sich reißen müsse, das sollte man nicht vorschlagen, ohne vorher deutlich nachzuweisen, was für wirkliche und neue Vorteile für die Bevölkerung daraus entspringen.

Am Ende der ganzen Stimmungsmache kommt er mit dem Vorschlag, der ökonomisch gesehen der einzig sinnvolle ist: kein Staatsbetrieb!

Aus all diesen Schlussfolgerungen ergibt sich als offenkundig und unbedingt notwendig, dass diese gewagten Unternehmungen weder der Sache nach noch in ihrer Verwaltung und in ihrem Betrieb den Staatsfinanzen entsprechen. Da jedoch Frau Nettine aus eigener Tasche den unsinnigen Vorschuss von fast 200 000 Gulden gemacht hat und sie diese Fabriken auch übernehmen will, so ist es recht und billig, dass

Eure Majestät sie ihr überlassen und gleichzeitig Ihre Regierung beauftragen, ihr alle Erleichterungen und Vergünstigungen zu gewähren, die sich mit der Wohlfahrt der Staatsfinanzen und der Landesverfassung vereinbaren lassen.

Eigenhändiges Marginal Maria Theresias
Placet. Ich billige alle Vorschläge des Kanzlers.

An ihren Schwager schreibt die Kaiserin am 24. Juli: ... soll der Staat für die bereits erfolgten Ausgaben in keiner Weise herangezogen werden. Was die Witwe Nettine betrifft, so ermächtige ich Eure Hoheit, ihr zu diesem Zweck die nötige Genehmigung zu geben und ihr die Erleichterungen und Vergünstigungen zu gewähren, die sich mit der Wohlfahrt meiner Finanzen und der Verfassung der belgischen Provinzen vereinbaren lassen.

Nun wüssten wir gerne mehr, was konkret aus den Fabriken geworden ist, und ich hoffe sehr, dass sich solches noch beibringen lässt, nicht nur die geheimen Papiere im fernen Wien. Reserviert berichtet Cobenzl am 2. Oktober

Wer war an den Fabriken in Tournai interessiert?

- Witwe Nettine, Bankiersfrau, leitet seit 1749, dem Tod ihres Mannes, die „Banque Nettine" und bleibt auch bei Cobenzl die eigentliche Finanzchefin Belgiens. Seit 1758 ist sie Vicomtesse.
- Ihr Sohn
- Ihr Schwiegersohn, Herr Walckiers, Direktor der Lotterieverwaltung
- Tressenfabrikant Barbieri
- Kamelottfabrikant Francolet
- Tuchfabrikant J'Kint
- Kaufmann Rasse als Geschäftsführer
- de Lannoy, Subdirektor
- de Lannoy jun., Schreiber

Ist es wahrscheinlich, dass all diese Personen sich nur eine betrügerische Briefkastenfirma ausgedacht haben?

1763 an Kaunitz: Ich erhalte nirgendwo her Nachricht, was aus Herrn von Saint-Germain geworden ist. Die in Tournai begründete Manufaktur beginnt sich zu entwickeln; ich glaube bestimmt, Frau Nettine wird dabei auf ihre Rechnung oder wenigstens auf ihre Kosten kommen.

Wir haben das Zeugnis des Neffen Graf Philipp Cobenzl, damals 22 Jahre jung, der im Juni nach Tournai geschickt wurde: Ich blieb vierzehn Tage dort und ließ meinen Mann tags und nachts nicht aus den Augen. Wenn er in dieser Zeit Unregelmäßigkeiten festgestellt hätte, wäre doch gleich große Aufregung gewesen! Aus meinem nach meiner Abreise erstatteten Bericht ergab sich, dass gar nichts geschehen war, und dass alle diesem Manne vorgeschossenen Summen verschwunden waren. Aber wurden nicht Häuser gekauft und teils neu gebaut? Die Erinnerungen, die Philipp vierzig Jahre später formuliert, als er schon Nachfolger Kaunitz' als Staatskanzler geworden ist, können sich wahrhaftig immer noch nicht von dem Schema lösen, das Kaunitz vorgegeben hat: Saint-Germain ein Betrüger.

Er ist ja auch verschwunden. Und zwar, wie ich meine, im Einvernehmen mit dem Minister Cobenzl und der Madame Nettine. Der Neffe Philipp gibt selbst einen ausgezeichneten Hinweis: Tagsüber ging er nie aus, und zur Zwiesprache mit meinem Oheim stellte er sich nur in vorgerückter Nachtstunde ein.

Im März 1764 kann sich Casanova auf der Durchreise in Tournai Zutritt bei Saint-Germain, der sonst niemanden vorlässt, verschaffen:

Am nächsten Tage kam ich [aus Dünkirchen] in Tournai an. Als ich ein paar Stallknechte auf schönen Pferden reiten sah, fragte ich sie aus Neugier, wem sie gehörten.

„Dem Grafen Saint-Germain, dem Adepten, der seit einem Monat hier ist und niemals ausgeht."

Diese Antwort bewog mich, ihn zu besuchen. Kaum im Gasthof angelangt, schrieb ich an ihn und fragte ihn, wann ich ihn aufsuchen dürfte. Nachstehend seine Antwort, die ich mir aufgehoben habe:

„Infolge meiner Beschäftigung kann ich niemanden empfangen. Doch Sie machen eine Ausnahme. Kommen Sie, wann es Ihnen passt; man wird Sie in mein Zimmer führen. Sie brauchen weder meinen noch Ihren Namen zu nennen." Ich ging um neun Uhr hin und fand ihn mit einem zwei Zoll langen Stoppelbart.

Aha: Saint-Germain hat sich von der Mitwelt abgeschirmt! Aber ist das wirklich im März 1764 und nicht ein Jahr früher? Was treibt er denn? Casanova berichtet:

Er hatte eine Anzahl Retorten voller Flüssigkeiten im Zimmer. Einige machten einen chemischen Prozess durch; sie lagen auf Sand bei natürlicher Wärme. Wie er mir sagte, arbeitete er zu seiner Kurzweil an der Herstellung von Farben und richtete eine Hutfabrik ein, um dem Grafen Cobenzl, dem Minister Maria Theresias in Brüssel, gefällig zu sein. Der Graf hätte ihm nur 105 000 Gulden gegeben, die aber nicht hinreichten, doch er würde das weitere hinzulegen.

Wie nun das? Vergleichen wir genau: Der umfangreiche Schriftverkehr mit Wien, auf 1763 datiert, endet in der Angelegenheit Surmont/Saint-Germain damit, dass der Minister unter dem 25. August berichtet: Er ist nach Lüttich abgereist. Wenn man diese Information liest im Kontext „um einer Ausweisung zu entgehen" oder „weil seine betrügerischen Absichten durchschaut wurden" oder „weil seine Verfahren sich als erfolglos erwiesen haben", so interpretiert man: Saint-Germain hat sich abgesetzt. Adressat ist allerdings der unbelehrbar missgünstige Kaunitz, der erst dann Ruhe geben wird, wenn er die Nachricht von Saint-Germains Abreise erhält. Und so spricht nichts dagegen, dass Saint-Germain abgereist ist, weil er in Lüttich einen Besuch zu machen hatte, oder auch nicht abgereist ist, jedenfalls im Jahr 1764 in Tournai in seinem gewohnten Labor tätig angetroffen wird, sobald er dem Besucher Casanova den Zutritt gewährt.

Also doch kein Irrtum in den Jahreszahlen? Nein, denn es gibt ein eindeutiges Indiz (s. Kap. 11 „Alchemie"). Das ist die verwandelte Goldmünze, die der Besucher an ebendiesem Tag von Saint-Germain bekommt und die er, zwei Monate später, dem greisen George Keith in Potsdam zum Geschenk macht. Dort hatte der schottische Lordmarschall *erst seit Sommer 1764* ständig Wohnung genommen. Vorher durfte er, verbannter Stuart-Anhänger, noch einmal nach England reisen unter dem Ministerium von Lord Stuart-Bute. Casanova hatte ihn schon in London getroffen. Der „Earl Marichal", so sein schottischer Titel, war dann an die Seite des „Alten Fritz" zurückgekehrt, der ihm herzlich zugetan war.

Saint-Germain arbeitet an seiner Aufgabe weiter, im Verborgenen.

Auch Tournai ein Lehrstück: Dass mit dem langen Arm eines mächtigen Erbfeindes nicht zu spaßen ist. Der Ränkeschmied Kaunitz musste schlimme Gründe haben, die von einem Rakoczy ausgehenden Gefahren zu fürchten.

7. Dritte Nahaufnahme: Ansbach 1774-1776

Von Saint-Germains Aufenthalt in Ansbach – genauer in Triesdorf und Schwabach – steht uns nur der ausführliche Bericht des damaligen Ministers Freiherr von Gemmingen-Guttenberg zur Verfügung, den dieser 1817 an den Prinzen Christian von Hessen-Darmstadt sandte (als er schon 78 Jahre alt war). Aber zwei Jahre Umgang aus der Nähe haben doch viele Einzelheiten bewahrt, die sich der Nachwelt als verlässlich einprägen können.

Markgraf Karl Alexander war ein Neffe des Preußenkönigs (Sohn der unglücklichen Schwester Friederike), und 1791 fiel Ansbach-Bayreuth auch wieder zurück an Preußen. Im Jahr 1774 ist er 38 Jahre alt und lebt verdrossen unter der drückenden Verpflichtung, Geld zu beschaffen, die Hofbeamten zu bezahlen und die Schulden abzubauen, die ihm sein für seine Falkenleidenschaft bekannter Vater hinterlassen hat. Ihm wird die Ankunft eines russischen Offiziers angezeigt. Der ebenso gütige wie menschenfreundliche Fürst gab den Befehl, diesem Fremden solange den ruhigen Aufenthalt zu gestatten, als er der Polizei keine Veranlassung geben würde, ihn näher zu beobachten. Für diesen Schutz will sich der Fremde auch beim Landesherrn bedanken. Der Markgraf sah ihn zum ersten Mal im Winter abends bei der berühmten Schauspielerin Clairon, die zu eben dieser Zeit sich zu Ansbach befand – wir haben schon erfahren, dass sie dort 16 Jahre lang nicht nur Mätresse, sondern auch Landesmutter war. Nach Gemmingens Darstellung sprach der Besucher dann...

... über große Reisen, die er gemacht hatte, und endigte damit, zu versichern, dass er zu Bezeugung seiner Dankbarkeit dem Markgrafen Geheimnisse anvertrauen wolle, welche geeignet seien, das Glück und den Wohlstand seines Landes zu befördern. Natürlich mussten Äußerungen dieser Art Aufmerksamkeit erregen, die bald aufs höchste gespannt wurde, als er eine Menge sehr schöner Steine vorzeigte, die man für Diamanten ansehen konnte, und die, wenn sie echt waren, von ungeheurem Wert sein mussten.

Der Markgraf lud ihn nun ein, auf das Frühjahr nach Triesdorf, dem Sommeraufenthalt des Fürsten, zu kommen, und Graf Tzarogy – denn unter diesem Namen hatte er sich vorstellen lassen – nahm diese Einladung unter der Bedingung an, wenn man ihm gestatten wolle, dort nach seiner eigenen Weise, ganz unbemerkt und in der Stille leben zu dürfen.

Zu Triesdorf wurde er in die unteren Zimmer des Schlosses logiert, dessen oberen Teil Mademoiselle Clairon bewohnte. Der Markgraf und dessen Gemahlin wohnten im Falkenhause. Er hatte keinen Bedienten, speisete nur auf seinem Zimmer, das er selten verließ, und dies so einfach als möglich. Seine Bedürfnisse waren mehr als eingeschränkt. Er vermied allen Umgang, und nur die Abendstunden brachte er in der Gesellschaft der Mademoiselle Clairon, des Markgrafen und derjenigen Personen, die dieser Herr gern um sich haben mochte, zu. Man konnte ihn nicht bewegen, an der fürstlichen Tafel zu speisen, und nur einige Male sah er die Frau Markgräfin, die auch begierig war, den sonderbaren Menschen kennen zu lernen.

In Gesprächen war er äußerst unterhaltend, verriet viele Welt- und Menschenkenntnis und ließ hier und da einige mysteriöse Reden fallen, von denen er ebenso geschickt abzuspringen und den *Discours* auf andere Gegenstände zu lenken wusste, wenn man etwas Näheres zu wissen verlangte. Vorzüglich sprach er gerne von den Jahren seiner Kindheit und von seiner Mutter, die er nicht ohne scheinbare Rührung und bisweilen mit Tränen in den Augen nannte. Ihm zu glauben, hatte er fürstliche Erziehung genossen.

Man wurde selten bei ihm vorgelassen, und dann fand man ihn meistenteils den Kopf in ein schwarzes Tuch gehüllt. Seine vorzüglichste Beschäftigung mag wohl in Bereitung allerlei Farben bestanden haben; denn die Fenster seines in den Garten hinausgehenden Zimmers waren so mit Farben allerlei Art überschmiert, dass man nicht durchsehen konnte. Bald nach seiner Ankunft zu Triesdorf fing er an, dem Markgrafen Anweisung zu verschiedenen Zubereitungen zu geben, die den Grund zu einträglichen Fabriken legen sollten. Unter diesen zeichneten sich vorzüglich allerlei Arten von Saffian, Korduan und Juchten aus, die aus dem schlechtesten Schafleder hervorgebracht werden sollten, die Zubereitung des schönsten türkischen Garns usw. ... In einem besonders dazu bereiteten Laboratorio wurde die Arbeit angefangen, und die Versuche wurden bei verschlossenen Türen angestellt. Lebhaft erinnert sich noch nach so manchen Jahren der Verfasser der lustigen Auftritte dieser Versuche, und wie oft und herzlich er mit dem Markgrafen darüber gelacht, den Fürsten und seinen Vertrauten in einer Werkstatt zum Gerber und Färber umgeformt zu sehen.

Das geschah wohl vor allem, um die Motivation des Landesherrn anzuspornen, denn es gab ja ringsum noch keine entsprechenden Manufakturen und eingearbeitete Fachleute – aber es wäre doch einen Versuch wert gewesen! Jedenfalls lag Saint-Germains Hauptbeschäftigung offenbar woanders als darin, nur Projekte zu machen.

Er versprach von Zeit zu Zeit, selbst die Hand anzulegen, um die wahren Vorteile zu zeigen, und so vergingen einige Wochen, während welcher der Unbekannte abwechselnd sich zu Triesdorf und Schwabach

Der Landesherr

Übellaunigkeit war die Uranlage der Natur des Markgrafen. Er war der Sohn eines übellaunigen Vaters, einer übellaunigen Mutter und eines übellaunigen Landes. Mit dieser Übellaunigkeit verband sich die tiefe Überzeugung von seiner Unentbehrlichkeit im Gefüge der Welt und dass er ausersehen sei, seine sämtlichen Untertanen auf den Gipfel irdischen Glücks zu führen, ja, dass sich in seiner Person allein schon der ihnen gemäße Glückzustand inkarniert habe. Er liebte seine Untertanen, aber er liebte sie übellaunig. Er erfüllte nach bestem Vermögen seine Regentenpflichten, aber in Übellaune. Er hatte seine Jugend genossen, aber in Übellaune. Er las mit heißem Bemühen die Enzyklopädisten und machte sich die Ideen Rousseaus, Grimms und Diderots zu eigen, aber in Übellaune. Er glaubte an eine hohe Bestimmung des Menschengeschlechts, aber in Übellaune. Er hielt auf Leckerbissen, verzehrte sie aber in Übellaune. Er hatte Sinn für Kunst und schöne Dinge, aber wenn er sie betrachtete, war es in Übellaune.

aufhielt. War er zu Schwabach, so schrieb er oft an den Markgrafen und an den Verfasser, schickte immer neue Proben von zubereitetem Leder, von gefärbter Seide und Tüchern ein, wovon der Verfasser noch eine ganze Schachtel voll besitzt. Die Proben waren meistenteils mit Tzarogys eigener Hand überschrieben, z. B. auf Lederproben: „Völlig unbekannte Lederarten; man zerschneide sie und wird die Haltbarkeit merken."

„Sehr billige Lederarten, die ganz allein ohne den geringsten Kunstgriff aus Abfällen hergestellt werden, die zur Bereitung von Häuten nicht mehr verwendbar sind."

Auf gefärbte Tuchmuster: „Bei allen diesen Farbenproben lässt sich immer größere Schönheit, Feinheit und Haltbarkeit erzielen, ich glaube bis ins Grenzenlose. Um sich davon zu überzeugen, braucht man nur das Schwarz dieser Musterkarte mit den am letzten Dienstag eingesandten zu vergleichen. Dann wird man den Unterschied sehen; man kann noch viel weiter gehen." Auf einem anderen Muster: „Dies kostbare Schwarz ist ohne Vitriol, ohne Galläpfel und ohne Sieden erzielt. Es verschießt nie und wird aus feinem Russisch Blau hergestellt. Dies un-

Wenn er sich manchmal des Morgens von seinem Lager erhob, dachte er: Ei, heute ist mir wohl, die Sonne scheint, es wird ein guter Tag. Stand er dann vertikal auf seinen zwei Beinen, so war die Übellaune da. Verlor er im Spiel, so verursachte es ihm Übellaune wegen der vergeudeten Zeit. Erlegte er einen Rehbock, so war er übel gelaunt, weil es kein Hirsch war; warf eine Zuchtstute prächtige Fohlen, so war er übel gelaunt, weil ein Stallbursch die Krätze bekam.

Weniger ihm selbst war es in den letzten Jahren gelungen, den angeborenen Hang zu bemeistern, als vielmehr der Lady Craven. Freilich hatte sie erst die tragische Heroine, Fräulein Clairon, aus dem Feld schlagen müssen, was keine leichte Arbeit war, denn die kothurnbekleidete Französin, von der sie behauptete, dass sie auch mit ihrer Kammerzofe in Alexandrinern rede und dass ihre Nachthaube sogar die Würde einer goldpapiernen Krone haben musste, war hartnäckig und verliebt. Neben ihr war der Markgraf, der schöne Mann, stark- und schlankgliedrig, mit feurigen Augen und einer fränkischen Habichtsnase, so steif und feierlich geworden wie ein Rabe, und er hielt das Lachen für eine

vergleichliche Gelb wird in lauterem, kristallklarem, kristallreinem Wasser eingefärbt." Und dergleichen mehr.

Einstmals zeigte Tzarogy dem Markgrafen an, dass er einen Kurier von dem eben aus Italien zurückgekehrten Grafen Alexis Orlow mit der dringenden Einladung erhalten habe, ihn zu Nürnberg auf seiner Durchreise zu besuchen. Er schlug zugleich dem Markgrafen vor, diese Gelegenheit zu benutzen, um den Helden von Tschesme kennen zu lernen. Der Vorschlag wurde angenommen, und der Verfasser begleitete den Markgrafen nach Nürnberg, wo der Graf Alexis Orlow bereits angekommen war.

Orlow kam dem Grafen Tzarogy, der nun zum ersten Mal in russischer Generaluniform einher trat, mit offenen Armen entgegen, hieß ihn mehrere Male *„caro padre", „caro amico"* usw. Er empfing den Markgrafen mit ausgezeichneter Höflichkeit und dankte ihm vielmals für den Schutz, den er seinem würdigen Freunde gegönnt habe. Und bei dieser Gelegenheit fiel diejenige Äußerung vor, die der Baron Gleichen dem Fürsten Gregoire Orlow (den der Markgraf nie gesehen) zuschreibt, eine Äuße-

verpönte und unanständige Vernachlässigung der Gesichtsmuskeln. Lady Craven hatte ihn mit Aufgebot ihres ganzen Witzes und ansteckenden Kaskadengelächters bekehrt. Aber kann man einen ins Wasser fallenden Stein davon bekehren, auf den Grund zu sinken? Man kann ihn eine Weile halten, dann krampft sich der Arm; schließlich folgt er seinem Gesetz. Die Lady klagte, in Deutschland vergehe einem das Lachen, und sie wolle den Tag nicht abwarten, wo man sie zwingen werde, zu weinen.

Jakob Wassermann, *Sturreganz*

Die Clairon

Die ungeheuren Schulden, die ihm der Wilde Markgraf hinterlassen hatte, tilgte er durch Menschenhandel, doch über diesen kaltblütigen Verkauf von Subsidientruppen nach England zeigte sich die Clairon entrüstet. Sie war eine liebenswerte Verführerin und eine mütterlich erregende Melpomene, die hinsinkend bereit war, sich an der Seite eines dreizehn Jahre jüngeren Fürsten in das Wunderwesen zu verwandeln, nach dem er sich sehnte. Dieses

rung, aus der man schließen musste, dass Tzarogy eine große Rolle bei der Revolution von Anno 1762 in Russland gespielt habe.

Baron Karl Heinrich von Gleichen hatte „Erinnerungen" verfasst, von denen ein Ausschnitt, Saint-Germain betreffend, 1813 im „Morgenblatt" erschien. Darin heißt es: *Da sagte Orlow ganz leise zum Markgrafen über Saint-Germain, den er aufs feierlichste begrüßte: „Dieser Mann hat eine große Rolle bei unserer Revolution gespielt."* Jedenfalls war Gleichen *kein* Augen- und Ohrenzeuge, und wer weiß, wie die Bemerkung in Wahrheit gemeint war?

Man speiste bei dem Grafen Orlow zu Mittag. Die Unterhaltung war äußerst interessant. Man sprach viel von dem Feldzuge im Archipelago, noch mehr aber von nützlichen Erfindungen. Unter anderem zeigte Orlow dem Markgrafen ein Stück unverbrennbares Holz, das nach angestellter Probe, als es angezündet wurde, weder Flammen noch Kohlen

Wunderwesen wurde seine Bonne Maman, seine sprühende Mätresse und einflüsternde Minerva, die das Zeremoniell im Auge behielt. Sie war Glanz und Güte, Sinnenausbruch und Vernunft. Er liebte sie mit den vernachlässigten Sinnen eines sensiblen Jungen, der mit wechselnden Launen nach seiner Bonne Maman, nach der wissenden Geliebten und der selbstlosen Beraterin verlangte.

Eugen Skasa-Weiß

Deutschland zeigte mir bald einen rohen Himmelsstrich für mein Alter und meine Gebrechlichkeiten, kaum kannte man daselbst irgendeine von den gewohnten Annehmlichkeiten der Gesellschaft. Die Gelehrten redeten nur in ihrer Sprache, und die Feinheiten der meinen wurden von niemand verstanden. Die Künstler waren auf die bloße Notdurft beschränkt, und der Ahnenstolz, vereint mit der tiefsten Unkenntnis aller Talente, trug eben nichts bei, mir in den Augen der Einwohner einigen Wert zu geben. Nur der Begierde, dem Fürsten zu gefallen, hatte ich also die Ehrenbezeigungen zu verdanken, die man mir anfangs erwies.

Clairon, Aus den *Memoiren*

gab, sondern bloß, nachdem es wie ein Schwamm aufgeschwollen war, in eine leichte Asche zerfiel.

Nach der Tafel führte Orlow den Grafen Tzarogy in ein Nebenzimmer, in welchem sie eine geraume Zeit beisammen blieben. Der Verfasser, der an dem Fenster sich befand, unter welchem die Wagen des Grafen Orlow standen, bemerkte, dass einer von den Leuten des Grafen einen Wagen aufschloss und aus dem Sitzkästchen einen großen Beutel von rotem Leder herausnahm und in das Zimmer hinauftrug.

Man beurlaubte sich in einiger Zeit, und auf der Rückreise hatte Tzarogy alle Taschen voll venetianische Zechinen, mit denen er auf eine nachlässige Art zu spielen schien. Dass dieser Mann zuvor kein Geld hatte, wusste man ganz sicher, weil man auf alles, was ihn betraf, aufmerksam war. Der Frau Markgräfin brachte er im Namen des Grafen Orlow eine schöne, silberne, auf den Sieg von Tschesme geschlagene Medaille. Nach der Zurückkunft zeigte er zum ersten Mal sein unter kaiserlich großem Siegel ausgefertigtes Patent als russischer General, und in der Folge vertraute er dem Markgrafen, dass der Name Tzarogy ein versetzter, angenommener Name sei, dass er eigentlich *Rakoczy* heiße und als letzter Sprosse von dem unter Kaiser Leopold geächteten Siebenbürgischen Fürsten Rakoczy abstamme.

Der Minister von Gemmingen begleitet den Markgrafen auch auf der Italienreise 1775. Zu Neapel erfuhr man, dass der letzte Abkömmling des Rakoczyschen Hauses, das sich dort ansässig gemacht hatte, schon längstens verstorben und von diesem Namen nichts mehr übrig sei. Immerhin steht in meinem alten Lexikon von 1909: Mit der Nonne Josefa Charlotte, der einzigen Tochter Josef Rákóczis, erlosch das fürstliche Haus am 3. Juli 1780 in einem Pariser Kloster.

Ein brauchbarer Hinweis gegen die These, Saint-Germain (als Betrüger) habe solange gewartet, bis es keinen lebenden Rakoczy mehr gab, um sich danach ohne Scheu vor Überführung als solcher ausgeben zu können. Aber ich wüsste auch gern, welche Besitzungen im Königreich Neapel da gemeint sein können!

In Livorno gibt, wie schon erwähnt, der englische Konsul zu verstehen, er kenne den Besucher des Markgrafen unter dem Namen Graf Saint-Germain und bestätigt damit, wie sehr das Renommee dieses Namens gelitten hat.

Aus einer anderen, nicht minder glaubhaften Quelle brachte man in Erfahrung, dass er aus Sankt Germano, einer kleinen Stadt in Savoyen, gebürtig sei, woselbst sein Vater, der sich Rotondo genannt, Gefälleinnehmer gewesen und bei einem beträchtlichen Vermögen in ziemlichem Ansehen gestanden habe. Dieser habe seinem Sohn eine sehr gute Erziehung gegeben, sei aber nachher in Verfall geraten und wegen übler Verwaltung seines Dienstes entsetzt worden. Um den Unannehmlichkeiten zu entgehen, welche das Schicksal des Vaters dem Sohne hätte zuziehen können, habe dieser seinen Namen mit dem Namen seiner Vaterstadt vertauscht und sich Saint-Germain geschrieben. Von dieser Zeit an sei er als Abenteurer in der Welt herumgezogen, habe sich zu Paris und London *Saint-Germain,* zu Venedig *Conte de Belle mare,* zu Pisa *Chevalier Schöning,* zu Mailand *Chevalier Welldone* und zu Genua *Soltikow* genannt und könne damals ungefähr 75 Jahre alt gewesen sein.

Natürlich mussten Entdeckungen dieser Art den Markgrafen gegen einen Mann aufbringen, der auch ihn mystifizieren wollte, und der ihn über seine Herkunft und mehrere andere Dinge auf eine so unverschämte Art belogen hatte. Er gab also nach seiner im Jahr 1776 erfolgten Zurückkunft dem Verfasser dieses den Auftrag, sich nach Schwabach zu begeben, den Abenteurer über alle diese von ihm erfahrenen Nachrichten zur Rede zu setzen und ihm das Missfallen des Fürsten über den Missbrauch, den er von seiner Güte gemacht, zu erkennen zu geben, zugleich ihm zu bedeuten, dass er sich nicht mehr vor ihm sehen zu lassen und die Briefe zurückzugeben habe, die ihm der Markgraf von Zeit zu Zeit geschrieben. Im Fall er diese Briefe unverweigerlich zurückgeben würde, sollte ihm erlaubt sein, solange er wolle und solange er sich ruhig verhalte, zu Schwabach zu bleiben; im entgegengesetzten Fall aber sollte er arretiert, seine Papiere ihm abgenommen und er über die Grenze gebracht werden.

Bei seiner Ankunft zu Schwabach traf der Verfasser dieses den Grafen Saint-Germain zu Bette liegend an; denn trotz seines Pochens auf seine Gesundheit und sein hohes Alter hatte er oft Anfälle von Gicht.

Er gestand auf den ihm gemachten Vorhalt, den er sehr gelassen anzuhören schien, dass er alle oben bemerkten Namen, bis auf den von *Soltikow,* von Zeit zu Zeit angenommen habe; dass er aber allenthalben unter diesen Namen als ein Mann von Ehre bekannt sei, und dass, wenn ein Verleumder sich etwa erlauben sollte, ihm schlechte Handlungen aufzubürden, er bereit sei, sich auf eine genügende Art auszuweisen, sobald er wisse, wessen man ihn beschuldige und wer der Ankläger sei, der gegen ihn aufzutreten gedenke. Er fürchte keine Verfolgungen als diejenigen, welchen ihn sein Name aussetzen könne. Er behauptete standhaft, dem Markgrafen keine Unwahrheit in Ansehung seines Namens und seiner Familie gesagt zu haben. Die Beweise seiner Herkunft befänden sich aber in den Händen einer Person, von der er abhängig sei; eine Abhängigkeit, die ihm in dem Laufe seines Lebens die größeste Verfolgung zugezogen. Eben diese Verfolgungen und Attentate, wie er sich ausdrückte, hätten ihn verhindert, die großen Kenntnisse, die er besitze, werktätig zu benutzen. Er habe sich dieserhalben an einen Ort zurückgezogen, in dem er unbekannt und unbemerkt leben zu können geglaubt. Jetzt sei der Augenblick gekommen, in welchem er das, was er versprochen, in das Werk setzen könne und werde, wenn man ihn nicht selbst daran hindere.

Auf die Frage, warum er den Markgrafen nicht von den verschiedenen Namen *praeveniert* habe, unter denen er in so manchen Staaten und Städten aufgetreten, erwiderte er, dass er dieses nicht für nötig gefunden habe, weil er geglaubt, dass man ihn, da er nie etwas von dem Markgrafen verlangt, da er niemand beleidigt oder in Schaden gesetzt habe, nicht hiernach, sondern nach seinen Handlungen beurteilen würde. Niemals sei es ihm beigegangen, das Vertrauen des Markgrafen zu missbrauchen; er habe seinen wahren Namen angegeben; in kurzer Zeit würden seine Handlungen keinen Zweifel über seine Denkungsart hinterlassen, und dann würde er Proben seiner Herkunft vorlegen kön-

nen. Die ungünstige Meinung, die man dem Markgrafen gegen ihn bei-
gebracht habe, falle ihm sehr empfindlich. Er werde aber, falls man das,
was jetzt vorgehe, heimlich halten wolle, fortfahren, seine Verspre-
chungen zu erfüllen und den Markgrafen dadurch zwingen, ihm seine
Achtung wieder zu schenken; im Gegenteil [=andernfalls] werde er sich
genötigt sehen, das Land zu verlassen.

In dem weiteren Verfolg dieser Unterredung äußerte er, dass er die
erste Bekanntschaft des Grafen Orlow zu Venedig gemacht habe. Das
Patent, das er von ihm erhalten, und das er bei dieser Gelegenheit nochmals vorzeigte, war von dem Grafen zu Pisa ausgefertigt und auf den
Chevalier Welldone verlautend ... Nach diesem Vorgang blieb er noch
einige Zeit ganz still in Schwabach, von wo aus er über Dresden, Leipzig
und Hamburg sich nach Eckernförde im Schleswigschen verfügte.

In meinen Augen ein sehr wertvolles Zeugnis: Der Einzelgänger im Schwa-
bacher Gasthofzimmer scheut sich nicht, es mit allen Widrigkeiten aufzunehmen. Selbst wenn die Beweise seiner Herkunft im Hof- und Staatsarchiv in
Wien verschlossen sind. Auch die trüben ungenannten Quellen der europäischen Gerüchteküche haben ihn nicht entmutigt (Sohn eines savoyischen
Steuereinnehmers). Aber er legt Wert auf eine Gegenüberstellung, er will das
Gerede an der Wurzel packen und denjenigen, der ihm mit konkreten An-
schuldigungen kommt, auch im Einzelnen widerlegen. Will man ihn seines
selbst gewählten guten Namens berauben – er hält sich einem solchen Fürsten
gegenüber an seinen richtigen. Aber Karl Alexander, der ihm wohl doch einiges zu verdanken hat, verweigert sich der Begegnung, lässt ihn abservieren.
Saint-Germain zieht weiter, von jetzt an allgemein unter dem Namen *Welldone*.

Ansbach als ein Lehrstück, dass man der Verleumdung nicht entgehen kann.
Der auf sich gestellte Einzelne, ohne beglaubigte Papiere, Freunde und Bür-
gen, kann sich nicht der üblen Nachrede, die sich seiner bemächtigt, erweh-
ren. Bekannte Tatsachen allein – dass er in Ansbach ein ehrenhaftes Leben
geführt hat – reichen nicht hin, ihm ein Wirkungsfeld einzuräumen. Ob es in
ihm in Sachsen, in Preußen, in Russland gelingt?

8. Die russischen Nebel

Hat Saint-Germain als französischer Geheimagent unter dem Namen Welldone mitgewirkt an der Ablösung des Zaren Peter III. durch seine Frau Katharina? Und war er insofern auch – unschuldig oder mitwissend – verwickelt in die Ermordung Peters in Ropscha durch die Brüder Orlow und ihre Helfer? Gewiss eine Konstellation für ein Schillersches Drama – aber erstaunlich dünnes Eis für den, der bekannte Fakten in diesem Zusammenhang zuordnen will.

Peter lehnte die französische Politik ab und brüskierte ihren Geschäftsträger. Zudem hatte er seine Armeen gestoppt, die auf das Frühjahr 1762 warteten, um Friedrich II. den Garaus zu machen. Frankreich musste also ein Interesse haben, Russland als Verbündeten der Einkreisungspolitik zu halten oder wenigstens Vorteile durch Truppen und Hilfsgelder zu erwirken. Und wenn nicht mit Peter, der sich versteift hatte, noch während die Hauptbeteiligten am Krieg – also Frankreich, Österreich, Preußen – völlig ausgeblutet und entblößt von finanziellen und militärischen Mitteln darniederlagen, einen Waffengang gegen Dänemark zu führen, um sein kleines Holstein wieder anzugliedern – dann eben mit Katharina! Ein vitales Interesse Frankreichs, die Dinge zu seinen Gunsten zu beeinflussen, ist augenfällig. Man würde sich also an den geldgierigen Piemontesen Odart heranmachen, den Geheimsekretär der Zarin. Und sich ihrer Hofdame Daschkowa versichern, am besten mit Juwelen. Wenn der Geheimagent Welldone einen solchen Auftrag ausgeführt hat, *ohne* Spuren zu hinterlassen, wäre das nicht das Kennzeichen eines besonders tüchtigen Mannes?

Aber das Patent auf den Namen Graf Soltikow? Da im Russischen Soltikow gesprochen wird wie Saltikow, ist eine Reminiszenz an den Sieger von Kunersdorf, General Pjotr Semjonowitsch Saltikow, auf der Hand liegend. Als Graf Soltikow wird Saint-Germain erwähnt in Genua. Der wichtige Freihafen Livorno liegt nicht weit davon. Doch erstmal Schritt für Schritt:

Es gibt gar keinen stichhaltigen Beleg *aus der Zeit* für Saint-Germains Aufenthalt in Russland 1762. Man muss vielmehr verschiedene Indizien in ein stimmiges Gesamtbild einfügen. Dazu zählt allerdings das Zeugnis des

Leipziger Seidenhändlers und Bankiers Dubosc über Saint-Germain selbst: Hier erzählt er immerfort, er sei am russischen Hofe wohlbekannt und sehr beliebt und habe dort eine große Rolle gespielt.

(Das lassen wir als Selbstaussage gelten, jedenfalls einen wahren Kern davon.) Leider ohne Quelle, Jahr und wohlgemerkt auch Namen verzeichnen Ceria / Ethuin:

> Ich sah kürzlich in Danzig ... einen berühmten Magier, dessen Name mir im Moment entfallen ist. Dieser Mann, dem Ludwig XV. und Madame de Pompadour ihr Vertrauen schenkten, wurde von Choiseul und Pitt, die ihr Spiel mit ihm trieben, zum Besten gehalten. Wenn wir ihn haben, könnte er hier von großem Nutzen sein.
>
> Grigorij Orlow an die Zarin

Es wäre sehr erwünscht zu wissen, ob sich das auch auf den Zeitraum bis Sommer 1762 beziehen kann, als Katharina noch nicht alleinige Herrscherin war.

Weitere Belege bis jetzt: der Bericht des ansbachischen Freiherrn von Gemmingen-Guttenberg, er habe das kaiserliche Patent gesehen und den großen Admiral Alexej Orlow in Nürnberg gehört, wie er dem Markgrafen Karl Alexander versicherte, „dieser Mann hat eine große Rolle bei unserer Revolution gespielt." Dieser Besuch war im Jahr 1775, also 13 Jahre nach den Ereignissen von 1762. Der Bericht wiederum ist noch viel später, 1817 aufgezeichnet. Ein mehr in die Zeit gehöriges Zeugnis ist der Brief des preußischen Gesandten in Dresden, Phillipp Karl von Alvensleben, an Friedrich II. vom 24. März 1777, Saint-Germain/Welldone halte sich in Leipzig auf.

> Sicher ist, dass er in engen Beziehungen zum Grafen Alexis Orlow steht, dass dieser ihm Briefe an seinen Bruder, den Fürsten [Grigorij], gegeben hat; denn damals beabsichtigte er, nach Russland zu gehen. In diesen Briefen bat Orlow seinen Bruder, ihn wie seinen Busenfreund zu behandeln, da er ihn als einen der achtbarsten Menschen der Welt erkannt habe.

Friedrich antwortet:

Potsdam, 29. März 1777:
Angesichts seiner alten Beziehungen zum Grafen Orlow wäre es wohl möglich, dass er auf den Einfall kommt, seinen Freund während der schönen Jahreszeit in Russland zu besuchen.

Und am folgenden Tag an seine Nichte, die Prinzessin Wilhelmine von Oranien:

Potsdam, 30. März 1777
Der Saint-Germain, von dem ich Dir neulich schrieb, ist noch in Leipzig. Wie ich höre, will er nach Petersburg. Wäre der alte Narr gescheit, er wartete in Florenz ruhig den Tod ab, statt sein altes Gerippe am Ufer des Eismeers spazieren zu führen.

Interessant: warum gerade Florenz? Weiß der Preußenkönig, dass dort ein begabter Thronfolger aufgewachsen ist, der eine größere Aufgabe übernommen hat, als nur ein Land zu regieren? Und warum alter Gerippe? Stimmt er innerlich der Rechnung zu, dass Saint-Germain nun über 80 ist? Obwohl er dem Vernehmen nach viel jünger aussieht? Und was sollte auch der Vielwissende in Russland? Einen alten Freund besuchen oder in dem Riesenreich seine Kenntnisse umsetzen, dieselben, von denen Friedrich eine Liste erhält, an der er sich direkt nicht interessiert zeigt?

Grigorij Orlow wäre dem Fabrikunternehmer nicht mehr von Nutzen gewesen: Er ist seit 1773 entmachtet. Wohl erscheint er noch unvermutet am Hof und macht lautstarke Szenen. Aber die neuen Machtverhältnisse sind klar. Schon haben sich alle Höflinge Katharinas von ihm abgekehrt. Abgründig deprimiert reist er zurück nach Gatschina zu seiner jungen Frau und den Kindern.

Zu Fuß bei Moskau?

Aber durch die Kontakte von Dubosc sind wir mit einem Bericht über Saint-Germains Russlandaufenthalt konfrontiert, der sonst nicht schriftlich in einer mir bekannten Form belegt ist. Da gibt es den Schweizer Johann Konrad Hotz, Oberstleutnant beim Großfürsten Paul, der gerade in Leipzig weilt, als Dubosc die Briefe an Friedrich August von Braunschweig schreibt. Wie er mir versichert, hat er unseren Saint-Germain unterwegs in Russland getroffen, wie er traurig zu Fuß des Weges zog. Wegen eines Fußschadens schleppte er sich nur mühsam weiter. Leider ist nicht überliefert, wie Saint-Germain auf die Gegenüberstellung mit dem Offizier, der ihn in Russland in seinen Wagen nahm, reagierte. Im Brief vom 12. April 1777 wählt Dubosc die Worte, das stimmt sowohl mit der Zeit, wie mit den Talenten, deren er sich rühmte, und der Schilderung, die mein Freund von ihm gemacht hat. So drückt man sich doch eher aus, wenn Hotz den Grafen Saint-Germain, seinen Russland-Bekannten vor 15 Jahren, *nicht* noch einmal gesehen hat, vielmehr sich von Dubosc beschreiben ließ.

Bei den Recherchen zum Thema Saint-Germain kommen so viele Merkwürdigkeiten vor, dass wir mit einigem rechnen müssen. Die von Volz vorgelegten Briefe lassen jedenfalls (mindestens) zwei Möglichkeiten zu: Hotz hat tatsächlich um 1762 einen Fremden in Russland aufgelesen – dieser ist aber nicht Saint-Germain. Vielmehr wird Saint-Germain über Indizien in Leipzig damit identifiziert ohne Gegenüberstellung. Oder es ist tatsächlich Saint-Germain, der als Kaufmann Welldone in einer Moskauer Kattunfabrik Farben hergestellt hat (und einen Reiseunfall erlitt). Das wäre eine perfekte (und für Saint-Germain übliche) Tarnung für einen Geheimauftrag.

Volz erklärt, Saint-Germain müsse erst nach 1763 (Tournai) nach Russland gereist sein. Nach Volz' Fußnote über Hotz wäre dieser allerdings erst ab 1765 in Russland gewesen. Sollte daraus zu schließen sein, Saint-Germain habe sich mehrere Jahre in Russland als Welldone betätigt?

Dubosc weiß ja auch: Die einzigen Steine, die Saint-Germain besitzt und die er sehr hoch veranschlagt, stammen aus einem Bergwerk, das er in Russland entdeckt hat und das er nach seiner Behauptung ausbeuten darf. Er macht erstaunlichen Lärm darüber und möchte den Leuten weismachen, dass sich daraus ein sehr ertragreicher Handelszweig machen ließe.

Was die russische Episode betrifft, komme ich zu folgenden Schlüssen verbunden mit dem Wunsch nach Belegen, die man vermutlich in russischen Quellen oder in den Unterlagen des „Secret du Roi" finden würde.

Oder schon 1761 in Russland?

Unser Wissensstand ist: Saint-Germain weilt im Sommer 1761 in Paris bei Choiseul. Ende März 1762 wird er von d'Affry in Ubbergen ansässig gemeldet. 1763 bis März 1764 ist er verlässlich in Tournai. Den Hinweis des Oberst Hotz, der 1765 in Russland war, nehmen wir ebenfalls ernst.

Mit der Thronfolge des unfähigen Peter haperte es gewaltig und Elisabeth war zu entschlusslos, sie abzuändern. Hatte sie doch bereits 1742 dem vierzehnjährigen Großfürsten den Treueid schwören lassen – ein Umstand, der immer unterschlagen wird! Mehr Berechtigung als Katharina hatten immerhin der eingekerkerte Iwan VI. und das Kind Paul, das Elisabeth ostentativ bei sich hatte aufziehen lassen. Dessen Erzieher Graf Panin sah die Rettung darin, ihn als Zaren zu benennen, mit einem Regentschaftsrat unter Vorsitz von Katharina.

Dazu wurde Elisabeth lebensgefährlich krank schon im Frühjahr 1761. Das ganze Jahr warteten die russischen Regimenter in Schlesien ebenso wie Friedrich d. Gr. – aus entgegengesetzten Interessen – auf die Nachricht von ihrem Ableben. Aber sie erholte sich wieder, was nicht zu erwarten war (sie stirbt erst 5. Januar 1762). Friedrich d. Gr. hatte sich keineswegs an den Thronfolger Peter gewandt, der sein Anhänger war, sondern hatte bei Katharina heimlich vorfühlen lassen.

Dies war eine spannungsgeladene Situation, die zu dem 'Vier-Augen-Gespräch' zwischen der empörten Elisabeth und der schuldigen Katharina führte. Diese suchte dringend nach Helfern und fand sie in den unerschrockenen Brüdern Orlow. Wenn sie Grigorij im April 1762 einen Sohn gebar, kann man sich ausrechnen, wann ihre Beziehung begonnen hatte enger zu werden, nämlich nach jener gefährlichen Erkrankung Elisabeths, in der für Katharina so bedrohlichen Situation. Zu dieser Schicksalsstunde bricht Saint-Germain womöglich im Einvernehmen mit Choiseul – der durfte nicht wieder den Querschläger machen! – im Spätsommer 1761 nach St. Petersburg auf, um zweierlei zu erreichen: den ehrenvollen Thronverzicht Peters und im Einvernehmen mit Panin die Einsetzung von Paul als Thronfolger. (Der Gedanke, die hohen Freimaurer Choiseul und Panin hätten sich auf *dieser* Ebene verständigt, wäre zu schön).

Versehen mit den entscheidenden Informationen und mit Schmuck und Geld, konnte er die Situation für die Partei Orlow-Katharina klären. Im Frühjahr 1762 reiste er zurück, nachdem er die Thronbesteigung Peters nicht verhindern konnte. Nun setzte die Orlow-Katharina-Partei auf den Machtwechsel zu ihren Gunsten, war aber bis zur Geburt (die ja vertuscht werden musste) des Orlow-Sohnes nicht handlungsfähig.

Saint-Germains hauptsächliche Gesprächspartner dabei waren Nikita Panin und der Kanzler Woronzow mit der jüngsten Tochter, Fürstin Daschkowa. Mit dem Piemontesen Odart hatte er nichts zu tun. Dieser ist 1764 abgereist, während Saint-Germain noch Casanova in Tournai empfangen hat.

Ab 1764 weilt er ohne geheimdienstliche Perspektive, als Kaufmann Welldone wieder in Russland. Dies ist der Beginn eines geheimnisvollen Verschwindens, wo er bis 1774 nirgends sonst gemeldet wird.

1777 erzählt er Dubosc in Leipzig, er wäre am Zarenhof gewesen. Die ganze Zeit wartet er auf eine (neue) Einladung aus Russland (Friedrich d. Gr. denkt ebenfalls, er sollte besser dorthin gehen als nach Berlin). Damit im Zusammenhang stehen Briefe Alexej Orlows an seinen Bruder Grigorij. Wenn man so will, ist Saint-Germain tatsächlich mit den Zarenmördern befreundet.

Der persönlich anwesende Gemmingen kann die Äußerung Gleichens *nicht* bestätigen, dass das Wort von der Revolution gefallen ist. Uniform und Patent erhält jemand nur in Anerkennung von beträchtlichen Verdiensten – aber wir müssen nicht entscheiden, welcher Art die Verdienste Saint-Germains waren, die auf diese Weise belohnt wurden.

Oder ohne geheimdienstlichen Auftrag: Wenn im Jahr 1761 ein Bote der Fürstin Johanna Elisabeth von Anhalt-Zerbst, Katharinas Mutter, von Paris in St. Petersburg anlangte mit Geld und Edelsteinen, wäre das genauso eine Rückendeckung für die von Absetzung bedrohte Großfürstin gewesen und eine Ermutigung für die Orlows, das große Spiel zu wagen. Warum hätte die eingeschworene Alchemistin Johanna Elisabeth nicht ihren Vertrauten Saint-Germain bestimmen können, diese Mission zu übernehmen? Dann ist Saint-Germain womöglich in Danzig mit Grigorij Orlow zusammengetroffen und konnte sich von da an als Kaufmann Welldone unauffällig überall bewegen.

Meine Annahme ist demnach: Graf Saint-Germain ist zwischen Juli 1761 und März 1762 in St. Petersburg gewesen und hat dort alles erreicht, was er im Frühjahr 1762 auch erreicht hätte. Er wurde dort gut bekannt mit den Brüdern Orlow, Katharina und der Fürstin Daschkowa. Er gehörte aber nicht dieser Hofpartei an. Vielmehr war sein erster Gesprächspartner Nikita Panin, der als weitblickender Friedenspolitiker ebenfalls Katharina ihre Rolle spielen lassen wollte, aber als Erste Dame eines Regentschaftsrats für den 10jährigen Großfürsten Paul. Um zu erfahren, ob Peter einem Thronverzicht zustimmen würde, brauchte er womöglich gar nicht mit ihm selbst zu sprechen; die Ereignisse lehrten es.

Damit ist Saint-Germains eigene Auskunft vereinbar, er wäre in Russland am Zarenhof gewesen (aus dem Hofkalender Katharinas II. ist aber nichts Derartiges bekannt). Dann die Hinweise auf den Maler Rotari und die Bekanntschaft mit den Orlows. L. A. Langeveld verweist auf eine Stelle bei Jauffret, der Kaufmann Wellden habe 100 000 Rubel geborgt.

Davon ganz getrennt kann der Vermutung nachgegangen werden, Saint-Germain wäre gemäß der Aussage von Hotz, dem Freund des Bankiers Dubosc, um 1765 in Moskau mit einer Kattunfabrik beschäftigt gewesen.

Im Übrigen hat sich noch ein unvermutetes *Schlüsselloch* geöffnet (siehe Kap.13, S. 181 f.).

9. Vierte Nahaufnahme: Schleswig-Holstein 1779-84

Saint-Germains letzter Aufenthalt ist arm an äußeren Ereignissen. Das Interessante ist unbedingt die Konstellation mit dem jungen Statthalter, Carl von Hessen-Kassel, der deshalb näher vorgestellt werden soll. Sein Vater, Erbprinz Friedrich von Hessen-Kassel, war ohne Wissen seiner Frau, der englischen Königstochter Maria, zum katholischen Glauben konvertiert, worauf sie ihn verließ. Sie musste jedoch in Hanau bleiben. Die drei Söhne wurden in Göttingen erzogen, das zum Kurfürstentum Hannover gehörte, welches sich in Personalunion mit England befand. Anschließend kamen sie zum Schwager der Mutter, dem dänischen König Frederik IV. Carl fiel früh durch sein gewinnendes Wesen und seine hohe Intelligenz auf. Man ließ ihn in Rekordzeit militärische Ränge absolvieren; so war er mit 18 General und wenig später Statthalter in Norwegen. Nach dem Tod des Königs, als der geistig labile Christian VII. als Marionettenkönig den Thron bestieg (und Karolina Mathilda, die Schwester des englischen Königs Georg III., heiratete) gelang es Carl, den jungen König zu bewegen, dem Liebesbund mit seiner jüngsten Schwester Louise zuzustimmen. An den europäischen Höfen waren Liebesheiraten nun wirklich die große Ausnahme, und Carl als Zweitgeborener ohne Aussicht, zur Regierung zu kommen, nach den damaligen Begriffen auch keine ebenbürtige Partie. Aber die mustergültige Liebesehe hielt über 60 Jahre, vor allem als das junge Paar sich von den Nerven zerrüttenden Intrigen und Eskapaden an dem seltsamen Kopenhagener Hof verabschiedete und als dänische Statthalter für Schleswig-Holstein in Schloß Gottorf residierten. Ein Sommerschloss bekam die wachsende junge Familie auch; es wurde am Südufer der Schlei von J. H. Motz aus Kassel erbaut und erhielt der Königstochter zu Ehren den Namen Louisenlund. Der nach Kiel gezogene J. C. Bechstedt gestaltete den Park, den schon damals der anspruchsvolle Gartenfachmann C. C. L. Hirschfeld rühmte.

Carl war inzwischen in hohe Freimaurerwürden aufgestiegen. Sie trugen ihm die Freundschaft des Großmeisters Ferdinand von Braunschweig ein (ein

Held des Siebenjährigen Krieges). Auch einer ehrenvollen Einladung Friedrichs d. Gr. war Carl nicht abgeneigt zu folgen und verbrachte den Winter 1778/79 im schlesischen Hauptquartier in täglicher Gesellschaft des militärischen Vorbilds. Friedrich schätzte ihn und seine Urteilssicherheit sehr, er war nur in keiner Weise gewohnt, dass jemand seine Ansicht ihm gegenüber so unerschütterlich behauptete. Carl wiederum war nicht gewohnt, dass jemand es wagte, über die Religion zu spotten. Über Saint-Germain wurde schon damals gesprochen: Ich hatte übrigens bei der preußischen Armee viele Er-

Ende 1778 – Friedrich der Große und der 34jährige Feldmarschall Carl von Hessen in Breslau

Ich hatte eines Tages mit dem König eine ziemlich lebhafte Unterhaltung über die Religion. Er konnte kein Crucifix sehen, ohne gotteslästerliche Reden zu führen, und wenn er davon, sowie von der christlichen Religion, bei Tafel sprach, so konnte ich mich nicht in die Unterhaltung mischen, sondern senkte die Augen und schwieg gänzlich. Der König bemerkte es sehr wohl. Endlich wandte er sich mit Lebhaftigkeit gegen mich und sagte zu mir: „Sagen Sie mir, mein lieber Prinz, glauben Sie an diese Dinge?" Ich antwortete ihm in sehr festem Ton: „Majestät, ich bin nicht so sicher, dass ich die Ehre habe, Sie zu sehen, als ich gewiss bin, dass Jesus Christus gelebt hat und als unser Heiland am Kreuze gestorben ist." Der König blieb einen Augenblick in Gedanken versunken, dann ergriff er plötzlich meinen rechten Arm, drückte ihn kräftig und sagte: „Nun wohl, mein lieber Prinz, Sie sind der erste Mann von Geist, der daran glaubt, welchen ich gefunden habe." Ich erwiderte einige Worte, um ihm die Gewissheit meines Glaubens zu wiederholen. – Als ich nach der Tafel durch das anstoßende Zimmer kam, traf ich dort den General Tauenzien allein, den größten und kräftigsten Mann, den ich vielleicht gekannt habe. Er legte mir beide Hände auf die Schultern, benetzte mich mit einem Tränenstrom und sagte: „Nun, Gottlob, hab ich doch erlebt, dass ein ehrlicher Mann Christum bekannt hat vor dem König!" Der gute Greis überhäufte mich mit Liebkosungen. Ich kann mir diesen glücklichen Moment meines Lebens nicht ohne die größte Dankbarkeit gegen Gott zurückrufen, dass Er mir die Gelegenheit gab, meinen Glauben an Ihn und Seinen Sohn vor dem König zu bekennen.

Aus den *Memoires*, 1816 diktiert,

deutsch: Kassel 1866

kundungen über diesen ungewöhnlichen Mann eingezogen (den Friedrich im selben Jahr ohne Antwort auf seine Fertigkeiten-Liste gelassen hatte).

Vielleicht ist also der ungläubige Tonfall des Spötters von Sanssouci noch nachwirkend gewesen, als Carl auf der Rückkehr von einer Sommerreise nach Berlin mit Saint-Germain in Altona zusammentraf.

Er sagte mir damals: „Ich werde Sie in Schleswig besuchen, und Sie sollen sehen, was wir zusammen für große Dinge ausrichten werden." Ich gab ihm zu verstehen, dass ich viele Gründe hätte, die Gunst, die er mir erweisen wolle, für den Augenblick nicht anzunehmen.

Carl reiste ab und überließ die Angelegenheit dem nachfolgenden Oberst Koeppern. Ihm gegenüber hatte Saint-Germain keine Schwierigkeit sich durchzusetzen.

Saint-Germain kam bald darauf nach Schleswig. Er sprach mit mir von großen Dingen, welche er zum Besten der Menschheit tun wolle usw. Ich hatte keine Lust dazu, aber zuletzt machte ich mir ein Gewissen daraus, Kenntnisse, die in jeder Hinsicht wichtig waren, auf Grund einer vermeintlichen Weisheit oder aus Geiz zurückzuweisen, und ich wurde sein Schüler.

Er sprach viel von der Verschönerung der Farben, welche fast nichts kostete, von der Verbesserung der Metalle, indem er hinzufügte, dass man durchaus kein Gold machen müsse, selbst wenn man es verstände, und diesem Grundsatz blieb er unbedingt treu. Die Edelsteine kosten den Einkaufspreis; aber wenn man ihre Verbesserung versteht, so wird ihr Wert unendlich gesteigert. Es gibt fast nichts in der Natur, was er nicht zu verbessern und nützlich zu machen verstand. Er vertraute mir fast alle seine Kenntnisse von der Natur der Dinge an, aber nur die Anfangsgründe, und ließ mich dann durch Versuche die Mittel zu Erreichung des Zwecks selbst suchen und freute sich ungemein über meine Fortschritte. So machte er es in Bezug auf die Metalle und die Steine; aber die Farben teilte er mir wirklich mit, sowie einige andere sehr wichtige Kenntnisse.

Er kannte die Kräuter und Pflanzen aus dem Grunde und hatte Arzneien erfunden, deren er sich ständig bediente, und welche sein Leben und seine Gesundheit verlängerten. Ich habe noch alle seine Rezepte, aber nach seinem Tode eiferten die Ärzte sehr heftig gegen seine Wissenschaft. Wir hatten einen Arzt Lossau, welcher Apotheker gewesen war, und dem ich jährlich 1200 Taler gab, um die Arzneien zuzubereiten, welche der Graf Saint-Germain ihm vorschrieb, unter anderen und vorzugsweise seinen Tee, den die Reichen gegen Bezahlung und die Armen umsonst erhielten. Letztere genossen auch die Pflege dieses Arztes, welcher eine Menge Leute heilte und welchem meines Wissens niemand starb. Aber nach dem Tode desselben ward ich der Äußerungen müde, die ich von allen Seiten zu hören bekam, nahm alle meine Rezepte zurück und ersetzte Lossau nicht wieder.

Die Farbenfabrik wollte Saint-Germain hier im Lande gründen. Die des verstorbenen Otte in Eckernförde stand leer und verlassen. Ich hatte somit Gelegenheit, diese Gebäude vor der Stadt billig zu kaufen und setzte den Grafen Saint-Germain dorthin. Auch kaufte ich Seidenzeuge, Leinen usw. Außerdem waren vielerlei Gerätschaften zu einer solchen Fabrik erforderlich. Ich sah dort nach der Art, wie ich es gelernt und in einer Tasse selbst versucht hatte, 15 Pfund Seide in einem großen Kessel färben. Das gelang vollkommen. Man kann also nicht sagen, dass es im Großen nicht gehe.

Das Unglück wollte, dass der Graf Saint-Germain, als er nach Eckernförde kam, unten in einem feuchten Zimmer wohnte, wo er einen sehr starken Rheumatismus bekam, von welchem er sich trotz aller seiner Heilmittel nie wieder ganz erholte.

Ich besuchte ihn oft in Eckernförde und kehrte nie ohne neue höchst interessante Belehrungen zurück, da ich mir häufig die Fragen aufschrieb, welche ich ihm vorlegen wollte. In seiner letzten Lebenszeit fand ich ihn eines Tages sehr krank und, wie er glaubte, auf dem Punkte zu sterben. Er schwand zusehends dahin. Nachdem ich in seinem Schlafzimmer das Mittagessen eingenommen hatte, musste ich mich allein vor sein Bett setzen, und er sprach dann viel rückhaltsloser über viele Dinge, sagte mir vieles voraus und ersuchte mich, so bald wie möglich wiederzukommen, was ich auch tat. Indes fand ich ihn bei meiner Rückkehr weniger krank, dafür aber desto schweigsamer. Als ich 1783 nach Kassel ging, sagte er mir, dass ich, im Fall er während meiner Abwesenheit sterben sollte, ein versiegeltes Billet von seiner Hand finden würde, welches mir genügen werde. Aber dieses Billet fand sich nicht; vielleicht hatte er es ungetreuen Händen anvertraut. Oftmals bin ich in ihn gedrungen, mir noch während seines Lebens das mitzuteilen, was er mir in diesem Billet hinterlassen wollte. Dann ward er traurig und rief: „Ach, wie unglücklich würde ich sein, mein lieber Prinz, wenn ich zu sprechen wagte!"

Ja, Saint-Germain war krank, und die Farbenfabrik konnte keinen Aufschwung nehmen. Der prominente Seidenhändler Willermoz in Lyon wurde bemüht, die Erzeugnisse zu begutachten und zu vertreiben. Doch es liegt auf der Hand, daß dieser seit dem Wilhelmsbader Konvent 1782 als Freimaurer-Rivale auftretende rührige Mann die Gelegenheit nicht verstreichen ließ, sich unbrüderlich zu verhalten. Er gab den Proben der gefärbten Stoffe keine Chance. Saint-Germain musste, besonders in Abwesenheit seines Freundes, zur Gewissheit gelangen, es gebe hier nichts mehr für ihn zu tun, und legte am 27. Februar 1784 diesen irdischen Leib samt den selbst gewählten Namen Saint-Germain und Welldone ab. Carl bestätigt, dass er nicht in der Lage war, seinem Freund und Lehrmeister zu helfen. In den Worten von Friedrich Kneisner, der Einsicht in viele seiner Briefe an Kurt von Haugwitz, den preußischen Freimaurer und späteren Außenminister, hatte:

Seit dem Frühjahr 1783 lag er trotz des nach seiner Behauptung von ihm eingenommenen Lebenselixiers krank. Als Landgraf Carl ihn am 20. April von Gottorf aus besuchte, war er sehr erfreut, seinen Gönner zu sehen, und behauptete, die Erneuerung wäre wirklich mit ihm vorgegangen, hätte bisher aber nur den Leib und die Seele betroffen, so daß das schwerste Stück der Arbeit, die Verjüngung des Geistes, ihm noch bevorstehe. Am 8. Juni berichtete der Landgraf an v. Haugwitz, dass die Besserung Saint-Germains langsame Fortschritte mache. Gegen Ende des Jahres muss sich sein Zustand dann wieder verschlechtert haben. Landgraf Carl schrieb am 27. Dezember von Hanau aus an von Haugwitz: „Graf Saint-Germain lebt noch, bald erträglich, bald schlechter. Vielleicht, wo ihm die Nässe nicht den Gnadenstoß gibt, überlebt er noch diesen Winter und erwartet noch meine Zurückkunft, um mir selbst noch seine letzten Aufträge zu geben und alsdann [wo es nur Gott wollen könnte] selig zu entschlafen."

Es mag uns heute schwer fallen anzunehmen, dass das so alles in Ordnung war. Konnten nicht Arzt und Landesherr verhindern, dass Saint-Germain in diesem feuchten Erdgeschossraum lag? War ihnen etwa der schneidende Ostseewind fremd? Und damals war das Fabrikgebäude, anders als heute, durchaus freistehend in der Nähe des flachen Strandes. Und was musste auch Carl so Dringendes in Kassel erledigen?

Er schreibt in seinen Memoiren, wie wichtig ihm das war: Der Vater hatte ja getrennt von seinen Söhnen sein Leben geführt und ein großes Vermögen als skrupelloser Menschenhändler gemacht. „Ab nach Kassel", um im englischen Sold drüben in der Neuen Welt zu kämpfen – diese stehende Redensart stammt aus seiner Zeit. Aber seine Jahre neigten sich und er war einer Aussöhnung nicht abgeneigt. Im Februar 1783 schloß Carl mit dem Vater Frieden, sehr bewegt, und beredete wirklich auch seinen älteren Bruder Wilhelm, von Hanau aus ein gleiches zu tun. Das geschah zur guten Stunde, denn er wurde als Wilhelm IX. schon 1785 Landgraf und erbte die Millionen. Carls Herzensanliegen war es aber, dem wiedergewonnenen Vater auch die Familie vorzustellen. Und so kam es, dass er im Februar 1784 ganz unabkömmlich war:

Ich begab mich im Herbst 1783 mit meiner Frau und meinen Kindern nach Kassel, um sie meinem Vater vorzustellen. Er, sowie auch meine Stiefmutter, die Landgräfin, empfingen uns mit vieler Freundschaft und Güte auf dem Weißenstein. Nachdem wir dort vier Wochen zugebracht hatten, begaben wir uns nach Hanau. Während des Winters kehrte ich nach Kassel zurück und blieb dort bis Anfang April 1784, wo ich nach Hanau zurückging. Ich bekam, als ich dort anlangte, einen gichtischen Rheumatismus, der mich lange bettlägerig machte, und wobei ich sehr litt.

Zu Carl von Hessens späterer Charakteristik siehe das Freimaurer-Kapitel 12. Auch der tüchtige Ferdinand von Braunschweig ergreift um diese Zeit das Wort. Als in den „Neuen Braunschweigischen Nachrichten" vom 6. April 1784 gemeldet wurde: Der große Chemiker Macquer [+15. Feb. 1784] ist in Paris im vorigen Monate gestorben, wie auch in demselben der bekannte marktschreierische Herumstreicher: der Graf von Saint-Germain, veranlasste er folgenden Widerruf, der in der Ausgabe vom 12. April erschien:

„Der Graf von Saint-Germain, dessen Tod in diesen Blättern erwähnt ist, verdient die beleidigenden Beiwörter keineswegs, deren man sich dabei von ihm bediente. Er hatte Eigenheiten, die aber bei einem Genie fast jedes Mal gefunden werden. Personen, die ihn genau gekannt haben, und deren Urteil nicht zweifelhaft ist, geben ihm das Zeugnis, dass er ein Mann von tiefen Einsichten in die Geheimnisse der Natur war, der das, was er wusste, bis ans Ende seines Lebens mit großer Tätigkeit zum Wohl der Menschheit anwandte. Große und einsichtsvolle Prinzen haben ihn ihrer Gewogenheit und ihres Schutzes gewürdigt. Als er schon vom Schlage gerührt war, so blieb er sich noch stets selbst bewusst und ertrug die Führung des großen Urhebers des Ganzen mit einer besonders hervorleuchtenden und Beispiel gebenden Unterwürfigkeit. Er starb den 24. Februar."

10. Manufakturen und Arbeitsplätze

Dass die Wirtschaft zivilisierter Länder mit hochwertigen Waren steht und fällt, ist wenig verwunderlich. Aber waren in Zeiten immer erneuter Kriege in bevölkerungsschwachen Ländern mit enormer Kindersterblichkeit, stehenden Heeren, hohen Zollschranken auch die Käuferscharen da? Dass andererseits die verschwenderischen Fürstenhöfe die Wirtschaft in Gang halten konnten, ist mehr als zweifelhaft. Was den Menschen blieb, war das Heil in Handwerken, Manufakturen und frühindustriellen Fabriken zu suchen. So stand das Handwerk in höchster Blüte, war aber in seiner Entfaltung durch die strengen Regelungen der Zünfte eingeengt. Manufakturen zu errichten brauchte es Kapital, man dachte also gleich an Subventionen und Steuererleichterungen.

In dieser geschichtlichen Situation, in der durch Europa ein Ruck ging von der Landwirtschaft in Richtung Industrialisierung und Technisierung, war kein freies Spiel der Kräfte angesagt, sondern fürsorgliche Bevormundung. Der Staat begünstigte die Einfuhr von Rohstoffen und die Ausfuhr hochwertiger Produkte und förderte ebenso, wenn die Rohstoffe gleich im Lande geschaffen wurden. Rohstoffe und fleißige Hände ergaben die Formel, die für Saint-Germain Aufschluss gibt. Es ging darum, *Arbeitsplätze* zu schaffen mit einfachen Mitteln – vor allem mit billigen Ausgangsstoffen. Vor diesem Hintergrund sind die oft belächelten Merinoschafe des Markgrafen Karl Alexander von Ansbach-Bayreuth zu sehen, aus deren minderwertigem Leder der Graf Tzarogy Waren herstellen wollte.

Jedoch waren mit Rohstoffen allein die Arbeitsplätze nicht zu schaffen. Es galt auch Ideen zu haben, Verfahren zu erfinden, besser oder billiger als die Konkurrenz zu sein. Die Volkswohlfahrt hebt sich, wenn die Menschen auf ihrer Hände Arbeit stolz sind, und wenn die Fähigkeit des einzelnen, der Verbesserungen vorschlägt, belohnt wird. Saint-Germains wirtschaftliche Anstöße sind bedeutsam, wenn man versteht, in welche Richtung sie gingen: Einerseits sich geistig als Erfinder, Produzent, Unternehmer mit Initiative zu fühlen; das bedeutet eine Stärkung des einzelnen, der sich seines Werts mehr bewusst wird. Andererseits die Befriedigung der Bedürfnisse durch Vermarktung der Waren und Produkte, was letzten Endes wieder der Freiheit des einzelnen diente. Wenn Viele sichere Arbeitsplätze haben und marktfähige oder begehrte Dinge produzieren, können sie sich ihr Leben besser einrichten, sich aus drückenden finanziellen Abhängigkeiten befreien, selbständiger handeln. Beides können wir unter Freiheit und Menschenwürde einordnen.

Wir können auch die Schulbuchbegriffe Merkantilisten oder Physiokraten an die Wirtschaft der damaligen Zeit anlegen. Für Saint-Germains Initiativen hingegen genügt als Maßstab, was er selbst wollte. Und davon ließe sich auch einiges in die Gegenwart übertragen!

Von den Jahren entsagungsvollen Forschens und Verbesserns ist sicher nur ein Bruchteil an Nachrichten auf uns gekommen. Und was in diesem Kapitel zusammengestellt wird, könnte noch wesentlich vertieft werden durch Beiträge von Praktikern aus den einzelnen Fertigungszweigen. Ich hoffe, es ist für den Leser interessant, nicht nur die Liste von 1777 an Friedrich d. Gr. zu kennen, sondern auch das Ausmaß der Unternehmungen von Tournai 1763 besser einzuschätzen.

Das Wort hat wieder Karl Graf Cobenzl:

Wir sind jetzt also im Besitz folgender Geheimverfahren: Wir können Eisen in Metall verwandeln. Ist dies Metall gut, so ist es ein Vorteil mehr. Taugt es nichts, so ist die Ausgabe verschwindend, und wir gebrauchen auch nur wenig, da für das zum Färben der Häute erforderliche Wasser nicht viel nötig ist. Aber diese Färberei ist von höchster Bedeutung, und das Metallwasser besorgt nicht bloß das Färben, sondern zieht auch die Häute zusammen, wodurch sie stärker werden und auch kernig bleiben. Wir haben also eine Gerberei eingerichtet, von der in Anlage 4 die Rede ist. Anlage 5 enthält die Gegenüberstellung der bisher landesüblichen Preise für die Häute und der Preise, wie sie sich nach unserem Verfahren stellen.

Wir besitzen das Verfahren zum Färben von Wolle, Seide, Garn, Ziegenhaar und Baumwolle. Die Wichtigkeit dieser Sache ergibt sich aus dem in Anlage 6 dargelegten Preisunterschied zwischen unserem Färbverfahren und dem bisher angewandten. Der Absatz ist sichergestellt; denn unsere größten Kaufleute haben uns bereits schleunigst ihre Tuche, Kamelotte, Seiden und Wollstoffe zum Färben gegeben. Schon dieser Gewerbszweig allein kann Ihrer Majestät beträchtlichen Gewinn und den hiesigen Provinzen unendlichen Segen verschaffen. Der Rückstand wird danach zum Färben des Holzes benutzt, was ein kostenloser Gewinn ist. Wäre er auch unbedeutend, so verdient er als Reingewinn doch Beachtung.

Die Malfarben, die, wie wir wissen, von französischen Malern ausprobiert sind, bilden ebenfalls einen Reingewinn ohne jede Kosten, denn sie werden nur aus dem Bodensatz der obigen, bereits benutzten Färbstoffe gewonnen. Die Hutfabrikation schließlich ist auch ein sehr beträchtlicher Posten, wie sich aus Anlage 7 ergibt.

1. Aufstellung der für die Manufaktur in Tournai ausgegebenen Gelder

Färberei und Lager

Zwei große Häuser, das eine zum Abschweifen der Seide und zum Färben überhaupt, das andere als allgemeines Lager, nebst zwei kleinen anstoßenden Häusern.

Kaufsumme in Gulden Kurant   31.035 Gulden 5 Sols, 4 Pfennig
(NB. Von diesen 31.035-5-4 Gulden sind
nur 12.400 bezahlt. Der Rest ist auf die Häuser
in Hypotheken zu 4 Prozent aufgenommen.)

	Gulden
Ein Haus, das mit dem ersten in Verbindung steht	3.000,-
Zum Ankauf eines Geländes	
zwecks Erweiterung der Wasserleitung,	
die durch den Garten der Färberei läuft	630,-
Anlagen zur Benutzung der Wasserleitung	1.000,-
Reparaturen an den vorgenannten Häusern	7.500,-
Noch im Gange befindliche Reparaturen höchstens	3.000,-

Ein großer Zinnkübel und Kessel aus Gelbkupfer für die Färberei	5.300,-
Kleine Kübel aus Zinn und Steingut, Pressen und anderes notwendiges Färbereigerät	3.000,-
Drei Zylinder	2.000.-
Gesamtausgabe für die Färberei	56.135-5-4

Gerberei

Ankauf eines Hauses für die Gerberei	7.800,-
Für notwendige Umbauten	9.000,-
Für die notwendigen Geräte	2.500.-
Gesamtausgabe für die Gerberei	19.300,-

Hutfabrik

Ankauf eines Hauses für die Hutfabrik	1.500,-
Vorgenommene und noch vorzunehmende Reparaturen	2.760,-
Gerät für 6 Walken	1.440.-
Gesamtausgabe für die Hutfabrik	5.700,-

Ankauf eines Hauses für den Grafen Surmont	13.500,-

Verschiedene andere Ausgaben

Kosten und Gebühren für den Ankauf der obigen Häuser	800,-

Verschiedene Ausgaben des Herrn Rasse für die Manufaktur	4.500,-
Zusammen	5.300,-

Gesamtaufstellung

Ausgaben für die Färberei und das Lager	56.135-5-4
Ausgaben für die Gerberei	19.300,-
Ausgaben für die Hutfabrik	5.700,-
Das Haus für den Grafen	13.500,-
Verschiedene Ausgaben	5.300.-
Gesamtsumme Gulden Kurant	99.935-5-4

2. Aufstellung der Vorschüsse und Auslagen
für den Grafen Surmont

Verschiedene Vorschüsse der Frau Nettine	81.720,-
Auslagen des Herrn Rasse und der Frau Nettine für den Unterhalt des Grafen sowie für seine Reisen nach Tournai usw.	12.280.-
Gesamtsumme Gulden Kurant	94.000,-

4. und 5. Gerberei usw.

Eine Ochsenhaut im Gewicht von 70 Pfund kostet, gegerbt und zugerichtet, einschl. des Arbeitslohns und der Unkosten 14 Gulden 15 Sols.
Die Haut verliert gewöhnlich die Hälfte ihres Gewichts und wird mit 9
Sols das Pfund verkauft, somit 35 Pfund = 15 Gulden 15 Sols. Der Gewinn auf jede Haut beträgt 1 Gulden 10 Sols oder 11 Prozent.
  Eine Kuhhaut im Gewicht von 45 Pfund, gegerbt und zugerichtet,
kostet 7 Gulden 15 Sols. Völlig appretiert wiegt sie nur 15 Pfund und
wird das Pfund zu 14 Sols verkauft, also für 10 Gulden 10 Sols. Der
Gewinn für jede Haut beträgt 2 Gulden 15 Sols oder etwa 29 Prozent.
Eine Kälberhaut im Gewicht von 12 Pfund, gegerbt und zugerichtet,
kostet 3 Gulden. Appretiert wiegt sie nur 4 Pfund und wird das Pfund

zu 17,5 Sols verkauft, also für 3 Gulden 10 Sols. Gewinn 10 Sols pro Haut oder 16 Prozent. 1 Dutzend Ziegenfelle im Gewicht von 20 Pfund kommt auf 23 Gulden. Appretiert wiegen diese Häute nur 18 Pfund und werden das Pfund zu 2 Gulden, also 36 Gulden verkauft. Gewinn für 1 Dutzend 13 Gulden oder 55 Prozent. Mit Sumach in Fett gegerbtes Maroquinleder, gleichfalls im Gewicht von 20 Pfund, kommt pro Dutzend auf 18 Gulden 15 Sols. Appretiert wiegt es nur 16 bis 17 Pfund und wird das Pfund zu 2 Gulden 16 Sols verkauft, also etwa 44 Gulden 5 Sols. Der Gewinn für 1 Dutzend beträgt also 25 Gulden 10 Sols oder etwa 135 Prozent. Rotes Maroquinleder, mit Galläpfeln gegerbt, kostet im Dutzend bei gleichem Gewicht 32 Gulden 10 Sols. Appretiert wiegt es 12 Pfund und wird das Pfund für mindestens 4 Gulden 15 Sols verkauft, somit 57 Gulden. Gewinn 25 Gulden 10 Sols pro Dutzend oder 68 Prozent. Ebenso weißes Maroquinleder.

Das alles wird ohne die Geheimverfahren des Grafen Surmont hergestellt, und zwar durch Mittel, mit denen sich noch weit schönere Farben noch billiger herstellen lassen.

6. Färberei
Abschweifen der Seide

Durch das Geheimverfahren des Grafen Surmont sind bereits 50 Prozent Gewinn erzielt; denn die Seide verliert nur 1/8 ihres Gewichts, beim gewöhnlichen Verfahren das doppelte. Außerdem ist es weit billiger, denn das Abschweifen der Seide kostet gewöhnlich 10 Sols pro Pfund, hier aber höchstens 6.

Außer diesen Vorteilen ist die Seide weit schöner, stärker, voller und nimmt die Farbe weit besser an als bisher.

Färben der Seide

Rot. Ein Pfund Seide karmoisinrot zu färben kostet nur 21 Sols, in Antwerpen 42 Sols. Der Unterschied beträgt also 100 Prozent. Die gleiche Menge in Ponceaurot kostet nur 4 Gulden, in Antwerpen 24. Das macht einen Unterschied von 500 Prozent. In Hochrot kostet die gleiche Menge nur 40 Sols, in Antwerpen 12 Gulden; Unterschied 600 Prozent. Feines Kirschrot kostet nur 20 Sols, in Antwerpen 4 Gulden; Unterschied 400 Prozent. Rosa 20 Sols, in Antwerpen 3 Gulden; Unterschied 300 Prozent.

Violett. Ein Pfund Seide in feinem Purpurviolett und anderen Violett-arten kostet nur 18 Sols, in Antwerpen 36 Sols; Unterschied 200 Prozent.

Gelb. Ein Pfund Seide in kräftigstem Gelb, z.B. für Litzen, kostet nur 2 Gulden, in Antwerpen 10 Gulden; Unterschied 500 Prozent.

Die anderen Schattierungen entsprechend.

Färben von Tuch, Wolle, Kamelott, Ziegenhaar usw.

Rot. Das Färben von Tuch, Wolle, Kamelott und Ziegenhaar in Karmoi-sinrot, Hochrot, Scharlachrot und allen feinen roten Farben kostet nur 7 Sols. Hier kosten diese Farben 28 Sols. Der Unterschied beträgt 400 Prozent. Rosa unter 5 Sols, sonst 10 Sols; Unterschied 200 Prozent.

Violett. Tuch, Wolle, Kamelott und Ziegenhaar kosten das Pfund nur 6 Sols, sonst 24; Unterschied 400 Prozent.

Gelb. Tuch, Wolle, Kamelott und Ziegenhaar kosten pro Elle und Pfund nur 2 Sols, sonst 4 Sols; Unterschied 200 Prozent.

Holzfärben

Nach Färben der Seide oder Wolle eignet sich das in den Kübeln zurück-bleibende Färbwasser nicht mehr zum Färben von Stoffen, wohl aber zum Holzfärben ohne irgendwelche Unkosten. So wenig Gewinn diese verschiedenen gefärbten Hölzer also abwerfen mögen, es ist Reingewinn.

Malfarben

Nach dem Holzfärben wird der Färbstoff niedergeschlagen. Auf dem Grunde bleibt eine sehr schöne Malfarbe zurück, die gleichfalls nichts kostet.

7. Hutfabrikation

Graf Surmont besitzt ein Geheimverfahren zur Hutfabrikation, das sehr großen Gewinn bringen kann. Er hat versprochen, es zu zeigen. Aber auch ohne dies Verfahren wird die Hutfabrikation einen sehr anständigen Gewinn abwerfen.

Im Betrieb sind 6 Walken. Jede stellt pro Tag 16 Hüte her, somit tägliche Gesamtproduktion 96, in 250 Arbeitstagen jährlich 24.000 Hüte mit einem Gewinn von mindestens 20.000 Gulden Kurant.

8. Aufstellung des Personals zur Leitung der Manufakturen

	Gulden
Herr Rasse, Direktor	3.000,-
Herr de Lannoy, Subdirektor	2.500,-
Herr de Lannoy jun. – Korrespondenz	500,-
1 Buchhalter für die Färberei	500,-
1 Buchhalter für die Gerberei	500,-
1 Lagerverwalter	1000.-
Gesamt	8000,-

Für den, dem der Überblick verloren gegangen ist, in Kurzform, was Graf Cobenzl aus Brüssel nach Wien meldet (8. April 1763):

In einem zahlreichen Bekanntenkreise hat er vor meinen Augen einige Versuche gemacht, von denen ich Eurer Exzellenz einige Proben senden werde. Die wesentlichsten bestehen in der Verwandlung von Eisen in ein Metall, das ebenso schön ist wie Gold und sich wenigstens ebenso zu allen Goldschmiedearbeiten eignet, ferner in der Färbung und Bearbeitung von Leder in einer solchen Vollkommenheit, dass es alle Maroquins der Welt und die vollkommensten Gerbverfahren übertrifft. Auch die Seiden- und Wollfärberei hat er zu einer bisher unbekannten

Vollendung gebracht. Hölzer färbt er in den lebhaftesten Farben, und zwar durch und durch, ohne Indigo oder Cochenille, mit den einfachsten Zutaten und somit sehr billig. Er stellt auch Malfarben her, das Ultramarin so tadellos wie das aus Lapislazuli gewonnene. Schließlich nimmt er den zum Malen verwendeten Ölen den Geruch und stellt aus Rüböl und anderen noch schlechteren Stoffen das beste Provencer Öl her ...

Gattung	Bisherige Kosten im Engros-Einkauf in Gulden	Künftig, Inbegriffen Arbeitslohn und sonstige Unkosten	Gewinn in Gulden	in Prozenten
Hochfeiner Biber	9-7-8	7-14-	1-13-8	18
Gewöhnlicher Biber	7-9-8	6-10-8	19	13
Halbbiber	5-2-8	4-11-	11-8	11
Gewöhnl. Halbbiber	4-13-8	4-4-8	9	10

Der Augenblick des Gewinnes steht schon bevor, denn zwei unserer besten Kaufleute, Barbieri und Francolet, sind über die Schönheit der Seidenfarben so entzückt, dass sie mir zur Zeit alle Seiden zum Färben geben, die sie in den hiesigen Provinzen wie in ganz Niederdeutschland vertreiben.

Der preußische Gesandte Alvensleben hat in Leipzig Saint-Germain aufgesucht und berichtet Friedrich dem Großen folgendes am 25. Juni 1777 zusammen mit der beigeschlossenen Liste:

Er hat mir eine Liste seiner Geheimmittel gezeigt, aber ich sah sie nur einen Augenblick. Sie umfasst über zwanzig Punkte, lässt sich jedoch, wenn mein Gedächtnis mich nicht täuscht, auf folgende zusammenziehen:
1. Färben von Häuten in den kräftigsten Farben.
2. Herstellung aller möglichen Farben, besonders von Weiß, in vorzüglicher Art.

3. Veredelung der minderwertigsten Häute, selbst der Schaffelle, so dass sie dreißig Jahre lang als Hängeriemen für Kutschwagen zu brauchen sind.

4. Ein Ersatzstoff für Cochenillefarbe.

5. Bleichen der Leinwand in kürzester Zeit und besser als in den Niederlanden, doch ohne den Stoff anzugreifen.

6. Veredlung von Seidenstoffen und Färbung mit den schönsten Farben.

7. Herstellung eines Lebenselixiers.

Diese Geheimmittel bestimmt er für die russische Zarin, für die er eine ganz besondere Zuneigung hegt. Doch sollen sie nach seiner Behauptung als Grundlage für den Handelsverkehr zwischen Sachsen und Russland und für ihre gegenseitige politische Verbindung dienen. Beide Länder sollen durch diese Erwerbung zu vollkommenem Glück und zum Überfluss gelangen, so dass sie sich gegenseitig nicht mehr entbehren und ohne einander nicht glücklich werden können. Gegenwärtig ist er jedoch mit Sachsen und mit dem Empfang, den er hier gefunden hat, unzufrieden,

Woher kam das Geld?

Die Frage, woher Graf Saint-Germain zeitlebens das Geld für sein standesgemäßes Auftreten hatte, kann in unserem Zusammenhang natürlich gestellt werden. Ich schlage vor, in zwei Richtungen zu prüfen:

1. Der regierende Fürst Franz II. Rakoczy stammte aus keinem unvermögenden Haus. Selbst wenn er persönlich als Insurgent seiner Güter verlustig ging oder durch sein Exil beim Sultan darauf verzichtete, ist es nicht abwegig zu forschen, ob seine Söhne Grundbesitz und Vermögen per Erbschaft beanspruchen durften. Ja, er wird 1712 in Paris vorgesorgt haben, in Abstimmung mit dem ebenfalls nicht unvermögenden Giangastone de'Medici, wie sein Erstgeborener eine solide finanzielle Basis bekommt, die er ihm auch testamentarisch zusichert. Dieser kann dabei auf die Hilfe der Bourbonen und des Hauses Savoyen-Sardinien rechnen, mit denen er verwandt ist, ferner auf Beziehungen zur Pfalz über die Eltern seiner Mutter und die Gemahlin des Kurfürsten Johann Wilhelm, sie war nämlich Giangastones Schwester. Von einem solchen Legat, das Saint-Germain testamentarisch zur Verfügung steht, geht I. Cooper-Oakley aus und benennt auch drei

Vormünder in Frankreich. Darüber hinaus wären **Güter in der Pfalz** (Hardenbroek) und im bourbonischen Königreich Neapel-Sizilien (Gemmingen) nicht ohne weiteres ins Reich der Phantasie zu verweisen.

Ein solches Legat, das sich auf den letzten Willen des Vaters (und der Mutter) stützen würde, macht Saint-Germain unabhängig von politischen Gruppierungen und Machtverschiebungen. Er muss keiner Partei der herrschenden Adelsclique sich verpflichtet fühlen.

1a. Das wäre nämlich der Nachteil einer äußerlich ganz ähnlichen Lösung: einer Apanage des französischen Königshauses, sei es aus Verwandtschaft oder weil er Ludwig XV. das Leben rettete oder in Anerkennung der Diamantenherstellung und dergleichen. Wenn eine solche Abhängigkeit da ist – das fühlt sich nicht so gut an. Dass ihn Ludwig XV. aus eben genannten Gründen persönlich hochschätzt, ist dagegen einleuchtend.

1b. Die reiche Heirat von Mexiko (H. Walpole) kann nicht ins Gewicht fallen, solange sie nicht besser belegt ist.

2. Die zweite Blickrichtung ist die auf die Fakten: Er *konnte* offenbar das Geld in Bewegung bringen. Ob er ein Bergwerk mit schönen Steinen in Russland (Dubosc) oder

und so scheint es, als ob die Staaten Eurer Majestät an Stelle von Sachsen treten sollen, nicht bloß um ihr Glück zu begründen, sondern auch, um das bestehende Bündnis zwischen Preußen und Russland zur Notwendigkeit zu machen und auf ewig zu besiegeln.

Neue Physik in Anwendung auf mehrere Handelsartikel, die ebenso wichtig wie neu sind

1. Verfahren, das allen Sorten von Häuten und Leder eine bisher unbekannte Festigkeit, Güte, Schönheit, Haltbarkeit usw. gibt und besonders den Schaffellen einen wirklichen, sehr beträchtlichen Wert verleiht.
2. Verfahren zur Veredelung von Wolle, durch das diese weit mehr Haltbarkeit, Feinheit, Güte usw. erhält.
3. Verfahren zur äußersten, vollständigen Bleichung von Leinwand, Hanf, Flachs und deren Gespinsten, durchaus besser als in Harlem in Holland, ein Verfahren, das die Stoffe nicht wie dort angreift und nur kurze Zeit beansprucht.
4. Verfahren zum Waschen von

Seide, durch welche die italienische Seide den allerschönsten Seiden der Welt überlegen, glänzender und stärker wird.

5. Verfahren zur Veredlung von Angoraziegenfellen, so dass man aus ihnen vorzügliche, glänzende Kamelotts herstellen kann, die nicht reißen, wie die früheren, weil das Fell bei diesem Verfahren fast seidenweich wird.

6. Verfahren zur vollständigen Bleichung und größeren Haltbarkeit von Leinwand und Baumwollgespinsten.

7. Verfahren zum Färben von Häuten und Leder in Blau, Grün, Schwarz, echtem Purpurrot, echtem Violett und feinem Grau von ganz außerordentlicher Schönheit und Güte.

8. Herstellung von unveränderlichen Malfarben in Gelb, Rot, Blau, Grün, Purpur, Violett usw. von vollendeter Schönheit und Güte.

9. Herstellung von Deckweiß in einer alle Begriffe übersteigender Güte. Die Farbe, die man umsonst zu allen Zeiten gesucht hat, bleibt stets weiß, verbindet sich mit allen guten Farben, denen man sie beimischt, verschönert und erhält sie. Kurz, dies Weiß ist ein wahres Wunder.

10. Herstellung von schwarzem Leder mit sehr reiner und sehr schöner Farbe aus Russisch Blau ohne irgendeinen anderen Zusatz. Das ergibt ein unnachahmliches schwarzes Leder von hervorragender Schönheit

Schiffe auf dem Meer (die „Akkerman") hatte, eine Beteiligung an einer Firma, die Kanäle und Flüsse ausbaggert (Bentinck), oder Einnahmen aus der Diamantensynthese (Vielzahl von Zeugen) – dafür spricht, dass er sich davon ein prachtvolles Auftreten und großzügige Geschenke leisten konnte. Hierzu gehören die großen Reisen wie auch die Beschäftigung eines Mannes, der ihm aus dem Orient das Gewünschte an Verfahren und Rezepten liefern musste. Diese Version wertet sein unternehmerisches Geschick auf.

Mit den Möglichkeiten 1 und 2 lassen sich die hervorragenden Kontakte zu den Bankiers in Amsterdam und zur Witwe Nettine in Brüssel gut in Verbindung bringen.

Bei diesen beiden Blickrichtungen scheiden ganz aus: das, was sich der Laie unter „Goldmachen" vorstellt, und ein Rosenkreuzer-Geheimfonds, der ihm von welchen Oberen auch immer zur Verfügung gestellt wurde (Ceria/Ethuin).

und Güte.

11. Herstellung von Leinwand und Hanfgespinsten in unvergleichlich reinem und glänzendem Gelb, das sich mit Seifenwasser waschen lässt und in der Luft nicht verschießt, in mehreren Schattierungen.

12. Herstellung von Baumwolltuchen und Gespinsten von vorzüglichem Gelb in mehreren Schattierungen, gut waschbar und in der Luft nicht verschießend.

13. Herstellung von Leinwand in feinem Grau, mit Seifenwasser waschbar und nicht verschießend.

14. Herstellung von Baumwollstoffen und Gespinsten in feinem Grau, mit Seifenwasser waschbar und nicht verschießend.

15. Herstellung von Leinwand, Leinen- und Hanfgespinsten in echtem Purpur, echtem Violett, echtem Rot usw., gut waschbar und durchaus nicht verschießend, in mehreren Schattierungen.

16. Herstellung von sehr feinen, sehr schönen, sehr haltbaren und ganz neuen Seidengeweben.

17. Herstellung von bunter Leinwand in ganz neuen und feinen Farben, namentlich in Grau und Schattierungen, die weder durch Säuren, noch Luft, noch Seifenwasser ausbleichen.

18. Herstellung von Silbertressen, mindestens ein Drittel billiger und viel weißer, glänzender und dauerhafter als die schönsten Lyoner Tressen.

19. Verschiedene Verfahren bei Edelmetallen, d. h. ohne Gold und Silber, die von großem Nutzen und großer Ersparnis sind und sicherlich das Erstaunen jedes guten Chemikers bilden werden, auch die ungeheuren, verderblichen Luxusausgaben verringern.

20. Herstellung eines ganz neuen Metalls, dessen Eigenschaften höchst überraschend sind.

21. Verschiedene Verfahren bei kostbaren Gegenständen, die völlig unmöglich erscheinen und sämtlich auf Verringerung der ungeheuren Luxusausgaben hinauslaufen.

22. Herstellung von Papier, Federn, Elfenbein, Knochen und gefärbtem Holz in prachtvollen, feinen und sehr schönen Farben.

23. Gute, heilsame physikalische Verfahren bei verschiedenen Weinen.

24. Herstellung von Rossoli-Likör aus Fruchtkernen usw. von vortreff-

licher Qualität und zu sehr billigem Preis.

25. Herstellung anderer nützlicher Dinge, über die ich schweige.

26. Vorbeugungsmittel gegen Krankheiten und Unpässlichkeiten aller Art usw.

27. Richtige Purgiermittel, die dem Körper nur schädliche Stoffe entziehen. *Nota bene.*

28. Echte, sichere und wohltuende kosmetische Mittel.

29. Hochfeines Olivenöl, in 12 Stunden in Deutschland hergestellt.

Was die Landwirtschaft usw. betrifft, bleibt für später vorbehalten.

L. P. T. C. von Welldone

Über einen weiteren Punkt kann hier aus mancherlei Gründen nichts gesagt werden. Er bleibt vorbehalten usw. Die Ausführung dieses neuen Handelsplanes kann der Staatskunst zu höchstem Nutzen gereichen und eine ganz unlösliche Verbindung zwischen gewissen Großmächten herbeiführen.

von Welldone

Saint-Germain an König Friedrich

Dresden, 25. Juni 1777

Sire. Von sich selbst anders zu reden als durch Taten, ist durchaus unpassend, wenn man das Glück hat, sich an einen so großen König zu wenden. Eure Majestät werden mir also die Befehle schicken, mit denen Sie mich zu beehren geruhen.

Eurer Majestät Untertänigster und gehorsamster Diener

Graf von Welldone

Friedrich der Große lässt Saint-Germain/Welldone auf diese Offerte durch Alvensleben mitteilen, es stände ihm frei, zu kommen, man wolle ihn aber zugleich darauf aufmerksam machen, man sei hier sehr ungläubig und glaubte im allgemeinen nur an Dinge, die sich handgreiflich beweisen liessen. Somit täte er gut, sich selbst zu fragen, ob er gewillt sei, seine Wissenschaft und seine Geheimmittel vorzuführen. Sonst würde er hier seine Zeit gewiss verlieren, während er sie anderswo vielleicht nützlicher anwenden könnte.

Das lag einzig in der Person begründet, denn der König hatte im Berliner Generaldirektorium eine fünfte Abteilung einrichten lassen, die sich um die Gründung neuer und um die Verbesserung bestehender Manufakturen zu kümmern hatte!

Zur gleichen Zeit berichtet der sächsische Konferenzminister von Wurmb an Prinz Friedrich August von Braunschweig:

> Man kann nicht leugnen, dass er schöne Kenntnisse besitzt. Ich werde mit ihm an einigen Artikeln der Färberei und der Verarbeitung von Wolle und Leinen arbeiten, um zu sehen, ob sich für unsere Manufakturen etwas herausschlagen lässt. Was mir missfällt, ist, dass er oft von Millionen spricht, während er weit davon entfernt ist, darüber zu verfügen.

Ein anderer Landesherr, Carl von Hessen, bringt Saint-Germains Bestrebungen auf den Punkt:

> Er glaubte, die Welt dadurch zu beglücken, dass er ihr zu billigeren Preisen neue Vergnügungen, schönere Stoffe und schönere Farben verschaffte; denn seine herrlichen Farben kosteten fast nichts.

Fügen wir noch die holländischen Aktivitäten hinzu, von denen Hardenbroek berichtet (Anhang B, S. 282) und die Moskauer Kattunfabrik, so gewinnen wir allmählich einen Überblick über diese europaweiten Projekte und schließen dies Kapitel mit Venedig ab, wo für die Zeit um 1770 Max Graf Lamberg berichtet:

> Er wohnt seit einiger Zeit in Venedig, wo er hundert Frauen, die ihm eine Äbtissin verschafft, mit Versuchen zum Bleichen des Flachses beschäftigt, dem er das Aussehen von italienischer Rohseide gibt.

11. Heilkunde

Saint-Germains Ruf als Heilkundiger ist allgemein bekannt – weniger, worauf er sich im Einzelnen gründet. Daher zunächst ein Überblick:

1. Er gibt Verhaltensregeln, im Einklang zu leben:

> Unaufhörlich predigt er vom richtigen Gleichgewicht zwischen Leib und Seele. Wenn man das genau beobachte, so könne, meint er, die Lebensmaschine niemals in Unordnung geraten. (Lehndorff)

2. Er nimmt nur wenig Nahrung zu sich oder gar nichts.

3. Er empfiehlt, beim Essen nicht zu trinken, und trinkt selbst nur Wasser (üblich ist damals Wein):

> Er lebte sehr mäßig, trank nie beim Essen, purgierte sich mit selbst bereiteten Sennesblättern und gab seinen Freunden keinen anderen Rat, wenn sie ihn fragten, was sie tun müssten, um lange zu leben. Überhaupt pries er nie wie andere Scharlatane übernatürliche Kenntnisse an. (Gleichen)

4. Er ist nicht in Verlegenheit, wenn ein Kranker auftaucht. So bot er dem an einer Geschlechtskrankheit leidenden Casanova sofort eine Behandlung an – wir würden sie heute homöopathisch nennen:

> Als er hörte, an welcher Krankheit ich litt, beschwor er mich, drei Tage in Tournai zu bleiben. In dieser Zeit wollte er alle meine Drüsenschwellungen beseitigen und mir dann fünfzehn Pillen verschreiben, die ich in fünfzehn Tagen einnehmen sollte und die mich ganz wiederherstellen würden.

Nach dem Zeugnis Carl von Hessens hat er viele Rezepte für Arzneien, mit deren Herstellung Dr. Lossau das ganze Jahr beschäftigt ist (sie sind leider nicht erhalten!)

5. Er verfügt über ein Gegengift. Mit Wolfsmilch (Euphorbia) vermag er die Wirkung des tödlichen *Aqua tofana* aufzuheben (an dem Papst Clemens XIV., der den Jesuitenorden aufhob, gestorben ist).

6. Er hat ein Lebenselixier, das die Vitalkräfte aktiviert – wir würden heute Notfalltropfen sagen.

7. Ein anderes ist die Universalmedizin „Aurum potabile" bestehend aus trinkbaren Goldtropfen, die unterschiedslos gegen alle Krankheiten gut sein soll (Wilhelm von Hessen in seinem Wihelmsbader Tagebuch).

8. Damit in Zusammenhang, nur in der Darreichung anders, ist ein Pulver, das in lebensbedrohlichen Situationen gegeben werden konnte, und dem zufolge der 19jährige Goethe am Leben blieb (siehe Kasten auf S. 142).

9. Der Saint-Germain-Tee aus Sennesblättern, für den er in Livorno gerühmt wurde, ist ein wahres Volksheilmittel, das sich nach dem alten Rezept bis heute bewährt hat (z. B. in der Altstadtapotheke Schleswig oder der Löwenapotheke Eckernförde erhältlich). Nach der Einsicht, dass der Tod im Darm sitzt, war es bei den fetten und schweren Mahlzeiten der damaligen Zeit besonders sinnvoll, eine milde abführende Wirkung zu erreichen, damit alle Schlacken und Giftstoffe wieder aus dem Körper ausgeschieden werden konnten. Der Tee ist die Frucht seines Aufenthalts in Ägypten. Von dort brachte er die grünlichen, lanzettförmigen Blätter des Sennesstrauches mit nach Europa (es gibt Sennes allerdings auch in Indien). Das Rezept steht zur Verfügung: Saint-Germain-Tee: 2 Gramm Sennesblätter, 1 Gramm Holunderblüten, 1 Gramm Anis, 1/2 Gramm Fenchel, 1/2 Gramm Weinstein oder Weinsäure (sollte die Harzanteile in den Sennesblättern unschädlich machen).

10. Nicht fehlen darf seine Begutachtung von Heilquellen. In Bad Kissingen

Die Sonnenkraft des Goldes

Nach alchemistischen Vorstellungen birgt das Gold starke Sonnenkräfte, daher stärkt das Gold auch im Menschen die „Sonnenkraft", gibt ihm größere Vitalität und ein „sonniges Gemüt". Der Alchemist Isaacus Hollandus (15. Jahrhundert) schrieb: „Erstlichen ist dieses Aurum Potabile ein sonderlicher Schatz und arcanum, den menschlichen Körper vor vielen Krankheiten zu bewahren, denn es das Herz und alle Geister mächtiglich stärket..."

Den modernen therapeutischen Erfahrungen am Privatinstitut für Naturheilweisen „Arkanum" in Neusäss bei Augsburg zufolge kann das Trinkgold eingesetzt werden:

• Als „Notfall-Tropfen" unter anderem bei Bauchschmerzen, Kopfschmerzen, Reiseübelkeit, Taubheitsgefühlen nach einer Betäubung bei Zahnarztbehandlungen und Folgeschmerzen danach. Besonders Kinder sprechen darauf sehr schnell an.

• Bei Niedergeschlagenheit, innerer Unruhe und Zerrissenheit, Angstzuständen sowie allgemein zur Stimmungsaufhellung und Stärkung des Selbstvertrauens.

• Als Begleitbehandlung zur Unterstützung anderer Therapien.

• Bei Schmerzen, Hautkrankheiten, chronischen Erkrankungen, schlecht heilenden Wunden und anderen Leiden.

nach Ulrich Arndt

erinnern die beiden berühmten Solequellen „Rakoczy" und „Pandur" an sein Eintreten dafür. Nicht aber sollte man ihn mit Baden-Baden in Verbindung bringen, jedenfalls was den Gutachter Freiherrn Gottlieb Franz von Gugomos betrifft. Dessen Lebensumstände sind gut bekannt und eine zeitweise Identität mit Saint-Germain erscheint ausgeschlossen (mehr dazu im Kapitel 12 „Freimaurer und Rosenkreuzer")

11. Seine Jugendlichkeit und Langlebigkeit waren natürlich Gegenstand neidvollen Getuschels. Das sind Geheimnisse, die einer recht verstandenen Alche-

Die lebensgefährliche Erkrankung des 19jährigen Goethe in Frankfurt, nach seiner Rückkehr von Leipzig („Besserung durch ein Geheimmittel von Dr. Metz, 18. Dezember 1768")

...von jenem wichtigen Salze, das nur in den größten Gefahren angewendet werden durfte, war nur unter den Gläubigen die Rede, ob es gleich noch niemand gesehen, oder die Wirkung davon gespürt hatte. Um den Glauben an die Möglichkeit eines solchen Universalmittels zu erregen und zu stärken, hatte der Arzt seinen Patienten, wo er nur einige Empfänglichkeit fand, gewisse mystische chemisch-alchimische Bücher empfohlen und zu verstehen gegeben, dass man durch eignes Studium derselben gar wohl dahin gelangen könne, jenes Kleinod sich selbst zu erwerben; welches um so notwendiger sei, als die Bereitung sich sowohl aus physischen als besonders aus moralischen Gründen nicht wohl überliefern lasse, ja dass man, um jenes große Werk einzusehen, hervorzubringen und zu benutzen, die Geheimnisse der Natur im Zusammenhang kennen müsse, weil es nichts Einzelnes, sondern etwas Universelles sei, und auch wohl gar unter verschiedenen Formen und Gestalten hervorgebracht werden könne... Mir war indes noch eine sehr harte Prüfung vorbereitet: Denn eine gestörte und man dürfte wohl sagen für gewisse Momente vernichtete Verdauung brachte solche Symptome hervor, dass ich unter großen Beängstigungen das Leben zu verlieren glaubte und keine angewandten Mittel weiter etwas fruchten wollten. In diesen letzten Nöten zwang meine bedrängte Mutter den verlegenen Arzt, mit seiner Universalmedizin hervorzurücken; nach langem Widerstande eilte er tief in der Nacht nach Hause und kam mit einem Gläschen kristallisierten trocknen Salzes zurück, welches in Wasser aufgelöst von dem Patienten verschluckt wurde und einen entschieden alkalischen Geschmack hatte. Das Salz war kaum genommen, so zeigte sich eine Erleichterung des Zustandes, und von dem Augenblick an nahm die Krankheit eine Wendung, die stufenweise zur Besserung führte.

J. W. v. Goethe, Dichtung und Wahrheit, 2. Teil, 8. Buch

mie nicht unerreichbar waren. Wir wollen sie daher im nächsten Abschnitt aufgreifen.

12. Seinen Ruf bei der Damenwelt verdankte Saint-Germain nicht zuletzt seinen Ölen, Salben und Essenzen, die der Schönheit zugute kamen. Er ist dafür so bekannt, dass er es in seiner Liste für Friedrich den Großen nur nebenbei erwähnt: 28. Echte, sichere und wohltuende kosmetische Mittel. Auch für folgende Anekdote über eine Frau von Marchais gibt es wohl genügend echten Hintergrund. Sie behielt im höchsten Alter das schönste Haar. Angeblich hatte ihr der berüchtigte Graf Saint-Germain, der am Hofe Ludwigs XV. als hochberühmter Abenteurer auftrat, ein Elixier gegeben, das die Haare erhielt und sie vor dem Ergrauen bewahrte. (Mme Campan)

Aus heutiger Sicht ist Saint-Germain ein Vorkämpfer der Prävention. Durch bewussten und verantwortungsvollen Umgang kann der Mensch seinen ihm anvertrauten Organismus gesund und vital erhalten. Die Kenntnis der Heilkräuter, Mixturen und Substanzen steht ihm zur Verfügung. Insofern deutet alles darauf hin, die Beziehungen der Naturkräfte zum Menschen im Sinn ihrer Verwandtschaft zu nutzen – ähnlich den Prinzipien Hahnemanns, der später (1755) geboren wurde.

Nirgends gibt es einen Hinweis, dass Saint-Germain seine Kräfte im Sinn direkter magischer Beeinflussung angewandt hätte, im Gegenteil: Freiheit und Selbstverantwortung des Menschen achtend, lässt er sich in dem Sinne für einen Materialisten halten, dass er sich nicht scheut, die Reichtümer aufzuzählen, die die *Magna Mater,* die große Natur ihm für seine Gesundung anheim stellt. Geradezu erhellend in diesem Zusammenhang ist die Erwähnung von Lukrez, der in seinem Lehrgedicht *De rerum natura* im 1. Jh. v. Chr. die Naturforschung auf den Schild gehoben hatte (kein Wunder, dass Goethe ihn schätzte). K. H. von Gleichen charakterisiert Saint-Germain:

Seine Philosophie war die des Lukrez: Er sprach mit geheimnisvoller Begeisterung von den Tiefen der Natur und eröffnete der Phantasie unbestimmte, dunkle und unendliche Ausblicke auf die Art seines Wissens...

12. Alchemie

Unbedingt glaubhaft sind Saint-Germains überlieferte Worte Ich halte die Natur in meinen Händen, und wie Gott die Welt geschaffen hat, kann auch ich alles, was ich will, aus dem Nichts hervorzaubern (Alvensleben). Wenn zu jener Zeit irgendjemand, dann war *er* ein Adept, ein fortgeschrittener Alchemist. Aber sein Wirken ist geprägt von Ehrfurcht vor den Reichen der Natur und den wunderbaren Kräften, die sie zusammenhalten, und er überblickt das Ganze, bevor er im einzelnen ansetzt (anders als heutige Gentechniker). Das Zeugnis des praktischen Alchemisten Carl von Hessen als desjenigen, dem er persönlich die meisten Geheimnisse anvertraut hat, wiegt schwer.

Im Zeitalter der Kunststoffchemie, die einen beliebigen Mix von Eigenschaften produziert, ist nicht mehr strittig, ob eine Umwandlung von Stoffen möglich ist. Man zweifelt allenfalls in überlegener Attitüde, ob einige der alten Alchemisten dazu in der Lage waren. Wie schon seit Jahrhunderten war auch zu Saint-Germains Zeiten das Goldmachen das, was in den Köpfen der Unzufriedenen spukte. Goldmachen zur Bereicherung war in den Augen eines echten Alchemisten gänzlich unstatthaft, ein völliges Unding. Aus der seriösen Literatur ist immer nur von kleinen Proben die Rede, die verschenkt werden: So macht es z. B. des 16-jährigen Johann Heinrich Böttger Meistersfrau, sie verehrt dem König Friedrich Wilhelm l. von Preußen die Goldprobe, die der begabte Junge vor Zeugen hergestellt hat.

Ebenso macht es Saint-Germain mit einem silbernen Ecu – mit dem Profil Ludwigs XV. auf der einen Seite –, den Casanova ihm in Tournai überlässt: Er verschenkt die zu Gold verwandelte Münze, und Casanova, kein Adept, aber auch kein Ungebildeter, schenkt sie weiter an den schon erwähnten Lordmarschall George Keith.

Wie gewöhnlich hatte er den Ehrgeiz, mich in Verwunderung zu setzen, und so fragte er mich, ob ich kleines Geld bei mir hätte. Ich zog ein paar Münzen hervor und legte sie auf den Tisch. Ohne mir zu sagen, was er vorhätte, stand er auf, legte eine glühende Kohle auf eine Metallplatte, bat mich um ein Zwölfsousstück, das unter den Münzen lag, legte ein schwarzes Körnchen darauf und das Geldstück auf die Kohle und blies sie mit einem gläsernen Blasrohr an. Binnen zwei Minuten war es glühend. „Warten Sie, bis es abgekühlt ist", sagte der Alchemist. Es war in einer Minute geschehen. „Nehmen Sie es mit", fügte er hinzu, „denn es gehört Ihnen."

Ich nahm es: Es war Gold. Ich zweifelte keinen Augenblick, dass er die Münze vertauscht und mir eine andere gegeben hatte, die er zweifellos vorher blank geputzt hatte. Ich wollte ihm keine Vorwürfe machen. Damit er aber nicht glaubte, er hätte mich zum Besten gehabt, sagte ich: „Das ist wunderbar, Graf. Das nächste Mal aber müssen Sie, um ganz sicher zu sein, dass Sie auch den schärfsten Beobachter verblüffen, ihm vorher sagen, welche Verwandlung Sie vorhaben. Dann kann er sich die Münze ansehen, bevor Sie diese auf die glühende Kohle legen." „Wer an meiner Wissenschaft zweifeln kann, ist unwert, mit mir zu sprechen", entgegnete der Schwindler.

Dies anmaßliche Benehmen kennzeichnete ihn; es war mir indes nichts Neues. Das war das letzte Mal, dass ich den berühmten und gelehrten Betrüger sah; vor sechs bis sieben Jahren ist er in Schleswig gestorben. Sein Geldstück war lauteres Gold. Zwei Monate darauf, in Berlin, überließ ich es Mylord Keith, der sich neugierig darauf zeigte.

Es gibt natürlich auch heute Naturwissenschaftler, die wie der Venezianer an ein Taschenspielerkunststück glauben. Dazu ist kein Grund: Für einen goldenen Ecu brauchte man eine Münzanstalt und einen Prägestock – mit dem rechten Pulver geht das einfacher. Saint-Germains Besucher durfte in der Tat einen besonderen Blick in die Werkstatt der Schöpfergeheimnisse tun, da wo der Mensch zum Mitschöpfer wird.

Kein Wunder, dass es eine geheimnisvolle Privataudienz war, denn die Stimmung draußen im Lande war ganz anders. Jedermann brauchte Geld und die Fürsten am meisten. Friedrich d. Gr. gibt als junger König selbst das beste Beispiel, wie er sich 1753 von den drohenden Rüstungen der Zarin bedrängen ließ, neue Truppen auszuheben, und sich ausrechnete, wie ihm die Goldmacherin Frau Nothnagel (nur eine von vielen) das ermöglichen würde.

„Man hat exempels ins kleine, aber nicht im großen, dass es möglich ist." Grundsätzlich hält Friedrich das Goldmachen hier also bereits für möglich. Und die Alchemistin kommt! „Ich habe die person gesprochen", schreibt er. „sie schwehret (bei) leib und Sehle, dass sie alles erfüllen wil, was sie gesaget hat. Ich habe ihr gesaget, ich glaubte nicht ein Wort davon, sie bleibet darbei und versichert, Mittwoch ein stück fertig zu haben ... traktire sie nicht übel, das arme Mensch hat die Thorheiten im Kopf und meint es guht."

Fortan wird der König immer gläubiger. Fredersdorf soll das Gold, das sie gemacht hat, unter der nötigen Vorsicht zur Prüfung in die Münze schicken: „So kan keiner uns in die Carten kuken!" Und im nächsten Briefe (17. September) heißt es bereits: „Was Du mihr von der Frau gesaget hast, gibt mihr würklich Hoffnung, und glaube ich, wann die letzte Probe goldt ist, dass man darauf Staht machen kan." Und mit wachsender Ungeduld erwartet er das Gutachten der Münze. Der Grund ist, dass sich inzwischen „lauter stürmische aspecten hervorthun"; denn ein Angriffskrieg Englands und Russlands scheint zu drohen. „Ich wil wünschen, dass die Sache möglich werde", schreibt er. Und mit vor Erregung zitternden Schriftzügen rechnet er Fredersdorf vor, dass eine Heeresvermehrung von 17 000 Mann eine Million 154 000 Taler kosten werde, die aus der Goldküche der Alchemistin bestritten werden sollen. Stände es nicht schwarz auf weiß da, man glaubte es nicht. Ja der König unterschreibt den von der Goldmacherin aufgesetzten Vertrag und findet „die Conditionen sehr billich!" (F. von Oppeln-Bronikowski)

Erst nachdem er Lehrgeld von 8000 Talern an einen Herrn Trott gezahlt hatte, kehrte er sich ab von der Goldmacherei, für die er nur noch Hohn und Spott übrig hatte ohne zu verstehen, dass es eben an der Gewinnsucht lag.

Nicht viel edler waren allerdings die Gelüste von Ludwig XV. und anderen erlauchten Herren, wenn es um die Reinigung fleckiger Diamanten ging oder gar um das Herstellen neuer. Nicht das wunderbare Geheimnis, wie das möglich ist, faszinierte sie, sondern der pekuniäre Wert.

Dass Ludwig das Ansinnen stellte, nicht die echten Kronjuwelen Frankreichs, sondern Nachbildungen aus der Werkstatt Saint-Germains in Amsterdam zu beleihen, ist nicht aus der Luft gegriffen. Falls es so war, muss Saint-Germain in einem besonderen Befehlsnotstand gewesen sein. Aber dass er respektable Diamanten in Holland zurückgelassen hat, ist ja gut bezeugt.

Und wieder bleibt die Frage: Wie hat er das gemacht, wenn ihm die moderne Hochleistungschemie nicht zur Verfügung stand?

Die dreifältige Weisheit

In dieser Zeit schrieb er sein Hauptwerk, *La Très Sainte Trinosophie*, die Hochheilige Trinosophie. Die Bedeutung dieses Werks, das seinesgleichen sucht, ist unschätzbar. Es ist das Tagebuch der Maturität der Seele. Mag sein, dass es in Wirklichkeit nichts anderes darstellt als die Beschreibung der Aufnahme Saint-Germains in die Mystische Brüderschaft, deren Großmeister er schließlich wurde. Zweck dieses Werkes war, Anweisungen an jene Jünger zu erteilen, die die geheime Terminologie bereits kannten. Die ganze Beschreibung geht in ihren allegorischen Einzelheiten von den Zeremonien aus, die dem klassischen Zeitalter entlehnt wurden, und ihre Sprache ist symbolisch. Also erscheint der Text bei der ersten Durchsicht unverständlich, doch die eingehende und sorgfältige Analyse trägt dann stufenweise zur Enträtselung bei. Kein Detail ist ohne verborgene Bedeutung.

Das Werk besteht aus zwölf Teilen, wobei jeder Teil durch eine entsprechende Zeichnung illustriert wird. Die ersten Teile stammen aus dem neo-ägyptischen, so genannten Memphis-Ritus und beziehen sich auf die vier Elemente der Prüfungsthesen der Kandidaten – Erde, Wasser, Feuer, Luft. Ihr gewaltiges Muster ist der Zodiakus und dessen zwölf Häuser. Der Zodiak und die den Zodiakus durchdringende Sonnenbahn ist jene Urform, aus der das Urpriestertum den Beweis der heiligen Kreisbewegung herleitet. Die Alten hatten das erste Zeichen des Zodiakus als den Anfang, das letzte Zeichen als Ende aller weltlichen Aktivität akzeptiert.

In diesem Buche der Dreischichtigen Weisheit verwendet Saint-Germain im Allgemeinen alchimistische Symbole. Natürlich werden keine echten chemischen Prozesse beschrieben, da bei ihm – wie bei allen großen Alchimisten – die Herstellung des materiellen Goldes nur einen geringen Teil ihrer Wissenschaft ausmacht. Diese Prozesse bringen vielmehr den spirituellen Fortschritt des Geistes in Gang und führen schließlich zum Adeptentum.

Mária Szepes, *Der Rote Löwe*, München o.J.

Aus den Zeugnissen des 18. Jahrhunderts ist gewissermaßen schon alles zu entnehmen:

Es dauerte einen Monat, bis er Ludwig XV. den gewünschten Diamanten gereinigt wieder zurückbrachte. Es handelte sich also um eine sanfte Technologie. Mit den geeigneten Pulvern wurde dem Diamanten die Härte genommen – das Kristallgitter – er wurde zurück in den Zustand eines Kohlenstoffgels versetzt und konnte so, gereinigt, wieder aushärten (vielleicht nicht ebenso hart wie solche aus den Bergwerken). Mit der Verschmelzung kleiner Diamanten zu einem großen war es dasselbe. Carl von Hessen hat schon vor seiner Bekanntschaft mit Saint-Germain mit einem sächsischen Militär, dem Obersten Frankenberg, über ihn gesprochen.

Dieser sagte mir: „Sie können überzeugt sein, dass er kein Betrüger ist, und dass er große Kenntnisse besitzt. Er war in Dresden, als ich mit meiner Frau dort war. Er wollte uns Beiden wohl. Meine Frau wollte ein Paar Ohrgehänge verkaufen; ein Juwelier bot ihr eine Kleinigkeit dafür. Sie sprach in Gegenwart des Grafen davon, welcher zu ihr sagte: 'Wollen Sie sie mir zeigen?' Was sie auch tat. Dann sagte er: 'Wollen Sie mir dieselben für einige Tage anvertrauen?' Er gab sie ihr zurück, nachdem er sie verschönert hatte. Der Juwelier, welchem sie meine Frau darauf zeigte, sagte: 'Das sind schöne Steine; die sind ganz anders als die, welche Sie mir früher zeigten!' und er bezahlte mehr als das Doppelte dafür."

Nun, es liegt auf der Hand, dass solche Künste in den Händen ehrloser und gewinnsüchtiger Menschen verderblich sind. Daher ist die Alchemie immer ein ernster strenger Schulungsweg gewesen. Vom Stein der Weisen war als einem höchsten Fernziel die Rede. Nun ist der Stein der Weisen ebenso ein Kohlenstoff-Prozess wie die Diamantenumwandlung – aber er bezieht sich auf das Geheimnis des Lebens. Wer den Stein der Weisen errungen hat, kann das Leben durch den Tod hindurchtragen. Bildlich gesprochen hat er eine unverwesliche Diamantform gewonnen, die ihm immer zur Verfügung steht, ob in diesem Körper oder im nächsten. Der Tod hat keine Gewalt mehr über ihn. Er lebt bewusst so lange er will, legt den Körper ab, aber ohne Beeinträchti-

Diamantensynthese

Bis ins 18. Jahrhundert wurden Diamanten nur aus Indien gefördert. Daher sind die zwei Indien-Reisen Saint-Germains auch angezeigt, um sich über dieses Gebiet das beste Fachwissen anzueignen. Natürliche Diamantvorkommen haben gewaltige Kataklysmen der Erdgeschichte zur Voraussetzung, wo unter enormem Druck und höchsten Temperaturen diese härtesten Kristalle ausgebildet wurden. Mit ähnlichem Aufwand gelingt es erst seit 1955, künstliche Diamanten herzustellen. Sie erreichen nicht die vorgeschriebene Härtezahl von 10 Mohs, sondern nur 8-9. Schon 1893 konnte Moissan die Entstehung winziger Diamanten von 1/2 mm Größe bewirken. 1773 zeigte Lavoisier, dass Diamant zu Kohlensäure verbrennt. Das Geheimnis seiner Unzerstörbarkeit liegt allein im Kristallgitter, das jedem Kohlenstoff-Atom vier Nachbarn in gleicher Entfernung zuordnet (wie ein Tetraeder). Würde es gelingen, das Kristallgitter zu entfernen (was man heute mit Hochdruck-Hochtemperatur-Verfahren macht) – aber in 'sanfter Technologie', würde ein Kohlenstoff-Gel verbleiben, das auch wieder aushärtete. Darin liegt das alchemistische Geheimnis (bei Ludwig XV. hat sich Saint-Germain 1 Monat Frist bedungen).

Übrigens war für mich auffallend, dass der Kolportage-Autor Willibald Dannenberg, der alle Saint-Germain-Histörchen unbedenklich durcheinander mischt, ausgerechnet die Diamantensynthese ganz ernsthaft als Tatsache behandelt (1920).

gung. Man nennt das „Leben im selben Körper".

Eine zweite Fähigkeit auf dieser Stufe ist das Pentagramm: die Beherrschung auch der unsichtbaren Körper (heute würden wir sagen Kraftfelder) über den physischen Körper hinaus. Ein Adept auf dieser Stufe konnte ins Gerede kommen – wenn er unter Leute ging. Sie wunderten sich dann über seine Langlebigkeit und Jugendlichkeit.

Am Beispiel der schwerreichen Marquise d'Urfé in Paris kann der Leser von Casanovas „Geschichte meines Lebens" studieren, wie die Verwandlung von Metallen und anderen Substanzen immer nur Beiwerk war – das große Werk richtete sich auf Unsterblichkeit, besser Unverweslichkeit – und hätte sich die Marquise mehr an Saint-Germain gehalten statt an Casanova, den verwegenen Spieler mit Menschenleben, dann hätte sie mehr ernstes statt leichtfertiges Streben einsetzen müssen und wäre wohl zum Ziel gelangt. Ohne Madame d'Urfé hätten wir aber nicht das wunderbare Saint-Germain-Porträt von Thomas, das sie in Auftrag gab. Die Verse von Thy de Milly adeln den Rang dieses Adepten:

> Le Comte de St. Germain, célèbre Alchimiste,
> Ainsi que Promethée il deroba le feu,
> Par qui le Monde existe,
> et par qui tout respire;
> La Nature à sa voix obeit et se meut;
> S'il n'est pas Dieu lui-même, un dieu puissant l'inspire.

> Graf Saint-Germain, berühmter Alchemist,
> Prometheus gleich raubt' er vom Himmelszelt
> Die Flamme, die die Welt erhält,
> und die des Alls lebend'ger Atem ist;
> Natur folgt seinem Wort, von ihm gemeistert;
> Ist er nicht Gott selbst, hat ihn ein mächt'ger Gott begeistert.

Ein großes Geheimnis durfte Casanova in Tournai schauen: Was die alten Alchemisten „prima materia" nannten, „Urstoff" oder „Hauch Gottes", den „Archäus", die verdichtete geistige Schöpferenergie. Mit ihr lässt sich dann jeweils ein Pulver mischen zur Umwandlung der Elemente oder besser noch für ein Universalheilmittel, wie es der junge Goethe erwähnt (Kap. 11):

> Er zeigte mir seine „Lebenskraft", die er „Atoéter" nannte, eine weiße Flüssigkeit in einem fest verschlossenen Fläschchen. Diese Flüssigkeit, sagte er, sei der Universalgeist der Natur; der Beweis dafür sei, dass der Geist sofort das Fläschchen verließe, wenn man das Wachs ganz leicht mit einer Nadel durchbohrte. Ich bat ihn, mir das Experiment zu zeigen. Er gab mir das Fläschchen und eine Nadel. Ich stach leicht in das Wachs, und in der Tat wurde das Fläschchen ganz leer.
> „Herrlich!" sagte ich. „Aber was ist der Zweck davon?"
> „Das kann ich Ihnen nicht verraten: es ist mein Geheimnis."

Die Geheimlehren

Es handelte sich bei Cagliostro um ein zweifaches: erstens um den Unterricht zum Zwecke der Herstellung des so genannten Steines der Weisen; zweitens um die Eröffnung des Verständnisses für das mystische Fünfeck, für das mystische Pentagramm. Nun kann ich Ihnen nur andeutend sagen, was diese zwei Dinge zu bedeuten haben. Es kann viel gespottet werden darüber, aber sie sind nicht nur symbolisch zu nehmen, sondern beruhen auf Tatsachen.

Der Stein der Weisen hat einen bestimmten Zweck, der von Cagliostro angegeben wurde: Er sollte das menschliche Leben auf 5527 Jahre verlängern. Das erscheint dem Freigeist lächerlich. Tatsächlich ist es aber möglich, durch besondere Schulung das Leben ins Unermessliche zu verlängern dadurch, dass der Mensch lernt, nicht mehr in seinem physischen Körper zu leben. Derjenige, der sich aber vorstellen wollte, dass den Adepten kein Tod im gewöhnlichen Sinne des Wortes treffe, der würde sich etwas Falsches darunter vorstellen. Auch wer glaubt, dass ein Adept nicht von einem Ziegelstein getroffen und erschlagen werden kann, auch der würde sich etwas Falsches vorstellen. Das würde allerdings nur dann gewöhnlich eintreten, wenn der Adept es zulässt. Nicht um den physischen Tod handelt es sich, sondern um Folgendes. Der physische Tod desjenigen, der für sich selbst den Stein der Weisen erkannt und ihn herauszusetzen verstanden hat, ist für ihn nur ein scheinbares Ereignis. Für die anderen Menschen ist er ein wirkliches Ereignis, das einen großen Abschnitt in seinem Leben bedeutet. Für den, der in der Weise, wie Cagliostro es mit seinen Schülern gewollt hat, es versteht, den Stein der Weisen zu benützen, ist der Tod nur ein scheinbares Ereignis. Er bildet nicht einmal einen besonders wichtigen Abschnitt im Leben; er ist nämlich etwas, was nur für die anderen da ist, die etwa den Adepten beobachten können, und die sagen, dass er stirbt. Er selbst stirbt aber in Wirklichkeit gar nicht. Die Sache ist vielmehr so, dass der Betreffende gelernt hat, überhaupt nicht in seinem physischen Körper zu leben; dass er gelernt hat, alle diejenigen Vorgänge, die im Momente des Todes im physischen Körper plötzlich vor sich gehen, nach und nach während seines Lebens vor sich gehen zu lassen. Es hat sich mit dem Körper des Betreffenden alles schon vollzogen, was sich sonst im Tode vollzieht. Dann ist der Tod nicht mehr möglich, denn der Betreffende hat längst gelernt, ohne den physischen Körper zu leben. Er legt den physischen Körper in ähnlicher Weise ab, wie man einen Regenmantel auszieht, und zieht einen neuen Körper an, wie man einen neuen Regenmantel anzieht.

Nun, einen kleinen Begriff werden Sie sich wohl daraus bilden können. Das ist der eine Unterricht, den Cagliostro überlieferte – der Stein der Weisen –, der den physischen Tod zu einer Bedeutungslosigkeit herabsinken lässt.

Das zweite war die Erkenntnis des Pentagramms. Das ist die Fähigkeit, die fünf Körper des Menschen voneinander zu unterscheiden. Wenn jemand sagt: Physischer Körper, Ätherkörper, Astralkörper, Kama-Manas-Körper, Kausalkörper, so sind das bloß Worte oder, wenn es hoch kommt, abstrakte Begriffe. Damit ist aber noch nichts getan. Der Mensch, der heute lebt, kennt in der Regel kaum den physischen Körper; erst derjenige, der das Pentagramm kennt, lernt die fünf Körper kennen. Einen Körper erkennt man nicht, wenn man in ihm lebt, sondern erst dann, wenn man ihn als Objekt hat. Das ist dasjenige, was einen Durchschnittsmenschen unterscheidet von dem, der durch eine solche Schule gegangen ist, dass für ihn die fünf Körper Objekte geworden sind. Der gewöhnliche Mensch lebt ja auch in diesen fünf Körpern. Aber er *lebt* darinnen, er kann nicht heraustreten und sie anschauen. Höchstens seinen physischen Körper kann er anschauen, wenn er an seinem Leibe heruntersieht oder ihn im Spiegel sich beschaut. Die Schüler Cagliostros würden, wenn sie richtig seine Methode befolgt hätten, dazu gekommen sein, wozu einzelne Rosenkreuzer gekommen sind, die im Grunde genommen in einer Schule waren, die dieselbe Tendenz hatte. Sie waren in einer Schule der großen europäischen Adepten, die dahin führte, dass die fünf Körper Wirklichkeiten wurden, nicht bloß Begriffe blieben. Das nennt man das „Pentagramm-Kennen" und „Moralische Wiedergeburt".

Rudolf Steiner, GA 93, Vortrag Berlin 16. Dez. 1904

Der Umstand, dass Casanova das Fachwort „Archäus" verwendet und selbst sehr stolz war auf ein Rezept zum Goldmachen, das er dem Herzog Karl von Kurland sandte, bedeutet doch, dass er nicht nur ein Dilettant war, sondern über die Anfangsgründe der Alchemie weit hinaus – nur ohne die unverzichtbare Geduld und Ehrfurchr. Die hatte wiederum der alte Carl von Hessen. Ein Nachspiel gab es für seine alchemistischen Versuche. Er war nicht abzubringen von den Angaben, ein Similor machen zu können: Aus Eisen gewann er eine goldfarbene Substanz, die später aber schwärzlich und unansehnlich wurde. Wegen dieses „Carlsmetalls" wurde er verständlicherweise belacht.

C. N. Schnitger, der Neffe eines Schleswiger Goldschmieds, der mit Carl zusammenarbeitete, notierte:

Ein Stück von diesem Golde liegt vor mir auf dem Tische; es ist eigentlich Eisen und hat keine einzige edle Eigenschaft des Goldes, sieht aber fast so aus, nur läuft es nach kurzer Zeit stark an und bekommt eine unedle schmutzig-graugrüne Farbe. Aus dieser Substanz musste mein Onkel nun allerlei Schmucksachen, als Broschen, Ringe, Ohrgehänge, Armbänder usw. gießen –, welche Gegenstände dann als Geschenke an fürstliche Personen versandt wurden. Bei der hohen Stellung des Gebers war es natürlich nicht möglich, diese Geschenke zurückzuweisen.

Im Zeitalter des aufkommenden Materialismus fand Carl keine Nachstrebenden mehr. Im Gegenteil: Wie ihm der angesehene Chemiker Forchhammer das Verständnis verweigerte, muss ihn besonders geschmerzt haben. War er schon vierzig Jahre früher einem Friedrich d. Gr. entgegengetreten, indem er hartnäckig bei seiner Meinung blieb, so ging es ihm im hohen Alter – er wurde 92 – nicht besser. Er hielt fest an der hohen Kunst seines Lehrmeisters, als die Zeit der Ehrfurcht schon vorbei war und Nützlichkeitsdenken die Chemiker zu ihren staunenerregenden Erfolgen führte.

13. Freimaurer und Rosenkreuzer

Was Freimaurer und Rosenkreuzer betrifft, so gehen sie auf altes Einweihungswissen der Bauhütten zurück. Die hohe Verantwortung beim Bau von Tempeln und Domen wurde ausnahmslos nur nach gewissenhaften Prüfungen an die Würdigen weitergegeben, die durch innere Reife und selbstloses Streben dafür gefestigt genug waren. Diese Traditionen esoterischer Art haben sich zweifellos ununterbrochen erhalten, wenn auch unter Geheimhaltung. Im salomonischen Tempelbau, der die Geheimnisse des menschlichen Werdens in seinen Proportionen enthielt, sahen die Späteren das Urbild verantwortlichen Menschheitshandelns und im Baumeister Hieram ihr Vorbild. Von daher wanderten die Zeichen des Goldenen Dreiecks und des Ehernen Meers durch die Jahrhunderte bis in die Freimaurerbewegung des 18. Jahrhunderts, ebenso wie „Zeichen, Griff und Wort" als die Erkennungszeichen unter den Brüdern. Eindeutig lebte darin ein Impuls der Menschenbruderschaft, der von England ausgehend (1717) immer stärker die Herzen erfasste.

Die Frage, ob der echte Graf Saint-Germain Freimaurer war im Sinn der Zugehörigkeit zu einer bestimmten Loge, ist zu verneinen. Zumindest gibt es bis jetzt keinen Beleg dafür. Derjenige Saint-Germain, der 1785 als Mitglied der Loge „de la Candeur" in Straßburg geführt wird, ist Robert-Francois Quesnay, Enkel des Leibarztes der Marquise de Pompadour und Deputierter von Maine et Loire. Dann ist da noch ein Brief des Landgrafen von Hessen-Philippsthal an Herzog Karl August von Weimar (ohne Jahr):

Er [Saint-Germain] steht auf alle Fälle in enger Verbindung mit vielen Männern von erheblicher Bedeutung, und übt einen unbegreiflichen Einfluss auf andere aus. Mein Vetter, Landgraf Karl von Hessen, hat sich sehr an ihn angeschlossen; sie sind eifrige Freimaurer und arbeiten zusammen in allen Arten verborgener Künste... (Cooper-Oakley nach Aksakof).

Das interpretiere ich in dem Sinn: Sie sprechen intensiv über Freimaurer-Angelegenheiten, und Saint-Germain ist sehr engagiert darin. Um in dieser Sache *Occams Rasiermesser* zu bemühen: Die einfachste zureichende Erklärung, dass er nirgends aufgeführt ist, lautet nicht, er war Mitglied unter einem uns unbekannten Namen, sondern er war *kein* Mitglied.

Darin sehe ich auch gar nichts Verwirrendes. In dem altehrwürdigen System von Lehrling – Geselle – Meister wurde ein Höherer nur dann erkannt, wenn anderen diese geheim gehaltene Sprache bekannt war. Wenn einer im Meisterrang sich nicht offenbaren *will* gegenüber Gesellen und Lehrlingen, gelingt ihm das. So meldet Kaufmann Frölich aus Görlitz dem Prinzen Friedrich August von Braunschweig: Dieser *Sieur Welldone* ist kein Maurer; er ist auch kein Magus, auch kein Theosoph.

An denselben schreibt der kursächsische Konferenzminister von Wurmb: Nachdem ich sein Vertrauen gewonnen hatte, brachte ich das Gespräch auf die Freimaurerei. Ohne Eifer noch selbst besondere Aufmerksamkeit für die Sache gestand er mir, er sei im vierten Grade, entsänne sich aber der Zeichen nicht mehr. Daher konnte ich nicht näher mit ihm darauf eingehen; denn er bewies durch nichts irgendwelche Kenntnisse des Systems der strikten Observanz. (Dresden 19. Mai 1777)

Strikte Observanz wird das Hochgradsystem genannt, das bis zum 33. Grad angelegt war und sich auf die Tempelritter-Tradition berief. Allerdings baute es auch auf den Eingangsstufen Lehrling – Geselle – Meister auf. Wenn jemand nun im üblichen Sprachgebrauch sagte, er sei im vierten Grad, wollte er sagen, er gehöre zu den Rittern. Wenn aber Saint-Germain gar kein Mitglied der Strikten Observanz war – vielmehr zu ihren Überwindern zählte –, so machen die Worte einen anderen Sinn: Dann ist der vierte Grad derjenige, der *die Meister einweiht*, eine Instanz, die über den drei Graden der Johannis-Maurerei als geistiger Rang vorhanden ist und sich auch nicht mit den derzeitigen kurzfristigen Ausgestaltungen befasst.

Er hält das Schwärmen und Sich-Hineinsteigern in Rittergrade für einen Irrweg. Die Sache, die er vertritt, ist Geheimschulung – die nur in strengen Stufen vor sich gehen kann und im 18. Jahrhundert auch noch unter strikter Geheimhaltung vorgenommen werden musste. Er ist also nicht unzugänglich bei jenen, die echtes Wissen suchen – sobald sie gewissermaßen den Verschwiegenheitstest bestanden haben. Dafür bietet – und das ist beachtlich – gerade der als Wichtigtuer bekannte Bischoffwerder Gewähr:

Elsterwerda, 9. Juli 1777

Graf *Welldone* ist tatsächlich keiner der Unsrigen. Aber wenn er wirkliche Geheimnisse besitzt, so bin ich im Besitz des wichtigsten. Obgleich es gegen alle Regeln der Wahrscheinlichkeit ist:

1. dass die Sache überhaupt möglich ist,

2. dass ich zum Träger eines so reichen Arkanums bestimmt bin,

3. dass ich es als Novize empfangen habe, will ich doch mein Urteil von heute ab auf 14 Tage hinausschieben, wo kein Zweifel über die Sache mehr möglich sein wird. Nur Ihnen vertraue ich es an und werde ich sagen, was daran ist. Wäre es wohl eine Prüfung neuer Art? Denn es scheint mir bedenklich, dass ein so kostbares Arkanum mir durch die Hand eines Laien, eines Atheisten, angeboten wird.

Elsterwerda, 16. September 1777

Die Versuche, die ich mit den mir von Saint-Germain mitgeteilten Geheimverfahren angestellt habe, sind von erstaunlicher Wirkung. Stets unter der mindesten Bedingung meines Ehrenwortes, zu schweigen; ich begreife bis heute nicht, warum ich ihr Träger geworden bin.

(an Friedrich August von Braunschweig)

Wir betrachten Saint-Germains Geheimwissen in dem Abschnitt S. 175-178. Zuvor sollte man sich erst noch in jene aufgeregte, im geistigen Sinn schwüle Suche nach dem „Unbekannten Oberen" hineinversetzen, der die Elite der deutschsprachigen Geister beschäftigte. Deren Sehnsucht nach wahrem Wissen und Menschheitsfortschritt war echt. Über eine wirksame Geheimschulung verfügten aber weit und breit nur die Jesuiten, und bei ihnen war sie streng an das Gehorsamsgebot geknüpft. Sobald also jemand auftauchte, der von den Freimaurern ein unbedingtes Gehorsamsgebot (= strikte Observanz) verlangte, konnte man argwöhnen, dass ein Unterwanderungsmanöver der Jesuiten dahinter steckte. (Nach dem Verbot des Ordens 1773 hatte er viel Zeit zum Unterwandern.) Es ist durchaus etwas anderes, ob man dem Papst oder

Die schottischen Prinzen

Da die Anfänge der Strikten Observanz in die Zeit der letzten Restaurations-
versuche des Hauses Stuart in England fielen, so kam sofort eine Legende auf,
welche die neuen Ritterlogen in Verbindung brachte mit dem Sohn des 1688
wegen seines Übertritts zur katholischen Kirche vom englischen Thron vertrie-
benen Königs Jakob II. Die Ansprüche des 1701 als Gast Ludwigs XIV. in Frankreich verstorbenen Exkönigs hatte Prinz Jakob Eduard geerbt, der als englischer
Kronprätendent sich selbst Jakob III. nannte, beim französischen Hochadel
aber *Chevalier Saint-George* hieß. Man munkelte davon, dieser „Ritter vom
heiligen Georg" sei der Höchste der geheimen Oberen und der neue Orden
werde insgeheim von Jesuiten geleitet, die mit dem katholischen Königshaus
auch den Katholizismus in England wiedereinführen wollten. Nach verschiedenen misslungenen Versuchen, mit Hilfe Frankreichs und der katholischen
Partei der Jakobiten in England zur Regierung zu gelangen, hatte Jakob III. die
Verfechtung seiner Ansprüche seinem Sohn, dem Prinzen Karl Eduard überlassen. Dieser machte 1742 mit französischer Hilfe einen erneuten Versuch, in
England zu landen, der aber misslang. Glücklicher schien er bei seinem zweiten
Angriff, wo er am 2. August 1745 wirklich in Schottland Fuß fasste und von
Edinburgh aus siegreich bis in die Nähe von London vordrang, aber dann am
27. April 1746 bei Culloden entscheidend geschlagen wurde.

Gustav Lang

seinem Bauhüttenmeister Gehorsam schwört oder einem „Unbekannten Oberen". Derjenige, der mit dieser Botschaft auftauchte, war der Idealist Freiherr
von Hund, der infolge der unlösbaren Verstrickungen, in die er sich selbst
gutgläubig begeben hatte, bereits 1776 starb.

Wie würde sich aber ein „Unbekannter Oberer", sofern er umherreiste, ge-
bärden? Würde er nicht den Geheimnisvollen mimen und gewisse Getreue an
den abgelegten Beweisen ihrer Reife erproben? Und mussten nicht die Gruppen sich auf dem Laufenden halten, wieweit man in der Suche bzw. Identifizierung gekommen war? So ist unschwer die Frage des Hamburger Meisters
vom Stuhl, Dresser, an seinen Freimaurer-Bruder in Celle zu verstehen: Sollte
der Mann [Saint-Germain] wohl einer von denen sein, die wir bisher suchen?

Der „Unbekannte Obere" wurde niemals gefunden, er war eine Mystifikation (siehe indes Carl von Hessen). Sollte das Suchen der Besten aber gar kein Echo gefunden haben? Hat sich nicht Großmeister Ferdinand von Braunschweig mit Saint-Germain getroffen? Er schreibt an seinen Neffen Friedrich August: **Ich habe die Bekanntschaft des Grafen Saint-Germain gemacht und bin davon sehr befriedigt. Dreimal war ich bei ihm. Er hat große Kenntnisse in der Erforschung der Natur erworben... Seine Kenntnisse sind sehr ausgedehnt, und seine Unterhaltung ist denkbar lehrreich.**

(Middelfort 2. Nov. 1779)

Jedenfalls ist zu diesem Zeitpunkt bereits Carl von Hessen sein Schüler, der in späteren Jahren eine Geheimschulung verteidigt, die nach gegebenen Vertrauensbeweisen von Mund zu Mund weitergegeben wird. Und weiter: Auch Cagliostro wird Saint-Germains **Schüler** genannt (Lamberg), **wenn er auch seinem Meister an Talenten und Genie weit nachsteht.** Abgesehen davon, ob wir für ein Urteil über den großartigen, widersprüchlichen Mann hinreichend informiert sind (siehe S. 152) – wird er nicht als Stifter der Memphis-Misraim-Richtung, also altägyptischen Mysterienwissens in der Maurerei, nur einen ebensolchen Eingeweihten als Meister anerkannt haben?

Ich übersehe dabei nicht die augenfällige Variante, dass Saint-Germain dann Meister eines Betrügers gewesen sei. Vielmehr: Ich neige der Ansicht zu, dass der 1795 in den Kerkern der Inquisition gestorbene Graf Cagliostro, der bis zuletzt seine Unschuld beteuerte, in unselige Verwechslung mit seinem betrügerischen Neffen Joseph Balsamo geraten war.

Es tauchen in der Literatur aber auch Versionen auf, nach denen Saint-Germain nicht so unerkannt war als Hüter von Einweihungswissen, das in die Freimaurerlogen einfließen konnte.

Freiherr von Gugomos

Unter dem Ordensnamen Br. *Theophilus a cygno triumphante* (= vom triumphierenden Schwan) hat der Freiherr Gottlieb Franz von Gugomos eine kometenhafte Rolle in der deutschen Hochgradmaurerei gespielt. Ihn haben I. Cooper-Oakley und nach ihr Irene Tetzlaff als den in den höchsten Freimaurer-Zusammenhängen tätigen Graf Saint-Germain aufgefasst. Entsprechende Dokumente wurden als für Saint-Germain geltend eingestuft. Dem ist aber nicht so. Ich fasse diese sehr spannende Angelegenheit, gestützt auf die Forschungen von Gustav Lang (1929), zusammen:

Gugomos wird 1743 (oder 1742) im oberbayrischen Adelzhausen geboren und stirbt in München als verabschiedeter Major mit 73 Jahren 1816. Er wurde bei den Jesuiten erzogen und diente bis 1771 dem letzten Markgrafen der Linie Baden-Baden, der katholisch war. Der evangelische Erbe, Markgraf Karl Friedrich, in Karlsruhe residierend, setzte den Kammerjunker in Rastatt auf halbes Gehalt. Um dies aufzubessern, machte er 1774 Eingaben zur Wiederherstellung der Badkommission, um Baden-Baden wieder in seinen Rang für den Fremdenverkehr zu heben. Dann ließ er diese viel versprechende Tätigkeit im Stich und beredete führende Vertreter der Strikten Observanz, er wäre ein Ermächtigter des „Unbekannten Oberen", den er aber nicht kennen gelernt habe, sondern dessen Subprior *Petrus a clave sacro* (= vom heiligen Schlüssel).

Das Dokument, das Gugomos am 31. August 1776 in Wiesbaden zur feierlichen Aufnahme von 11 neuen Ordensmitgliedern vorlegte und das ihm in Rom ausgestellt wurde, hat folgenden Wortlaut:

Ego, Petrus P...a Clave sacro*... supradictum Theophilo a Cygno triumphante... in dignitatem sacram ordinis nostri sic ecclesiasticam quam militarem ritu ordinario recepi, consecravi, facultates meas sic activas quam passivas, potestatem vitae et necis ei tradidi et Spiritum sacratum aeternae Sapientiae in animam suam* emisi... Data in valle Josaphat, 16. Oec. 1775

*muss richtig „sacra" bzw. „eius" heißen. Zu Deutsch:

Ich, Petrus P. vom heiligen Schlüssel habe oben genannten Gottlieb vom triumphierenden Schwan nach vorgeschriebenem kirchlichen und militärischen Ritus in die hl. Würde unsers Ordens aufgenommen, ihm meine aktiven und passiven Fähigkeiten, die Macht über Leben und Tod übertragen und den hl. Geist der ewigen Weisheit in seine Seele gegossen. Gegeben im Tal Josaphat.

Die Reise nach Rom, der Suche nach den „Unbekannten Oberen" gewidmet, wurde von den jungen Prinzen Ludwig und Georg von Hessen-Darmstadt finanziert:

> In Rom kamen die Reisenden endlich wirklich ans Ziel ihrer Wünsche. Gugomos, der alte Beziehungen zu dem kürzlich [1773] vom Papst aufgehobenen Jesuitenorden hatte, verkehrte mit den römischen Exjesuiten und lernte so einen Petrinermönch kennen, dessen Enthüllungen alle seine Erwartungen übertrafen. Er schreibt darüber am 16. Dezember 1775 aus Rom an den Fürsten Karl Wilhelm von Nassau-Usingen, mit dem ihn Prinz Ludwig bekannt gemacht hatte:
>
> „Endlich war ich so glücklich, die Hauptquelle unseres wahren Herkommens, die echte Herkunft unseres Ordens, nicht als Freimaurer, wohl aber als Tempelherren, zu finden. Ich fand solche in der Person eines ehrwürdigen Priesters, welcher bei Mönchen einer ansehnlichen Abtei seit fünfzehn Jahren im reinsten und unschuldigsten Wandel sein Leben zubrachte, in dieser Zeit aber neun gewaltige Reisen unternahm, welche er viel geschwinder als andere Leute zu machen pflegt. Eben kam er aus Ägypten, Arabien und Alexandria zurück. Sein Name in Betracht unser ist *Petrus P. a clave sacro*, im Betracht der Welt *Pater Petrus*. Seine Wissenschaft ist unendlich sowohl im geist- als weltlichen Umfang. Seine Zierde ist die Zierde eines verklärten wieder aufgelebten Geistes... Sein Leben stammt von dem großen Tempelbau und sein Tod erschreckte die Natur nicht e i n mal... Fünf des innersten Ordens (der Weihung fremder Clienten *active* fähig) existieren, achtzehn Glieder (der aktiven Weihung unfähig, des *Chrisma* aber teilhaftig) leben wirklich. Von ersterer Zahl ist Petrus; von ersterer Zahl bin ich wirklich für Deutschland, Frankreich, Holland und die Nordischen Länder geweiht."

Geldnot und echte Faszination durch solche Erweckungserlebnisse gingen bei Gugomos, begünstigt durch die leichtgläubigen Prinzen, eine Verbindung ein, die ihn in der Folge zu aufwendigen Betrugsmanövern, die auffallend wenig hinterfragt wurden, verleiteten. Der umsichtige K. E. Waechter (*a ceraso* = vom Kirschbaum) war der erste, der die Legitimation Gugomos' anzweifelte. Die alten und neuen Ordensmitglieder der Strikten Observanz mussten erst durch große menschliche Erschütterungen hindurchgehen, bevor Gugomos, der sich zeitweise in ein 'auferlegtes Stillschweigen' rettet, die Aussichtslosigkeit so fortzufahren einsieht und sich im Herbst 1780 einen feierlichen Widerruf abringt, der aber von Cooper-Oakley und Irene Tetzlaff nicht berücksichtigt wird:

„Ich, *Theophilus a Cygno*, der unwürdigste Knecht und Sünder, nach unendlichen Foltern und Gewissensbissen, habe gegen Ausgang des 1779. Jahres die deutlichsten Proben und Überzeugungen, dass meine Lehrer, so mich geführt, Irrlehrer und Verführer gewesen sind und ich wider besseres Wissen und Gewissen manchen zum Irrtum, zur unrechten Auslegung von Gottes Wort, zum Missbrauch höherer Naturgaben und zur Verkennung des allerheiligsten Mittlers und Erlösers Jesu Christi Anlass gegeben und dadurch auf Abwege und in die größten Seelenlabyrinthe geführt habe. Ich bekenne also hierdurch bei Gott, Vater, Sohn und heiligem Geist, dass alles, was ich gelehrt, gesagt, geschrieben und gedeutet habe, alles von Irrlehrern und aus der Schule des ewigen Menschenfeinds herkomme, und ich also samt Euch ewig hätte verloren gehen können. Ich beschwöre Euch somit vor Gott dem Allmächtigen, dass Ihr alles dieses, was Ihr von dem System gehöret, gesehen und gelesen habt, in Vergessenheit bringt, verbrennet und auf keinerlei Weise daran glaubet, davon sprechet, darüber nachgrübelt und Euch aufs Neue dadurch in die Schlingen des Satans verwickelt. Denn ich bekenne vor Gott, meinem Erlöser und Herrn, dass ich nur allein durch zu jugendlichen Vorwitz und das gewöhnliche Schicksal forschender Vernunft über göttliche Dinge in dieses Labyrinth von Verführung geraten bin..." Niedergeschrieben wurde dies in Gegenwart des Herzogs Friedrich Wilhelm von Württemberg zu Schweidnitz am 14. Oktober 1780 und vom Landgrafen Karl von Hessen-Cassel dem Direktorium zu Braunschweig zugestellt, das es sofort vervielfältigt allen Logen zugehen ließ.

Dem ist nichts hinzuzufügen. Graf Saint-Germain und Gugomos haben nie eine Verbindung gehabt. Dieser ist dem Freimaurer-Wesen ferngeblieben, hat

in verschiedenen Armeen Dienst genommen und ist nie wieder in Ehrenrüh-
riges geraten.

Chef de Bien

Die Identifizierung des Namens *Chef de Bien* mit Saint-Germain/Welldone
wirft ebenfalls einige Fragen auf. Soviel ich nachprüfen konnte, geht sie auf
L. A. Langeveld zurück, der im 15. Kapitel schreibt: Die Einladung zum Kon-
gress von Wilhelmsbad [1782] war von den beiden Großmeistern unterzeichnet, aber die Hauptrolle spielte Saint-Germain unter dem Namen *Chef
de Bien*, welcher mit Türckheim, Bode, Rosskampf und Virieu einen freimaurerischen Code zusammensetzte. Der Entwurf wurde einstimmig angenommen. Er enthält eine große Anzahl Lebensregeln, welche in einigen
Logen jetzt noch bei Rezeptionen gelesen und zur Überlegung empfohlen
werden. Sie geben ein deutliches Bild des damaligen freimaurerischen
Geistes. Aus dieser Formulierung geht hervor: *Chef de Bien* und Virieu sind
zwei verschiedene Männer. In der Fußnote bezieht Langeveld den Namen Chef
de Bien auf Welldone. Die Acta Latomorum [Paris] 1360 erwähnen nur die
Initialen C.D.B. [Chef de Bien], mehr bekannt unter dem Ordensnamen
„*Eques a capite galeato*". (S. 267)

Zwei Seiten später ergänzt er: Im Süden Frankreichs war er bekannt unter seinem Ordensnamen „Eques a capite galeato", Großmeister von
Languedoc. (S. 269)

Der Leser dankt dem fleißigen Holländer für diesen Hinweis und kombiniert:
Es gibt einen Großmeister der Languedoc, der mit dem Lyoner Willermoz zusammen nach Wilhelmsbad angereist ist. Chef de Bien ist sein Ordensgrad,
es gibt noch andere Chefs, so wie es Prior und Ritter gibt. Eques a capite galeato ist sein Ordensname – „Ritter mit dem Helm". Sehr gut. Und sein in der
Welt bekannter Name? Virieu kann es nicht sein, wenn dieser neben Chef de
Bien genannt wird in der Statutenkommission. (Gastgeber Wilhelm von Hessen schreibt diesen Franzosen außerdem „Comte de Virieux"). War noch jemand aus Südfrankreich in Wilhelmsbad? Durchaus: Marquis de Saint-
Amaud aus Montpellier.

So steht es im „Internationalen Freimaurer Lexikon" von Lennhoff/Posner. Nächste Korrektur: Endlich kam mir das Werk von Ludwig Hammermayer vor Augen, dort tritt dieser Herr auf als Marquis Chefdebien d'Amand, eine zentrale Figur der bewegten maurerischen Szene im damaligen Frankreich.

Chefdebien wäre dann ein Familienname!

Der Marquis de Chefdebien besaß zweifellos die maurerische Statur, um als Willermoz' Gegenspieler in Wilhelmsbad aufzutreten... Schöpfer eines eigenen rektifizierten schottischen Systems, verfügte er über eine wirkliche Alternative zum Lyoner System. Der Erfolg blieb ihm dennoch versagt, weil ihn die Kräfteverhältnisse auf dem Konvent in eine Außenseiterrolle verbannten.

Langeveld weiß zu ergänzen: Von Eques a capite galeato erfahren wir nur, dass er im Jahre 1812 krank wurde und 1814 seine letzten Briefe geschrieben hat. (S. 272) Also auch er und seine Regeln haben nichts mit Saint-Germain zu tun.

Haben wir denn ein Zeugnis, dass Saint-Germain in Wilhelmsbad dabei war? Leider nein. Auf den ersten Blick ist allerdings die Klage Wilhelms, wie tief sein Bruder Carl gesunken sei („in die Hände eines Schwindlers gefallen"), so zu lesen, als hätte er das Treiben dieses Betrügers mit eigenen Augen angesehen. Aber beim zweiten und dritten Mal ergibt die Lektüre nur die Wiedergabe eifersüchtigen Geredes (abgesehen von echter Besorgnis). Es sieht nicht so aus, als habe Saint-Germain überhaupt die Chance gehabt, Wilhelm von Hessen unter die Augen zu kommen, im Unterschied zu Waechter und Koeppern. Saint-Germain kann also sehr wohl die Funktion ausgeübt haben, die ihm von einer Reihe von Autoren zugeschrieben wird: Reformgrundsätze aufgesetzt zu haben, die eine Abkehr vom Hochgradsystem einleiten. Dies hat er aber einvernehmlich mit Carl von Hessen in Schleswig-Holstein ausgearbeitet und keine Reise getan. Oder?

Mehr Klarheit bitte! Hätte nicht sein Erscheinen (wenn auch unter Decknamen und Kürzeln) einen mächtigen Rumor in der Freimaurerszene ausgelöst, so bemerklich, dass bestimmt Anzeichen davon auch in die Außenwelt gedrungen wären? Und schon gar nicht ist ein Auftreten gegenüber Willermoz verbürgt, der ja in seinem Lyoner System *Chevaliers bienfaisants de la*

Sainte Cité, das er seit 1778 erfolgreich propagierte, auf seine drei Hochgrade nicht verzichten wollte!

So, wie wir, gestützt auf die wenigen Hinweise, Saint-Germains Bemühen einschätzen müssen, war er klarsichtig genug, für die drei Johannisgrade (Lehrling – Geselle – Meister) einzutreten als zeitgemäßer Form brüderlich-humanen Strebens. Alles darüber hinaus gehende im Anklang an Tempelritter (*Chevalier = Eques*) würde er als elitär, als Rest überlebter aristokratischer Denkweise abgeschafft haben. Unter echter wirksamer Geheimhaltung hätte er die Stufen der Erlangung von Geheimwissen mit bestimmten Namen belegt (vermutlich den überlieferten und nicht neu geschaffenen), denn in der Geheimschulung gehört es eben zur Sache, dass man nur Stufe für Stufe (Grad für Grad ist nur das Fremdwort dafür) voranschreiten kann. Einen starken Hinweis auf solche Zusammenhänge erblicke ich darin, dass Carl von Hessen, der im Sommer 1782 schon fast drei Jahre Saint-Germains Schüler war, zeitlebens das alte Einweihungswissen der Memphis-Misraim-Überlieferung pflegen wollte, es in größter Verschwiegenheit mit anderen Vertrauten teilte und im übrigen den drei Johannisgraden ihr Recht erwies.

Ja, aber das war im Lauf späterer Jahrzehnte! Warum hat er in Wilhelmsbad dann die drei Hochgrade des rührigen Willermoz angenommen?

Antwort: Das war der nächste Schritt in die richtige Richtung. Später hat Carl von Hessen ja das Gottorfsche System nach seinen für richtig gehaltenen Präferenzen entwickelt.

Wilhelmsbad – Abschied vom Templerwahn

Ferdinand von Braunschweig als Großmeister und an seiner Seite Carl von Hessen leiteten im Sommer 1782 den Wilhelmsbader Konvent zur Reform der Freimaurer-Systeme, den 35 Delegierte aus vielen Ländern besuchten und der 53 Tage dauerte. Er endete damit, dass dem Hochmut der Tempel-ritter-Nachahmung eine Absage erteilt wurde. Carl von Hessen in seiner Schlussrede:

„Anstatt eines chimärischen Systems von Hochmut und Prahlerey, welches die Wiederherstellung des Templerordens zum Zwecke hatte, sind

Hochgrade

Der Alte und Angenommene Schottische Ritus kennt 33 Grade
(Fassung von 1786)

1 Lehrling
2 Geselle
3 Meister
4 Geheimer Meister
5 Vollkommener Meister
6 Geheimer Sekretär
7 Vorgesetzter und Richter
8 Intendant der Gebäude
9 Auserwählter Meister der Neun
10 Auserwählter Meister der Fünfzehn
11 Erhabener Auserwählter Ritter
12 Großmeister-Architekt
13 Royal Arch
14 Großer Auserwählter
15 Ritter des Degens
16 Prinz von Jerusalem
17 Ritter vom Osten und Westen
18 Ritter Rosenkreuzer
19 Groß-Pontifex
20 Großmeister aller Symbolischen Logen;
21 Noachite oder preußischer Ritter;
22 Ritter der königlichen Axt oder Prinz von Libanon
23 Chef des Tabernakels (Stiftshütte)
24 Prinz des Tabernakels
25 Ritter der ehernen Schlange
26 Prinz der Gnade
27 Ritter-Kommandeur des Tempels
28 Ritter der Sonne oder Prinz-Adept
29 Groß-Schotte des heiligen Andreas von Schottland
30 Ritter-Kadosch
31 Großinspektor-Inquisitor-Kommandeur
32 Prinz des königlichen Gewölbes
33 Souveräner General-Großinspekteur

In der Fassung 1758 (nach Etienne Morin) kam man noch mit 25 Graden aus:

1. Lehrling
2. Geselle
3. Meister
4. Geheimer Meister
5. Vollkommener Meister
6. Vertrauter Sekretär
7. Intendant der Gebäude
8. Vorgesetzter und Richter
9. Auserwählter Meister der Neun
10. Auserwählter Meister der Fünfzehn
11. Auserwählter Erleuchteter oder Chef der 22 Stämme
12. Großmeister-Architekt
13. Royal Arch
14. Groß-Auserwählter
15. Ritter des Degens
16. Prinz von Jerusalem
17. Ritter vom Osten und Westen
18. Ritter Rosenkreuzer
19. Groß-Pontifex, Meister ad vitam
20. Groß-Patriarch
21. Großmeister des Schlüssels der Maurerei
22. Prinz von Libanon oder Ritter der Königlichen Axt
23. Prinz-Adept, Chef des Großen Konsistoriums
24. Erleuchteter Ritter, Kommandeur des weißen und schwarzen Adlers
25. Prinz der Maurerei, Kommandeur des Königlichen Geheimnisses

wir nun zum ursprünglichen Zweck des Ordens, zur wahren Wohltätigkeit, zur gereinigten christlichen Sittenlehre zurückgekommen. Sein Augenmerk ist auf das höchste Wesen gerichtet, welches die einzige Quelle alles Guten, aller Glückseligkeit ist. Wir streben dahin, uns seiner Liebe, seiner Gnade weniger unwürdig zu machen, indem wir uns selbst bessern und nach eben denselben Grundsätzen an der Besserung unserer Brüder arbeiten."

Und an seinen Freund in Schlesien, den späteren preußischen Außenminister Kurt von Haugwitz, fasst er zusammen:

Das ganze Bestreben auf dem Konvent war:
Erstlich eine äußere, dem ganzen System oder Orden der vereinigten Logen anpassende und angenehme Form zu geben, wodurch die Brüder zusammengehalten und Ordnung eingeführt und befestigt wurde.
Zweitens den Weg zur wahren Weisheit in dem Orden so zu legen, dass er auch gänzlich heimlich und verborgen bleibe denen, die nichts davon hören wollten und also wohl auch nicht sollten; dahingegen
Drittens diesen Weg durch Abfassung neuer Ritualien doch gründlich in allen Stufen des Ordens legen, so dass diese doch auch wirklich die Brüder auf dieser Bahn leiten könnten.
Viertens Richtung des Gemüts zu unserem Herrn und Heiland, welches vormals bei uns auch im Geringsten nicht war.
Fünftens die geheime (von Ihnen, liebster Freund, erhaltene) Instruktion derer zwei ersten Grade sind zum Grund unsrer neuen Ritualien nicht nur insgeheim gelegt worden, sondern diese, also die höchste Aufklärung in unserem ganzen System angenommen worden und verschiedene der wichtigsten Brüder in jeder Provinz darinnen sind initiiert worden.
Gott weiß, dass ich nicht mehr habe tun können, und dass mein inbrünstiger Wunsch für mich und meine Brüder gewiss ist und stetshin sein wird, höhere Weisheit aus Osten zu erlangen; dass ich den Herrn suche und nichts anderes, nicht mich! Gewiss nicht! Auch zwar aus schwachem, doch aufrichtigem Herzen mit Paulo Römer am 8. v. 38 sage: Ich bin gewiss, dass mich nichts scheiden kann von dem Glauben und der Liebe in Christo...

(12. Dez. 1782)

Ganz so rasch wollten sich die meist adligen Freimaurer-Delegierten nicht zur althergebrachten Brüderlichkeit der drei Grade Lehrling – Geselle – Meister verstehen. Der profilierte Lyoner Seidenhändler Willermoz hatte 1778 sein System *Chevaliers bienfaisants de la Sainte Cité* eingeführt, bei dem auf die drei unteren Grade (der Johannis-Maurerei) noch drei weitere zu erlangen waren: 4. *Schotte des hl. Andreas* (entsprach dem 18. Grad des Alten und Angenommenen Schottischen Ritus) 5. *Ecuyer* (Schildknappe) d. h. Novize (entsprach dem 30. Grad) und 6. *Chevalier* (33. Grad) – die beiden letzteren hießen *Innerer Orden*.

Man sollte meinen, dass dies nur ein halbverstandener Kompromiss und nicht eine Wendung zum als richtig Erkannten bedeutete. So empfanden es schon damals viele, vor allem die nicht nach Wilhemsbad Gereisten. Willermoz' kurzfristiger Sieg konnte sich nicht behaupten, und in der Folge unterblieb eine Vereinheitlichung des Freimaurerwesens.

Carl von Hessens persönliches System

Dass der streng evangelisch erzogene Carl von Hessen seinen Bibelglauben nie ablegte und auch gegen den Spott Friedrichs d. Gr. verteidigte (siehe S. 116), ja der Schirmherr der Bibelgesellschaft in Schleswig-Holstein wurde, ließ nicht erwarten, er könne diese Haltung mit den Freimaurer-Anliegen vereinbaren. Er war ja schon früh, seit er 1775 in die Schlesiger Loge „Josua zum Korallenbaum" aufgenommen wurde – unter dem Namen *a leone resurgente* = vom sich aufrichtenden Löwen – zu hohen Würden als Provinzial-Großmeister gelangt und übernahm 1792 nach dem Tode Ferdinands von Braunschweig das Amt des General-Großmeisters im Königreich Dänemark und das bedeutete die dänischen, norwegischen, schleswig-holsteinischen Logen und zwei in Dänisch-Westindien. Schweden hatte sich ein verändertes System gegeben, so dass Carl von Hessen sein *Gottorfsches System* ungehindert zur Blüte bringen konnte.

Und zwar fügte er den drei Eingangsgraden mit der Zeit 9 weitere hinzu und hatte damit die Stufen der Geheimschulung eingebaut oder wenigstens offiziell benannt.

In den Worten von Kriminaldirektor Andreas Nicolaus Rötger aus Bützow, der am 12. Juni 1827 durch seinen Bruder, den dänischen Etatsrat in Itzehoe, dem Großmeister vorgestellt wurde, finden wir ein Zeugnis, wie Carl von Hessen den „Unbekannten Oberen" gefunden hat:

Bei ihm vorgelassen, verkündigte der freundliche Empfang des 82jäh-rigen Greises, der von Gicht und Podagra an den Füßen gelähmt und an den Händen mit Beulen bedeckt, in einem Lehnstuhl neben seinem Schreibtisch saß, das helle, strahlende Auge die Bestätigung des voran-gegangenen Urteils über ihn... Ich äußerte dem Fürsten nun, dass ich es mir nicht hätte versagen können, die Gelegenheit, die mich in seine Nähe geführt, zu benutzen, des Glücks ihm, als eines mit hohen Kennt-nissen der Maurerei begabten Ordensgliedes, bekannt zu werden, und wenn es sein könnte, ein Verhältnis mit ihm anzuknüpfen, welches meinem Bestreben in der Erkenntnis des Wahren und Guten fortzu-schreiten, förderlich wäre, indem ich nicht zweifle, dass er dazu geneigt sein werde. Ich machte ihn mit meiner Stellung zum Orden bekannt, sowie besonders darauf aufmerksam, dass meines Ermessens die Lehre der Gr.L.L.v.D.z.B. [Großen Landesloge von Deutschland zu Berlin], der ich angehöre, sowohl an sich selbst als insofern sie eben dieselbe sei, welche die schwedische Maurerei anerkenne, auch die sein möchte, wel-cher man vertrauen könne.

Der Fürst gab mir hierauf zurück, dass er allerdings die letzten 40 Jahre seines Lebens der Maurerei gewidmet habe und der Überzeugung sei, dass nur das, was er als wahr anerkenne und denjenigen, die sich ihm anschlössen, wiedergebe, Maurerei genannt werden könne und zum Heil und Ziele führe, dass zwar in der schwedischen Maurerei viel Wahres liege, sie aber keineswegs das eigentlich Letzte und Höchste er-gründet habe. Mit einer sichtbaren Zuneigung und einem unverkenn-baren Gefühle, von dem er versicherte, dass er es in dem ersten Au-genblicke meines Eintretens bei ihm gegen mich, wie vorher gegen keinen andern empfunden, sprach er sich darüber aus, dass er gerne bereit sei, mir alles mitzuteilen, was ich zu wünschen begehren könne, wenn ich ihn in Schleswig besuchen würde, und geriet sehr bald zu dem Standpunkt der Eröffnung, dass er keineswegs seine Erkenntnis aus sich selbst geschöpft habe, sondern dass sie das Werk unmittelbar empfangener und fortwährender Berührung mit dem Ordensherrn sei, durch welchen er denn auch die Andeutungen, wem er zu vertrauen habe, mithin ebenso die wegen meiner Person empfange. Er fügte hinzu, dass er sich des Zeitpunktes des ersten Empfanges seiner Erleuchtung genau bewusst sei, in dem ihm, als er vor langer Zeit an seinem nach Osten gestellten Schreibtisch gesessen, ganz unvorbereitet das Licht gestrahlt habe, welches ihm fortwährend leuchte und durch welches ihm vergönnt sei, in die Tiefen der Erkenntnis einzudringen. Es ging aus seiner weiteren mit dem unbefangensten Sinne und von inniger, innerer Überzeugung zeugendem Auge, auch klarer Rede geführten Unterhaltung die Überzeugung hervor, dass Christus noch jetzt ebenso die unmittelbare Regierung der Welt führe, als sie von ihm herrühre, und dass in diesem Glauben das Geheimnis der Maurerei liege, ihr Wirken also nur das sei, für diesen Glauben und die Folgen desselben empfänglich und tätig zu werden. Er überraschte mich in dieser Hinsicht mit der Frage: „wer die Welt erschaffen habe?" noch mehr aber auf meine Antwort „doch gewiss der G.M.d.W. [Große Baumeister der Welten], mit der Äußerung: „keineswegs, sondern allein Christus" und dem für dieselbe aus den ersten drei Versen des Evangeliums Johannis Kap.1 hergenommenen Beweis:

1. Im Anfang war das Wort [Christus] und das Wort war bei Gott und Gott war das Wort.

2. dasselbe war im Anfang bei Gott,

3. alle Dinge sind durch dasselbe gemacht und ohne dasselbe ist nichts gemacht, was gemacht ist. ...

In diesem Sinne dauerte unsere Unterhaltung mindestens eineinhalb Stunden, die mir wie im Traume und in dem tiefsten Gefühle wahrer Ehrfurcht und Liebe vergingen. Als er mich entließ, äußerte er, dass wir uns noch weiter unterhalten müssten und er mir nach der Tafel darüber einen näheren Wink geben werde. (Kneisner)

Der „Unbekannte Obere" hat sich Carl von Hessen in Christus enthüllt und die Maurerei als Arbeit auf dem inneren Schulungsweg ist *mit ihm* in Verbindung zu sehen. Ein moderner Kommentator schreibt über Carl von Hessens System folgerichtig: „Die letzten 7 Grade haben mit der Freimaurerei wenig zu tun" (Vaagt) – nämlich der herkömmlichen zeitgenössischen. Die Suche nach dem „Licht" war dem Statthalter zur Lebenstatsache geworden.

Unterscheidung der Bezeichnung „Rosenkreuzer" in drei Gruppen:

1. Ein verschwiegener, anonym bleibender Kreis von Menschenhelfern, den der dokumentarisch nicht fassbare Christian Rosenkreutz um sich gesammelt hat und deren Erbe weiterwirkte in die „Fama Fraternitatis" vor dem 30jährigen Krieg, aber in die letzten Ausläufer noch hinein in ein Heilwissen, wie es der Arzt des jungen Goethe 1768 anwandte, der ihm das Leben gerettet hat, (siehe S. 142) oder der Dr. Lossau von Schleswig/Eckernförde, der Saint-Germains Rezepte vertreiben sollte. Zu dieser Gruppe würde auch Saint-Germain selbst zählen.
2. Die Gold- und Rosenkreuzer des 18. Jahrhunderts, also schon Epigonen, Strebende in unbestimmte Richtung, die sich aber im Bereiten von Heilmitteln, in Alchemie und weißer Magie fortbilden wollten. Hierzu rechnen Friedrich August, Wurmb, Dubosc, Bischoffwerder. Für die Saint-Germain-Zeit nicht unwichtig ist auch die Bezeichnung des 18. Hochgrads der Templer-Maurerei „Chevalier de Rose+Croix".
3. Erst im 20. Jahrhundert entstanden die „Rosicrucian Fellowship", in Deutschland „Rosenkreuzer Gemeinschaft" (1909), A.M.O.R.C. (1915) und „Lectorium Rosicrucianum" (30er Jahre)

Enttäuschungen

Der sächsische Kammerrat und Bankier Dubosc war auch einer der vielen achtbaren Suchenden und hatte sich in Leipzig von dem berühmt-berüchtigten Kaffeehauswirt Schrepfer verleiten lassen, 5000 Taler aufs Spiel zu setzen um alter Weisheitsschätze willen, die sich als wertloses Papier herausstellten. Das war zwar schon 1774 gewesen und Schrepfer hatte seinen Aufstieg zum Wundertäter durch Selbstmord beendet, aber dem Bankier saß diese Blamage bestimmt noch in den Knochen. Wie verhält er sich 1777? Für ihn ist Saint-Germain ein angeblicher Graf und seine Einstellung ist Misstrauen. Zweifellos berechtigt bei einem als Abenteurer und Scharlatan beleumundeten Fremden. Das Misstrauen wäre noch mehr berechtigt, wenn Saint-Germain sich den Anschein eines Rosenkreuzer-Oberen oder Eingeweihten geben würde. Einem solchen ist Prinz Friedrich August von Braunschweig als Großprior der schottischen Logen auf der Spur. Der Rosenkreuzer Dubosc wappnet sich also mit Misstrauen und wartet auf dementsprechende Andeutungen oder Enthüllungen. Er sah in ihm einen Mann von Stand – das wird sich darauf beziehen, dass er ihm den Fürsten Rakoczy zunächst abnimmt – mit vielerlei erstaunlichen Kenntnissen, der aber keineswegs ein Adept war. Saint-Germain hat sich nicht an den Rosenkreuzer Dubosc gewandt, sondern an den Bankier – doch der enttäuschte Rosenkreuzer verweigerte ihm eine Anleihe. Er borgte mich in Erwartung seiner Reichtümer an, ich hielt es aber nicht für angezeigt, ihm etwas zu leihen. Aber er wirft das gleich wieder zusammen: Ein Eingeweihter darf doch nicht in solchen Geldschwierigkeiten sein, und dass Saint-Germain eine Lüge erzählt hat, wird auch noch gleich aufgetischt: Jemand behauptet, Saint-Germain habe erzählt, er hätte Dubosc einen Wechselbrief über 4000 Rubel gegeben. Wir müssten die Gegenseite hören, lassen wir's dabei. Jemand, der in so hochgespannten Erwartungen, eines Geheimwissens teilhaftig zu werden, auftritt wie Dubosc und dann sich enttäuscht sieht, wird alles mögliche heranziehen.

Sogar Bischoffwerder rückt zurecht, dass Dubosc in seinem Urteil über sehr achtbare Personen recht vorschnell ist. Der Vorwurf einer Lüge bedarf stichhaltiger Beweise – Der Bruder Dubosc muss aus den Berichten aller, die Herrn von Saint-Germain seit lange kennen, doch wohl wissen, dass er oft in die Lage gekommen ist, sich Geld zu borgen, aber dass er es durch Anweisung beträchtlicher Summen stets ehrlich zurückgezahlt hat. Kurz, es macht den Eindruck, als ob der Bruder Dubosc durch das Darlehensgesuch des Grafen von Welldone verblüfft worden ist und in diesem Augenblick alles in falschem Licht gesehen hat.

Saint-Germain lässt sich nicht vor den Wagen derer spannen, die in schwärmerischer Suche nach Geheimwissen eine nebulöse Selbsterhöhung anstreben. Für solche ist er nicht berufen als Adept, Magus oder Theosoph zu erscheinen.

Die Lektion, die er Dubosc im ersten Gespräch gibt, zielt vielmehr auf Seidenstoffe, Leder, Leinen und praktische Qualitätsfortschritte zum Anfassen. Das Zeugnis von Bischoffwerder und Minister Wurmb soll den ungünstigen Eindruck, den Duboscs Berichte bei Friedrich August hinterlassen haben, zurechtrücken. Denn der Minister schreibt. Aus alledem glaube ich zu schließen, dass er entweder sich sehr verstellt oder keiner der Unsrigen ist (gemeint sind die Rosenkreuzer). Letzteres halte ich für wahrscheinlicher, zumal er in Dingen der Religion und der Philosophie ein nackter Materialist ist.

Ein Geheimauftrag anderer Art

Für das *Secret du Roi* Ludwigs XV. war Saint-Germain bereits ein ausgewiesener und erfahrener Mann. Der Allerchristlichste König konnte nicht selbst Freimaurer sein, aber die maßgeblichsten Männer Frankreichs wagten es, sich dazu zu bekennen, vom Herzog Choiseul bis zu Philipp von Orleans, den die Revolution später „Philippe Égalité" nennen sollte. In welcher Form konnten, abgesehen von den egoistischen Gruppeninteressen der europäischen Adelsclique, Bemühungen zur Hebung der Menschenrechte und des Friedens Erfolg versprechend sein? Doch nirgends besser als indem genau jene Repräsentanten an den Schalthebeln, all jene Fürsten, Generäle, Marschälle und Admiräle, bei ihrer Ehre und bei ihrem Wort gepackt werden konnten, nämlich den Freimaurer-Grundsätzen, denen sie geschworen hatten?

War der Gedanke schon einleuchtend, so sollte die Durchführung, nämlich die Überwindung all der partikularistischen Interessen, den Einsatz eines Saint-Germain wert sein. Kann man sich einen Europa-Reisenden denken, der in diesem Sinne Gespräche führt und ein gemeinsames Verständnis der praktischen Humanität befördern will? Friedenssicherung dadurch, dass jeder in seinem Umkreis darauf hinwirkt, ohne persönliche Vorteile ernten zu wollen? Dass eine solche Vision nicht außerhalb der Verwirklichung lag, sehen wir am Manifest Peters III., das als freimaurerische Friedensbemühung verstanden werden kann – er rief alle Regierungen auf, auf Ländergewinn im Krieg zu verzichten, übrigens im Einvernehmen mit Nikita Panin, dem Außenminister.

Wäre es gar kein Wunder, wenn ein solcher Friedensemissär ständig unterwegs ist, dann und wann in einem Atemzug mit prominenten Freimaurern genannt wird, im Übrigen aber unauffällige, geheime Arbeit leistet? Da sollten sich doch mittlerweile die Freimaurer-Archive öffnen und Belege hervorquellen lassen! Denn das tun sie bisher nicht.

Passend zu dieser Version ist, dass es für seine Mission ganz ungeschickt gewesen wäre, sich den unteren und mittleren Funktionären zu offenbaren, dass sich indes ernsthaft Strebende im höchsten Rang um ihn bemühten (Ferdinand von Braunschweig, Carl von Hessen), während Wichtigtuer wie Bischoffwerder und Dubosc allen versicherten – nach ihren Recherchen mit Recht –, er gehöre nicht zum Bund. Angesichts der Entwicklung von der Erstürmung der Bastille bis zu Napoleon muss man gestehen: Die Gesamtheit der Freimaurer hat versagt damals, wie sehr einzelne auch die Ideale hochgehalten haben.

Der Turm

An den Freimaurerturm im Schlosspark Louisenlund muss man schon deshalb erinnern, weil er der einzige Ort ist, wo man *genau* angeben kann: Hier war das Alchemistenlabor von Graf Saint-Germain! Unser Gewährsmann Rötger gibt eine Beschreibung vom selben Nachmittag:

Auf diesem Spaziergange ward denn nun auch der bezeichnete Turm vor allen Dingen in Augenschein genommen. Es ist dieser Turm ein hölzernes, irre ich nicht, achteckiges Gebäude von drei Stockwerken und einer Plattform, die eine angenehme Aussicht gewährt. Der eigentliche Eingang führt einige Stufen in die Tiefe in ein ziemlich dunkles Gemach. Man steigt dann von da in das Gemach der zweiten, und dann wieder in das der dritten Etage. Alle diese Gemächer sind an den Wänden mit einzelnen Figuren und Emblemen versehen, welche alle unbestimmter oder deutlicher auf die Maurerei hindeuten und eine Stufenfolge vom ersten Dunkel bis zum höheren Lichte bezeichnen. Ich suchte so viel als möglich einzelne Bilder festzuhalten, indem ich voraussetzen konnte, dass der Fürst bei der mir bevorstehenden ferneren Unterhaltung auf dieselben kommen werde, und begab mich demnächst, etwa um 5 Uhr, wieder zu ihm.
Allerdings wandte sich nun das Gespräch zuerst auf den Turm und ich erfuhr vom Fürsten im Allgemeinen, dass die in demselben gesehenen Bilder seine eigene maurerische Laufbahn, zugleich mit derselben

Besonderes Wissen

Jeder Leser muss selbst entscheiden, ob die Fähigkeiten Graf Saint-Germains für ihn heute noch eine genauso große Provokation darstellen wie für die Menschen vor 250 Jahren. „Ein Mann, der niemals stirbt" – für jeden Denkenden ist das schon seit der Antike eine Chimäre – es sei denn, man erhält sich die Jugendlichkeit dazu! Betrachten wir das der Reihe nach:

1. Langlebigkeit. Wenn wir die heutige Seniorengeneration betrachten, wie vital und fit sie auftreten bei einem Durchschnittsalter von über 80 Jahren, so ist klar: Das ist eine in der Menschheitsgeschichte erstmalige Erscheinung! Saint-Germain hat Nachfolger gefunden! Aber man sagt ihm ja nach, mehrere Jahrhunderte alt zu sein. Die einfachste Erklärung ist: Die Erzählungen, die Saint-Germain zugeschrieben werden aus längst vergangenen Zeiten, gehen womöglich auf das Konto des beliebten Imitators Lord Gower, der ja für seine Zugnummern bezahlt wurde und Berichte des echten Saint-Germain ins Frappierende und Lächerliche zog. Der echte Graf Saint-Germain hat wohl nur die Bedeutung hervorgehoben, dass der Mensch sich des Früheren erinnern soll, mit anderen Worten: den Weg seiner Entwicklung kennen soll. In seinem leibhaftigen Auftreten war er eine unübersehbare Mahnung an die Tatsache wiederholter Erdenleben, die im Abendland verschüttet war, aber gerade zu Saint-Germains Zeit wieder hell ins Licht der Vernunft gehoben wurde durch einen Geist wie Lessing (*Die Erziehung des Menschengeschlechts*).

2. Die Jugendlichkeit verdankt Saint-Germain in erster Linie seiner Lebensweise. Ich bezweifle, dass er es nötig hatte, das Lebenselixier selbst zu sich nehmen – er hat es vielmehr verschenkt. Er besaß einen besonders durchgeformten Organismus von Lebenskräften. Das würde auch erklären, dass den Mitmenschen sein Aussehen *meistens* jugendlich vorkam, aber *auch* seinem Lebensalter entsprechend: **Der Fremde schien damals [1774] ein Mann zwischen 60 und 70 Jahren zu sein, von mittlerer Größe, mehr hager als stark, der seine grauen Haare unter einer Perücke verbarg und vollkommen einem gewöhnlichen alten Italiener gleich sah. (Gemmingen)**

3. Leben ohne feste Nahrung ist salonfähig geworden, seit für die „Lichtnahrung" (Jasmuheen u.a.) geworben wird. Dies ist allerdings eine alte Yoga-Praxis und auch in Europa von Niklaus von Flüe oder der stigmatisierten Therese von Konnersreuth verbürgt. Sie sind durchaus nicht die Einzigen.

4. Das Lebenselixier wird üblicherweise mit dem „Aurum potabile" gleichgesetzt, einer Essenz, die alle Vitalkräfte wirksam stimuliert. Wir könnten sie

mit den heute bekannten Notfalltropfen vergleichen. Saint-Germain verschenkte es und hat nie versprochen, damit Leben zu verlängern oder jemand zu verjüngen: Er war so bescheiden zu gestehen, dass er dies nicht vermöchte –, wohl aber, sie in ihrem jetzigen Zustande zu erhalten, und zwar mittels eines Wassers, das er ihnen schenkte, obwohl es ihm selbst, wie er sagte, viel Geld kostete. (Casanova)

5. Der „Stein der Weisen" bedeutet: Ihm ist die Umkehrung seines Kohlenstoffwechsels gelungen, er kann sich mit anderen Worten beständig aus Licht und Luft (dem Prana der Inder) regenerieren und frisch und vital bleiben. In der Formel der alten Alchemisten „Wasserstein der Weisen" klingt an, dass es ein durchsichtiger „Stein" ist, aber nicht zum Anfassen, sondern der Kohlenstoffzyklus im Bild des Diamanten.

6. Sich materialisieren ist eine Fähigkeit, die aus der parapsychologischen Forschung gut belegt ist. In der „Autobiographie eines Yogi" von Paramahansa Yogananda sind solche Phänomene fortgeschrittener Yogis so beschrieben, dass der westliche Mensch sie nachvollziehen kann. Einige können auch ihren physischen Körper an Ort und Stelle lassen und einen zweiten woanders materialisieren – sei es, um Menschenleben zu retten oder Anderen bedeutsame Nachrichten zu überbringen.

7. „Leben im selben Körper" ist der Ausdruck, wenn ein Eingeweihter es nicht mehr nötig hat, einen physischen Körper zu benutzen, sondern seine Individualität durch die anderen übersinnlichen Energiekörper hindurchgearbeitet hat. Eine solche Fähigkeit hat Yogananda von seinem verstorbenen Meister Sri Yukteswar überliefert. Ein derartiger Eingeweihter kann immer wirken, unabhängig ob er verkörpert ist oder nicht. Das Ablegen eines physischen Leichnams ist für ihn nur, wie man einen Regenmantel ablegt. Ein Missverständnis scheint mir allerdings darin zu liegen, Carl von Hessen hätte nach seiner Rückkehr von Kassel Herbst 1784 den Sarg Saint-Germains öffnen lassen und leer gefunden. Abgesehen davon, dass mir niemand eine Quelle für dieses Gerücht nennen konnte, ist es überflüssig. Es gibt *keinen* Grund, warum der Sarg hätte leer sein sollen. Es würde auch ein merkwürdiges Licht auf die Gewissenhaftigkeit der Eckernförder Bestatter werfen. Damit Graf Saint-Germain in einem neuen Körper – wenn er will – weiterlebt, muss sich nicht der alte auflösen!

Die Zeitgenossen hatten läuten gehört, **dass er noch auf seinem Totenbette verjüngt zu werden hoffte und andern versicherte, dass das, was Auflösung war, Vorbereitung zu seiner bevorstehenden Verjüngung sei.** (Kiel 1792) Als Carl von Hessen ihn am 20. April 1783 von Gottorf aus besuchte, **war er sehr** erfreut, seinen Gönner zu sehen, und behauptete, die Erneuerung wäre wirklich mit ihm vorgegangen, hätte bisher aber nur den Leib und die Seele betroffen, so dass das schwerste Stück der Arbeit, die Verjüngung des Geistes, ihm noch bevorstehe. (Kneisner).

In solchen Andeutungen liegt ganz gewiss ein Mysterium, das auch die Künftigen mit dem Namen Saint-Germain verbinden werden, und vielleicht kommen ja Zeiten, wo die Errungenschaften derer, die der Menschheit vorangehen, mit mehr ehrfürchtiger Anteilnahme und Dankbarkeit von den Nachfolgenden aufgenommen werden!

8. Von Saint-Germain ist keine Liebesbeziehung glaubhaft überliefert. Das weist darauf hin, dass er die Polarität der Energien männlich-weiblich in sich überwunden bzw. zur Wirkenseinheit erhoben hatte. Es mag nicht unpassend sein, hierzu die folgende Abbildung hinzuzuziehen: Die Energien beider „Schlangen" sind gleichgestimmt und entsprechen einander harmonisch, Kennzeichen einer über die Getrenntheit des Geschlechtlichen hinausführenden Stufe. Man entbehrt dann nichts, sondern hat es ebenfalls in sich!

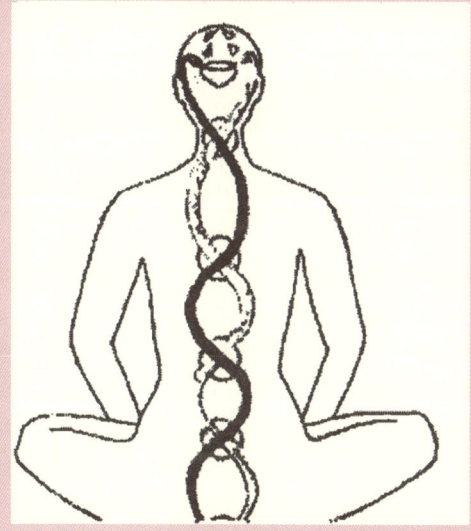

Der Pfad
der
Zwei Schlangen

9. Wir sprechen heute viel von den Besonderheiten beider Gehirnhälften – Was bedeutet dann das gleichzeitige Schreiben mit beiden Händen? (J. Overton Fuller z. B. findet es nur albern). Es ist ein Zeichen dafür, dass der Betreffende sich vom Gehirndenken gelöst hat oder über das 'Pentagramm' hinausgewach-

sen ist in den sechsten Bereich, den Lebensgeist oder Buddhi. Da der Leser das nicht autoritativ hinnehmen soll, verspreche ich eine ausführliche Begründung in meinem folgenden Buch. Dass die beiden Adepten in Wien (siehe Anhang 12) das mit offenem Mund anstaunen, heißt: Sie haben sofort verstanden (sie plagen sich noch mit der fünften Stufe). Nicht ein Rezept zum Perlenvergrößern war Grund für Saint-Germains nachtodlichen Besuch in Wien – *er selbst* war die Botschaft!

10. Rückwärtsschau und Prophetie sind ebenfalls Phänomene des gehirnbefreiten Denkens: Der Geist erlangt dann Zugang zum Allwissen.

den Zyklus maurerischer Bestrebungen und Erfolge darstellten. Er gab mir Aufschlüsse über mehrere Bilder, von denen mir besonders einer gegenwärtig geblieben ist. Eins der Bilder stellte eine mit dem Oberleibe aufgerichtete Schlange vor. Ich meinte dieser Figur die Deutung des gegen die menschliche Natur aufgerichteten bösen Prinzips geben zu dürfen, erhielt aber die Belehrung, dass ich darin irre, indem die Schlange mit erhobenem Haupt die höhere Erkenntnis bedeute, und sie nur, wenn sie an der Erde krieche, aus derselben Gift sauge.

Spätere Bedenken Rötgers, seine Verpflichtungen als erster Logenmeister in Bützow mit einer Annäherung an Carl von Hessen vereinbaren zu können, suchte dieser in einem Brief zu zerstreuen: Die Maurerei ist der Vorhof des Ordens [d. h. des Ordens, wie ihn Carl sich gedacht hatte], der alle Kenntnisse in sich fasst. Sie können Ihren jetzigen Maurerpflichten die vollkommenste Genüge leisten, indem Sie in höheren Kenntnissen sich unterrichten lassen. Außer dem Stillschweigen haben Sie keine Verpflichtungen.

Dieses Zeugnis ist uns sehr wertvoll, weil wir in ihm einen Nachklang von Saint-Germains Vermächtnis erkennen dürfen, das Carl von Hessen in seiner Brust beschlossen hatte.

Ich sehe also, um es noch einmal genau zu bezeichnen, in Graf Saint-Germain den Inspirator, die Freimaurerei auf drei Grade – allgemein und weltweit – einzuschränken, die unauffälligen guten Werken gewidmet sind, und je nach Eignung darauf aufbauend eine Geheimschulung in ihrer regulären Abstufung anzuschließen. Damit halte ich alle bekannten Zeugnisse für vereinbar.

Im Rang eines, „der die Meister einweiht", würden wir neben Saint-Germain allenfalls noch Saint-Martin nennen, während Swedenborg nicht dadurch auffällt, dass er bewusste Kontrolle über seine Begegnungen in der geistigen Welt hat. Ein letztes Argument ist der Hinweis auf die „Trinosophia", die wenn auch in Rätseln, doch konkret von einem Einweihungsweg spricht und durchaus als ein solches Dokument angesehen werden muss, wie es ein „Unbekannter Oberer" *sub rosa*, also unter dem Schutz des Schweigens der Wissenden, der Nachwelt übergeben durfte. Zugespitzt formuliert: Wer sich an das Format eines Saint-Germain hält, an sein beglau-

Freimaurer im Umfeld von Saint-Germain

Frankreich: Choiseul, Philippe d'Orleans, Condé-Clermont, Willermoz, Montesquieu, Condorcet, Lacepède, Lafayette, de Maistre, Talleyrand, Mirabeau, Beaumarchais, d'Alembert, d'Eon, Elie de Beaumont, Lalande, Thy de Milly, Voltaire (noch mit 84!), B. Franklin, Casanova
Österreich: Kaiser Franz I. Stephan, Kaunitz, Ignaz von Born, van Swieten, Sonnenfeld, Rudolph Gräffer, Mozart
Preußen: Friedrich II., Prinz Heinrich, Prinz August Wilhelm, Prinz Ferdinand, Friedrich Wilhelm II.
England: Friedrich Ludwig Prinz von Wales, Wilhelm Herzog von Cumberland, Lord Stuart-Bute
Belgien: Karl von Lothringen
Sachsen: Minister von Wurmb, Kortum
Sachsen-Weimar: Herzog Karl August, Goethe, Wieland
Süddeutschland: Dalberg, Waechter, Roßkampff
Ansbach-Bayreuth: Markgraf Karl Alexander, Seckendorff
Braunschweig: Ferdinand von Braunschweig, Friedrich August von Braunschweig
Hamburg: Friedrich Ludwig Schröder, Dresser, Lessing
Dänemark: Carl von Hessen, Koeppern
Schweden: Gustav III., sein Bruder Karl von Södermanland
Russland: Nikita Patin, Golitzyn. Nowikow
Kurland: Prinz Karl, Bode
Polen: König Stanislaw August (Poniatowski), Graf Brühl, Kosciuszko
Portugal: Kanzler Marquis de Pombal

bigtes Fähigkeitenprofil, wird ihm das Tätigkeitsfeld eines Lehrers des Geheimwissens zugestehen. Die starke naturwissenschaftlich-technische Orientierung ist darin nämlich eine Bestärkung: Dieser Lehrer weiß, wohin die Entwicklungsrichtung geht.

Das Schlüsselloch

Wenn wir das Rosenkreuzerschloss Eremitage bei Rybinsk und die lebendige Tradition dort (siehe Kasten) als ein Fakt nehmen, darf die Frage gestellt werden: Wer war der Anreger, ein solches innerliches Üben auf höchstem Niveau zu pflegen, mit einem sich voll einsetzenden Großmeister des Nordens? Da Iwan Petrowitsch 1779 starb, ist es gerechtfertigt, ein reguläres Ordensleben schon ab den 60er Jahren anzunehmen. Der einzige, der sonst Ordenszentren eingesetzt hat und in St. Petersburg war, ist Cagliostro, und er wurde 1780 nach drei Monaten von Katharina d. Gr. ausgewiesen. Ich denke, da spricht alles dafür, dass er es nicht gewesen sein kann, der dieses blühende esoterische Leben initiiert hat. Vielmehr sein Meister: Graf Saint-Germain. Er hat diese Saat spirituellen Lebens gesät – sonst haben wir keine Erklärung für den Befund der Saat.

Wir können höchstens einschränken: Mit hoher Wahrscheinlichkeit war er es – oder ein Unbekannter von gleichem geistigem Rang!

Rosenkreuzer in Russland

Ein hochbedeutsames Zeugnis echter Rosenkreuzerarbeit in Russland überliefert der 1902 geborene Wladimir Lindenberg, der im Sommer 1915 viele Wochen mit seinem Vater und einem Onkel das bei Rybinsk gelegene Exerzitienhaus besuchen durfte. Es ist hier nicht möglich, seine Erlebnisse im Einzelnen wiederzugeben, sie umfassen in seiner Darstellung 50 Seiten und sollten im Original nachgelesen werden (Schluss von *Bobik erlebt die Welt*, Ernst Reinhardt Verlag 1976).

Mit großen Augen liest der junge Geistsucher in den Aufzeichnungen seines Urahns Iwan Petrowitsch Tschelistschew, des Großmeisters zu Katharinas Zeiten: Die altmodische Schrift war schwer zu entziffern, aber er nahm sich

Zeit dazu. Um den Sinn der Notizen im Zusammenhang entziffern zu können, begann Bobik sie mühsam abzuschreiben... Wenn er abends seine Abschriften durchlas, war es ihm, als ob er sie ohne Hilfe seines Vorfahren und allein verfasst hätte. Es waren die gleichen Erlebnisse und Erfahrungen: Der kontinuierliche Ton, das Leichtwerden und der Verlust des Körperbewusstseins, das Schweben im Reich der Töne, das Glücksgefühl und der Verlust des Sinnes für die Zeit. – Dann schrieb Iwan Petrowitsch: „Nach einiger Zeit nehme ich wahr, dass ich mich unerhört lebendig und kräftig fühle, im seelischen Gleichgewicht bin, nichts kann mich erschüttern, nicht einmal das Verlangen der Zarin, an den Hof zurückzukehren. Alle paar Tage kommt ein Kurier und bringt mir Befehle, und ich habe den Mut, zu widerstehen und unbeirrt meine Exerzitien fortzuführen. Und noch etwas Seltsames geschieht: Meine Augen bekommen einen Glanz, und meine Haut, die Haut eines Vierzigjährigen, wird weich und geschmeidig, ich schwitze weder unter der heißen Allongeperücke noch unter dem eng um den Hals anliegenden Jabot".

Neben Gewändern und Perücken, die der Urahn als Kammerherr trug, ist auch ein Ritualgewand erhalten: In der Schublade einer Kommode fand er ein morsches weißseidenes Gewand, auf dessen linker Brust ein goldenes Kreuz mit einer roten Rose eingestickt war.

Die ganzen Umstände der prägenden Geist-Erfahrungen an diesem Ort waren so, dass er als Zeuge ausersehen war, davon zu künden, wenn es untergegangen war – wie es zwei Jahre später auch geschah. Und er war persönlich berufen dazu, in seiner eigenen Person das anvertraute Licht lebendig weiterzugeben: Er wurde ja ein begnadeter Arzt und Schriftsteller.

Verstehen wir uns recht: Solche Überlieferungen mussten strengster Geheimhaltung unterliegen. Das betrifft die Übungen selbst wie persönliche Aufzeichnungen darüber, erst recht die Vorrichtungen zur Konzentration und gemeinsamen Andacht, wie sie dort in einer privaten Krypta mit Vorbedacht angelegt wurden. Dass sich der Urahn sowie sein Sohn und Nachfolger dort bestatten ließen, ist wohlverstanden nicht im Sinn orthodoxer Gläubigkeit. Die Geistlichen hatten das Schlösschen auch bereits mit Erfolg als einen Ort unreiner Geister mit Abwehrsprüchen belegt. Ganz anders die Geste, mit der dem jungen Geistschüler ein neuer Meditationsinhalt (zu den überlieferten hinzu) überreicht wird: ein Foto von 1898 vom Antlitz Christi nach dem Turiner Grabtuch, wie es heute weltweit verbreitet ist. Es ist eine Auferstehungs-Meditation!

Russische Ordensmeister

Unmittelbar ist die Verbindung zu jenen Tschelischtschews, die im Stammessitz Krasnoje selo und dem Meditationszentrum „Eremitage" bei Rybinsk lebten. Der älteste dieser Vorfahren – Urgroßvater seines Urgroßvaters – war Iwan Petrowitsch Tschelischtschew (gest. 1779). Er lebte zur Zeit der Kaiserin Katherina II. In jener Zeit kam westeuropäische Bildung über die Freimaurer und Rosenkreuzer nach Russland. Die Rosenkreuzer bildeten zwei ihrer geheimen Orden in Russland, einen im Norden, dessen Ordensmeister dieser Iwan Petrowitsch wurde, und einen im Süden. Um die fünfziger Jahre des achtzehnten Jahrhunderts baute Iwan Petrowitsch in den Wäldern bei Rybinsk ein Meditationsschloss – wohl etwas wie das Potsdamer Sanssouci – das den geheimen Mitgliedern des Ordens zur Stätte der inneren Besinnung, des Studiums philosophischer und religiöser Texte, esoterischer Übungen – also der geistigen Vervollkommnung – diente. Sein Sohn Alexander Iwanowitsch wurde zweiter Ordensmeister des Rosenkreuzerordens. Weltlich hatte er eine hohe Stellung in St. Petersburg; er war als Generalleutnant und Inspekteur der Artillerie, Chef des Artillerie-Departements im Militär-Kollegium. Er starb 1821. Beide waren in solchem Grade mit den Rosenkreuzern verbunden, dass sie sich in der Eremitage beisetzen ließen.

Wolfgang Kasack, *Schicksal und Gestaltung.*
Leben und Werk Wladimir Lindenbergs.
Ernst Reinhardt 1987

14. Saint-Germain und die Französische Revolution

Dass der Graf Saint-Germain vor der Französischen Revolution gewarnt hat, wird allgemein angenommen. Oder hat er nur vor unnötigem Blutvergießen, vor roher Gewalt und dem Terror des Pöbels gewarnt, dem niemand mehr Einhalt gebieten kann? Zudem, wenn er 1784 gestorben ist, wie konnte er Einfluss nehmen auf die Ereignisse nach dem Sturm auf die Bastille am 14. Juli 1789? Es sei denn, dass man das Zeugnis der Comtesse d'Adhémar bereit ist nicht für Ausgeburt einer in Panik geratenen Hofdame zu halten: Ihre Berichte vom mehrmaligen Auftauchen des Grafen, den sie für lebendig halten musste wie vordem, haben einen Zusammenhang, der sie beachtlich sein lässt: anvertraute Menschen vor einer Todesgefahr zu warnen.

Aus der reichen, gut dokumentierten Literatur parapsychologischer Phänomene ist dieses Motiv geläufig: Ein Verstorbener erscheint seinen Angehörigen oder einem Freund, um vor einer Gefahr zu warnen. Im Fall Graf Saint-Germain wurden die Warnungen *nicht* beachtet: Das französische Königspaar fand den gewaltsamen Tod und der ehemalige Dauphin – seit 1791 war ja das Königtum abgeschafft – kam im Kerker um, ein krankes und verwahrlostes Kind von 10 Jahren. Nur seine Schwester überlebte den Höhepunkt des Blutrausches und wurde später ausgetauscht an den Wiener Hof.

Wird andererseits nicht der Graf Saint-Germain bezichtigt, die Losung „Freiheit – Gleichheit – Brüderlichkeit" erst in die Welt gesetzt zu haben, geradezu ihr geistiger Urheber zu sein, die dann durch begeisterte Gesinnungsbrüder in die schmerzgepressten Herzen der Menschen gesät wurde? Jedermann verstand, dass es zur herrschenden *Unfreiheit, Ungleichheit, Unbrüderlichkeit* noch eine Alternative geben musste, für die es sich lohnte, sein Leben einzusetzen. In eine ähnliche geistige Richtung weisen jene Stimmen, die dem Grafen aktiven Anteil bei der Konstitution der Vereinigten Staaten von Amerika 1776 zuschreiben.

Was dort als sozialer Neubeginn in der Formulierung der Menschenrechte gelang, das sollte auch in Europa fruchtbaren Boden finden. Der unabhängige

Sohn eines Rebellen als Wegbereiter einer allmählichen Umgestaltung der Verhältnisse? Nicht nur der Beseitigung von Missständen, sondern der Verwirklichung menschenwürdigen Miteinanders.

Eine *europäische* Konzeption gewiss, nicht der Irrweg des Nationalismus im 19. Jahrhundert, der wieder neues Blutvergießen forderte. Und auch nicht die cäsarische Befehlsgewalt eines Napoleon, der Europa allerdings kurzfristig umgestaltete und dessen allein überlebendes Vermächtnis doch die Forderungen des *Code Civil* waren, also die Menschenrechte in der Paragraphenform des modernen Rechtsstaats.

Sollten wir in Hinsicht der Dokumente auch mit leeren Händen dastehen, was die nachweisbare Beteiligung von Graf Saint-Germain an der Losung „Freiheit – Gleichheit – Brüderlichkeit" betrifft, so ist die geistesgeschichtliche Signatur doch überaus sprechend. Von der Generalreform, die in den Rosenkreuzerschriften gefordert und durch den 30-jährigen Krieg abgewürgt wurde, über die Stimmen der Aufklärer ebenso wie der Väter der amerikanischen Verfassung, deren Errungenschaften durch das Blutbad der Französischen Revolution befleckt wurden, bis zu den Zusammenhängen der „Sozialen Dreigliederung", die Rudolf Steiner seit 1917 mit größter Selbstaufopferung betonte (Weimarer Republik und Hitlerzeit ließen ihnen keine Chance): Er erläuterte die Weisheit der befreienden Formel in der Zuordnung „Freiheit" für das Geistesleben, „Gleichheit" für das staatsbürgerliche und Rechtsleben und „Brüderlichkeit" für das Wirtschaftsleben. Graf Saint-Germain, herausragend in so vielen kreativen Fähigkeiten, gewandt im Wägen der Rechte von Vertragspartnern, unermüdlich initiativ für neue Arbeitsplätze und Absatzmärkte, hätte sich gut darin wieder erkannt.

Um 1774, dem Regierungsantritt des jungen Ludwig XVI., ist eine Begegnung Saint-Germains mit Königin Marie Antoinette überliefert, in der er seiner Rolle als Cassandra gerecht wird:

Wir traten ein durch die Gemächer; Madame de Misery führte uns in den besonderen Raum, wo die Königin uns erwartete. Sie erhob sich mit leutseliger Würde. „Herr Graf", redete sie ihn an, „Versailles ist ein Ihnen vertrauter Ort."

„Madame, ich habe während fast zwanzig Jahren mit dem hochseligen König intim verkehrt; er geruhte mich gütig anzuhören; er hat sich meiner schwachen Talente bei mehreren Gelegenheiten bedient, und ich glaube nicht, dass er es bedauert hat, mir sein Vertrauen geschenkt zu haben."

„Sie haben gewünscht, von Madame d'Adhémar zu mir geführt zu werden; ich habe viel Zuneigung für sie und zweifle nicht, dass das, was Sie mir zu sagen haben, gehört zu werden verdient."

„Die Königin", begann der Graf mit feierlichem Ton, „wird in ihrer Weisheit abwägen, was ich ihr anzuvertrauen im Begriffe bin. Die Partei der Enzyklopädisten will die Macht; sie wird sie nur erhalten durch die vollständige Demütigung des Klerus, und um diese zu erreichen, wird sie den Umsturz im ganzen Lande vollziehen. Diese Partei sucht ein Haupt unter den Mitgliedern der königlichen Familie und hat ihre Augen auf den Herzog von Chartres geworfen; dieser Fürst wird als Werkzeug Menschen dienen, die ihn aufopfern werden, wenn er ihnen nicht mehr nützlich sein wird. Man wird ihm die französische Krone anbieten, aber das Schafott wird ihm den Thron ersetzen. Aber, vor diesem Tage der Gerechtigkeit, wie viel Grausamkeit! Wie viel Freveltaten! Die Gesetze werden nicht mehr die Schutzwehr der Wohlgesinnten und der Schrecken der Bösen sein. Die letzteren vielmehr werden mit ihren blutbefleckten Händen die Macht ergreifen, sie werden die katholische Religion abschaffen, den Adel, die Magistratur..." „So dass", unterbrach ihn die Königin mit Ungeduld, „nur noch das Königtum bestehen bleiben wird." „Nicht einmal das Königtum! ... Sondern eine gierige Republik, deren Zepter das Beil des Henkers sein wird." Bei diesen Worten konnte ich mich nicht mehr im Zaume halten; ich nahm es auf mich, vor der Königin den Grafen zu unterbrechen:

„Monsieur", rief ich, „bedenken Sie, was Sie sagen und vor wem Sie sprechen?"

„In der Tat", fügte Marie Antoinette ein wenig erregt hinzu, „das sind Dinge, die meine Ohren nicht gewohnt sind zu hören."

„Ich schöpfe auch nur aus dem Ernst der Lage diese Kühnheit", antwortete kalt Herr von Saint-Germain. „Ich bin nicht mit der Absicht gekommen, der Königin Huldigungen darzubringen, deren sie überdrüssig sein muss, sondern vielmehr, um ihr die Gefahren zu zeigen, die ihre Krone bedrohen, wenn man nicht schleunigst sucht, sie abzuwenden."

„Sie drücken sich sehr bestimmt aus, Monsieur", sagte Marie Antoinette mit übler Laune.

„Ich bin in Verzweiflung, Eurer Majestät zu missfallen, aber ich kann ihr nur die Wahrheit sagen." „Monsieur", erwiderte die Königin, indem sie einen scherzhaften Ton affektierte: „Das Wahre kann zuweilen nicht wahrscheinlich sein."

„Ich gebe zu, Madame, dass man hier diesen Satz anwenden kann, aber Eure Majestät werden mir ihrerseits gestatten, daran zu erinnern, dass Cassandra den Untergang Trojas voraussagte und dass man es ablehnte, ihr zu glauben. Ich bin Cassandra, Frankreich ist das Reich des Priamus. Einige Jahre werden noch in einer trügerischen Ruhe vergehen, dann werden von allen Seiten des Königreichs Männer erstehen, die nach Rache, Macht und Geld gieren; sie werden alles umstürzen auf ihrem Wege. Die aufrührerische Bevölkerung und einige Große des Staates werden ihnen als Stütze dienen; ein Geist des Taumels wird sich der Bürger bemächtigen; der Bürgerkrieg mit all seinen Schrecken wird ausbrechen; er wird in seinem Gefolge den Mord, die Plünderung, die Verbannung mit sich führen. Dann wird man es bedauern, auf mich nicht gehört zu haben; man wird mich vielleicht wieder haben wollen, aber es wird keine Zeit mehr sein ... der Sturm wird alles mit sich gerissen haben."

„Ich gestehe, Monsieur, dass Ihre Rede mich mehr und mehr in Staunen setzt, und wenn ich nicht wüsste, dass der hochselige König Ihnen freundschaftlich verbunden war, dass Sie ihm treu gedient haben... Sie wünschen mit dem König zu sprechen?" „Ja, Madame."

„Aber ohne Mitwirkung des Herrn de Maurepas?"

„Er ist mein Feind; übrigens rechne ich ihn in die Reihe derer, die den Untergang des Königreichs vorbereiten werden, nicht aus übler Absicht, aber durch Unfähigkeit."

„Sie urteilen streng über einen Mann, der den Beifall der Masse hat."

„Er ist mehr als Erster Minister, Madame, und von da her muss er Schmeichler haben."

„Wenn Sie ihn von Ihren Beziehungen zum Könige ausschließen, fürchte ich, werden Sie schwer bis zu Seiner Majestät vordringen, die nicht ohne ihren Hauptratgeber unterhandeln kann."

„Ich werde den Befehlen Eurer Majestäten zur Verfügung stehen, soweit sie mich verwenden wollen; aber da ich nicht ihr Untertan bin, ist jeder Gehorsam ein Akt der Freiwilligkeit."

„Monsieur", sagte die Königin, die zu jener Zeit eine ernste Materie nicht lange ernsthaft behandeln konnte, „wo sind Sie geboren?" „In Jerusalem, Madame." „Und wie lange ist es her...?"

„Die Königin wird mir gestatten, eine Schwäche zu haben, die vielen Personen gemeinsam ist: Ich liebe es nicht, mein Alter zu sagen. Das bringt Unglück." „Was mich betrifft, so gestattet mir der ‚Almanach royal' nicht, mir über das meinige Illusionen zu machen. Adieu, Monsieur, der Wille des Königs wird Ihnen übermittelt werden." Das war eine Verabschiedung...

Hören wir weiter Saint-Germain noch zwei Jahre vor der Revolution – also wohl auf die Weise einer Materialisation – seine Warnungen am Hof von Versailles aussprechen:

23. Buch Vorhersagungen der Revolution

Die Zukunft verfinsterte sich; wir standen dicht vor der schrecklichen Katastrophe, die im Begriff stand, alles in Frankreich umzustürzen; der Abgrund lag vor unseren Schritten, und wir wendeten das Haupt weg; von einer verhängnisvollen Blindheit geschlagen, liefen wir von einem Fest zum anderen. Es war wie eine Art Wahnsinn, der uns auf heitere Weise in unser Verderben trieb... Ach, wie soll man den Sturm beschwören, wenn man ihn nicht voraussieht?

Doch suchten dann und wann grämliche Geister oder Beobachter uns dieser unheilvollen Sicherheit zu entreißen. Ich habe schon gesagt, dass der Graf von Saint-Germain versucht hatte, Ihren Majestäten die Augen zu öffnen, indem er sie auf die herannahende Gefahr hinwies; aber M. de Maurepas, der nicht wollte, dass das Heil des Königreichs von einem anderen als ihm selbst käme, verdrängte den Wundertäter, und dieser erschien nicht wieder. Blieb noch der geheimnisvolle Ratschläge-Erteiler, jener, der der Königin geschrieben hatte, als sie noch Kronprinzessin war. Auch auf seine Stimme wurde gar nicht gehört. Es ist wahr, er wandte immer wunderliche Formen an und ließ sich nicht erkennen. Hatte er Unrecht? Ich glaube nicht, denn würde er das Vertrauen gefunden haben, das man dem Grafen von Saint-Germain verweigerte und das ich selbst und so viele andere dem berühmten Cazotte nicht schenken wollten, als er uns den Tod zeigte: bereit, die Mehrzahl derer zu treffen, die bei jenem Souper zugegen waren, an das ich mich nie ohne Schrecken erinnern kann...

24. Buch

Marie Antoinette ... sagte zu mir unter Seufzen: „Ach, Madame d'Adhémar, wie grausam berühren mich all diese Angriffe auf die Autorität des Königs! Wir bewegen uns auf einem Boden, der zittert. Ich fange an zu glauben, dass Ihr Graf von Saint-Germain Recht hatte; wir handelten verkehrt, dass wir nicht auf ihn hörten, aber M. de Maurepas erlegte uns eine gewandte und despotische Diktatur auf. Wohin soll das alles führen?" „Ich weiß es nicht..."

Die Königin ließ mich rufen. Ich eilte herbei auf ihren geheiligten Befehl. Sie hielt einen Brief in der Hand. „Madame d'Adhémar", sagte sie, „da ist nochmals ein Schreiben von meinem Unbekannten! Haben Sie nicht von neuem vom Grafen von Saint-Germain sprechen hören?" „Nein", antwortete ich; „ich habe ihn nicht gesehen, und es ist nichts von ihm an mich herangetreten." „Diesmal", fügte die Königin hinzu, „führt das Orakel die Sprache, die ihm zukommt; die Epistel ist in Versen. Sie sind vielleicht schlecht; jedenfalls sind sie wenig erfreulich. Lesen Sie sie in Muße, denn ich habe dem Abbé de Ballivières eine Audienz versprochen. Ich wollte, dass meine Freunde in gutem Einvernehmen miteinander lebten."

„Um so mehr", wagte ich hinzuzusetzen, „als Ihre Feinde über ihre Streitigkeiten triumphieren."

„Der Unbekannte sagt das auch. Aber wer hat Recht oder Unrecht...?"

Ich ging in die kleinen Gemächer, ließ mir von Madame Campan Papier, Federn und Tinte geben und schrieb dort die folgenden Zeilen ab, die damals dunkel waren und seither nur allzu klar geworden sind.

Die Zeiten sind fast gekommen, da das unkluge Frankreich,
angelangt bei dem Unglück, das es hätte vermeiden können,
an das Inferno erinnern wird, wie Dante es gemalt hat.
Königin, dieser Tag ist nahe; es ist nicht mehr daran zu zweifeln.
Eine feige und niederträchtige Hydra, in ihren ungeheuren Ausmaßen,
wird Thron, Altar und Themis wegreißen.
Anstatt gesunden Sinnes wird unglaublicher Wahnsinn herrschen.
Dem Bösen wird dann alles erlaubt sein,
ja, man wird fallen sehen Szepter, Weihrauchfass und Waage,
Türme, Wappenschilde, und selbst die weißen Fahnen.
Betrug, Mord, Gewalttat werden wir fortan
anstelle süßer Ruhe wieder finden.
Lange Ströme von Blut fließen in jeder Stadt;
ich höre nichts als Schluchzen, ich sehe nur Verbannte.
Überall tobt in dumpfer Wut der Bürgerzwist,
und überall flieht die Tugend, Schreie ausstoßend.
Aus dem Schoße einer Versammlung erhebt sich ein Todesvotum.
Großer Gott! Wer wird Henker-Richtern erwidern?
Auf welch erhabne Stirnen seh ich das Schwert niederfallen!
Welche Ungeheuer werden gleich Helden behandelt!
Bedrücker, Bedrückte, Sieger, Besiegte ... der Sturm
erreicht euch abwechselnd in diesem gemeinsamen Schiffbruch.
Was für Verbrechen, für Übel, für furchtbare Anschläge
bedrohn die Untertanen wie die Potentaten!
Mehr als ein Usurpator befiehlt im Triumphe,
mehr als ein mitgerissenes Herz demütigt und bessert sich.

Endlich, den Abgrund schließend, aus schwarzem Grabe geboren,
wächst eine junge Lilie heran, glücklicher und schöner.

Diese prophetischen Verse, von einer uns schon bekannten Feder geschrieben, setzten mich in Staunen. Ich zerbrach mir den Kopf, um ihren Sinn zu erraten; denn wie sollte ich glauben, dass es der einfachste
Sinn war, den man mit ihnen verbinden musste? Wie zum Beispiel
konnte ich mir vorstellen, dass der König und die Königin es sein würden, die eines gewaltsamen Todes sterben würden, und in Ausführung
ungerechter Urteile? Wir konnten im Jahre 1788 nicht soviel Scharfblick haben; das war etwas Unmögliches.

Als ich zur Königin zurückkam und kein Schwätzer uns hören konnte,
sagte sie:

„Was halten Sie von diesen Drohungen in Reimen?" „Sie sind er-
schreckend! Aber auf wen beziehen sie sich? Es kann Eure Majestät
nicht berühren. Man kündigt unglaubliche Dinge an, Tollheiten, was
weiß ich? Wenn all das sich verwirklicht, so werden unsere späteren
Nachkommen damit zu tun haben."

„Gebe der Himmel, dass Sie recht behalten, Madame d'Adhémar", erwiderte die Königin. „Indessen sind das seltsame Begegnungen. Wer ist
diese Person, die sich seit so vielen Jahren für mich interessiert, ohne
sich zu erkennen zu geben, ohne irgendeine Belohnung zu verlangen
und die mir dennoch stets die Wahrheit gesagt hat? Sie kündigt mir
jetzt den Umsturz von allem Bestehenden an, und wenn sie eine Hoffnung aufleuchten lässt, so in einer Ferne, die ich vielleicht gar nicht
mehr erleben werde..."

(Deutsch von Karl Heyer)

15. Bedingungen des Friedens

Die Art, wie Graf Saint-Germain als Friedensunterhändler auftrat – andeutungsweise abzulesen aus dem Gespräch mit General Yorke in Den Haag –, unterscheidet sich so sehr vom eingefahrenen Gleis, dass ich dem besten Gewährsmann seither, US-Präsident Carter, das Wort geben möchte, *wie* es auch heute vielversprechend ist, Saint-Germains Rezept umzusetzen. Präsident Carter war zwar nicht ganz unabhängig, aber trotz seiner starken war er doch in der neutralen Position.

Der Gipfel von Camp David

Kurz nach meinem Amtsantritt im Jahr 1977 besuchte mich der ägyptische Präsident Anwar al-Sadat in Washington. Er war daran interessiert, seinem Volk Frieden zu bringen und die Freundschaft zwischen Ägypten und den Vereinigten Staaten zu stärken. Für echte Fortschritte bei der Beilegung grundlegender Differenzen mit Israel sah er jedoch für die absehbare Zukunft keine Möglichkeit. Bei verschiedenen Themen lautete seine Antwort: „Vielleicht noch zu meinen Lebzeiten." Ich sagte ihm, dass ich bereit sei, meinen ganzen persönlichen Einfluss und den meines Landes zum Tragen zu bringen, um jede von ihm unternommene Bemühung zu unterstützen. Später dann, im Verlauf unserer privaten Gespräche oben im Weißen Haus, erklärte er sich bereit, in dem lang andauernden Konflikt zwischen seinem Land und Israel entscheidende Schritte auf den Frieden zuzugehen. Dies entsprach ganz den Interessen der Vereinigten Staaten. (Während des israelisch-ägyptischen Krieges im Jahr 1973 wurden sowjetische und amerikanische Truppen bisher das letzte Mal in atomare Einsatzbereitschaft versetzt). Als ich mich zu einem späteren Zeitpunkt mit dem israelischen Premierminister Menachem Begin traf, erklärte dieser seine Bereitschaft, die von Sadat und mir diskutierten Initiativen zu bedenken.

Im November 1977 unternahm Sadat eine sensationelle Reise nach Israel, um zum Frieden aufzurufen und die Forderungen der in den besetzten Gebieten lebenden Palästinenser zu erläutern. Obwohl ihm Begin und die Mitglieder der Knesset (dem israelischen Parlament) höflich zuhörten und obwohl Begin persönlich einen Gegenbesuch unternahm, ergaben sich aus diesen Annäherungsversuchen keine handfesten Ergebnisse. Ich war über diesen mangelnden Fortschritt enttäuscht. Eines Tages gingen Rosalynn und ich auf einem Waldpfad in Camp David, dem abgelegenen Landsitz des Präsidenten in Maryland, spazieren und unterhielten uns darüber, wie schön und friedlich dieser Ort doch sei. Rosalynn sagte: „Jimmy, ich glaube wirklich, wenn wir Premierminister Begin und Präsident Sadat dazu bewegen könnten, nur für ein paar Tage hier auf diesen Berg zu kommen, dass sie sich verständigen würden, wie sie einen weiteren Krieg zwischen ihren Ländern verhindern könnten." So kam ich auf die Idee und lud wenige Wochen später beide Männer zu einer Reihe von privaten Gesprächen mit mir ein. Im September 1978 kamen beide herauf nach Camp David.

Es gab eine Fülle von Programmpunkten. Die dringendsten waren für Sadat die israelische Besetzung ägyptischer Gebiete und das Recht der Palästinenser auf eine eigene Heimat. Begin war in erster Linie um die nationale Sicherheit Israels besorgt, um die diplomatische Anerkennung durch die arabische Welt und – im Falle einer Aufgabe oder irgendwie gearteten Aufteilung der besetzten Gebiete – speziell um das Schicksal Jerusalems, der heiligen Stätte der Juden, Christen und Moslems. Es war meine Hoffnung, dass wir im Verlauf der Gespräche auf viele oder vielleicht sogar alle diese Fragen eine Antwort finden würden.

Meine Rolle als Vermittler bei diesen Gesprächen würde eine echte Herausforderung sein. Um mich darauf vorzubereiten, studierte ich umfangreiche Bücher über die Persönlichkeiten dieser beiden Staatsmänner, die von Experten der Nachrichtendienste und im Außenministerium der Vereinigten Staaten für mich vorbereitet wurden. Diese Bücher informierten mich über die Familienbeziehungen der beiden Männer, über ihre religiöse Überzeugung, ihre früheren Erfahrungen, ihre Gesundheit und ihre wichtigsten Freunde. Darüber hinaus erfuhr ich auch,

Kriege im Jahrhundert der Aufklärung und der Freimaurer

1700-1721:	Nordischer Krieg
1701-1713:	Spanischer Erbfolgekrieg
1703-1711:	Ungarisch-siebenbürgischer Aufstand (auch Kuruzzenaufstand)
1716-1718:	Balkankrieg
1733-1735:	Polnischer Thronfolgekrieg
1741-1748:	Österreichischer Erbfolgekrieg
1740-1742:	1. Schlesischer Krieg
1744-1745:	2. Schlesischer Krieg
1756-1763:	Siebenjähriger Krieg (in Übersee: Kolonialkrieg)
1768-1774:	1. Russisch-türkischer Krieg
1776-1783:	US-Unabhängigkeitskrieg
1778-1779:	Bayrischer Erbfolgekrieg
1787-1792:	2. Russisch-türkischer Krieg
1792-1802:	Französische Revolutionskriege

wie sie in ihr Amt gekommen waren, wie sie sich unter Druck verhielten und was ihre Hobbys und persönlichen Gewohnheiten waren. Ich machte mir während des Lesens Notizen, die sich später bei den eigentlichen Treffen als sehr nützlich erwiesen. Ich stellte außerdem Listen mit Punkten auf, über die sich Ägypter und Israelis offensichtlich einig waren, mit Punkten, über die Differenzen vorlagen, mit Fragen, die ich während der Verhandlungen stellen wollte, sowie mit einigen Kompromissen, die meiner Meinung nach Aussicht hatten, von beiden Männern angenommen zu werden.

Rosalynn sollte mich nach Camp David begleiten, zusammen mit unseren Beratern, persönlichen Ärzten, Köchen, Sekretärinnen und weiteren Helfern, die darauf vorbereitet waren, drei Tage oder, falls notwendig, etwas länger mit uns dort zu verbringen. Niemand hätte gedacht, dass es 13 lange harte Tage und Nächte benötigen würde, bevor endlich eine Übereinkunft erreicht war. Das kleine Camp in den Bergen war nicht dazu ausgelegt, so viele Menschen zu beherbergen –

insbesondere nicht für einen so langen Zeitraum –, und es mussten zahlreiche besondere Vorkehrungen getroffen werden. Die Mitarbeiter mussten sogar zu jeder Mahlzeit drei verschiedene Gerichte zubereiten: koschere Speisen für Begin und die israelische Delegation, besondere Speisen für Sadat, die von seinem privaten Küchenchef zubereitet wurden, und wieder andere Speisen für die restlichen Teilnehmer! Außerdem hatten wir vor, in einem kleinen Raum drei verschiedene Gottesdienste abzuhalten – am Freitag für die Moslems, am Samstag für die Juden und am Sonntag für die Christen.

Präsident Sadat traf als erster zu den Friedensgesprächen ein, und es freute mich, dass er sich in Bezug auf die meisten Fragen recht beweglich zeigte. Er sagte, dass er in zwei Punkten absolut nicht nachgeben würde: bei der Palästinenserfrage und bei der Forderung, alle jüdischen Siedler aus der Sinaiwüste Ägyptens zurückzuziehen. Bezüglich aller anderen Punkte vertraute er meinem Urteil und erklärte sich bereit, so lange in Camp David zu bleiben, wie dies nötig sei. Sadat äußerte starke

Rezept für Friedensunterhändler nach Graf Saint-Germain:

Man nehme eine Person:
Verschwiegen, vielsprachig, gebildet, weltgewandt, mit guten Umgangsformen, von gutem Renommee bei Führenden mehrerer Länder, nicht durch leidenschaftliche Affären bekannt, nicht ruhmbegierig.
Unabhängig in finanzieller und politischer Hinsicht, von Parteien, Lobbyisten, Interessengruppen, „Paten".
Nur auf sich gestellt, in einem freien Mandat.
Vertrauenswürdig.
Unter Geheimhaltung, die nicht durch Intrigen, Interessenkämpfe oder Presse gestört wird.
Er sucht den Interessen jedes Partners gerecht zu werden und kehrt nicht ohne einvernehmliche Lösung heim.
Abzuraten ist davon:
Wenn er kein Mandat von beiden Partnern hat.
Wenn Zeitdruck besteht.
Wenn Indiskretionen während der Verhandlungen geschehen.

Zweifel an der Kompromissbereitschaft Begins. Ich bat ihn, sich Israels Vorsicht doch einmal unter dem Gesichtspunkt der besonderen Lage eines sehr kleinen Staates vorzustellen, der von mächtigen und feindseligen arabischen Nachbarn umgeben ist. Als Premierminister Begin später eintraf, diskutierte ich auch mit ihm die wichtigsten Punkte unter vier Augen.

Begin war genau wie Sadat ein tief religiöser Mann. Wenn er über Orte im Nahen Osten sprach, nannte er sie stets bei ihrem biblischen Namen. Er empfand die historische Bedeutung unserer Gespräche, und ihm lag sehr daran, eine ungefährdete Zukunft für das jüdische Volk zu sichern. Dennoch wurde mir bald deutlich, dass er die Sitzungen in Camp David nur als die ersten Schritte auf einem langen Verhandlungsweg ansah, während Sadat und ich gehofft hatten, alle wichtigen umstrittenen Fragen zwischen den beiden Ländern, wenn irgend möglich, im Laufe der nächsten Tage klären zu können. Begin ging – ganz seinem ursprünglichen Ansatz entsprechend – bei jeder Einzelheit mit äußerster Vorsicht vor und untersuchte bei allen von uns vorgelegten Textentwürfen jedes einzelne Wort.

Im Verlaufe der Diskussionen hatte jeder von uns dreien seinen eigenen Stil. Begin trug einen Anzug und immer eine Krawatte. Er legte, zumeist mit seinen Beratern, einen langen Arbeitstag ein und nahm seine Mahlzeiten in der Regel im großen Saal zusammen mit der israelischen, ägyptischen und amerikanischen Delegation ein. Zur Entspannung las er gerne oder spielte Schach. Sadat trug elegante Freizeitkleidung und hielt sich an ein strenges persönliches Gesundheitsprogramm mit Beachtung seiner Ernährung, seines Schlafes und seiner Fitness. Er aß privat in seinem Bungalow und unternahm morgens lange forsche Spaziergänge. Ich trug meistens Jeans, Sporthemd und Turnschuhe und aß entweder im Speisesaal oder zusammen mit Rosalynn in unserem Bungalow.

Nachmittags nahmen sich einige von uns – zumeist Amerikaner – ein oder zwei Stunden Zeit zum Schwimmen, Joggen oder Tennisspielen. In den Pausen zwischen den Verhandlungssitzungen ging ich meine Notizen durch oder bereitete mich mit Unterstützung eines amerikanischen

Teams aus dem Weißen Haus und dem Außenministerium auf die nächste Sitzung vor.

Vom ersten Tag an arbeiteten wir am Problem Westjordanland und Gazastreifen. – Wenn sich Israel bereit erklären würde, das Land aufzugeben, müsste von uns auch erörtert werden, wie sich die Palästinenser dann selbst verwalten könnten, ohne dadurch Israels Sicherheitsbedürfnis zu bedrohen. Im Laufe unserer Gespräche über diese und andere emotionale Themen wurde mir bald klar, dass die Persönlichkeiten von Begin und Sadat nicht zueinander passten. Die mal kleinlichen, mal erhitzten Streitgespräche, die sich zwischen ihnen entzündeten, als wir uns alle gemeinsam in einem Raum befanden, brachten mich zu der Überzeugung, dass es besser wäre, wenn sich beide jeweils an mich als Vermittler wendeten, statt direkt miteinander zu reden. Beide Staatsmänner warfen sich gegenseitig vor, das jeweils andere Land wirtschaftlich zerstören zu wollen und sogar vorsätzlich den Handel mit Haschisch und anderen Drogen zu unterstützen. Während der letzten zehn Tage des Gipfels in Camp David sprachen die beiden Männer nicht mehr miteinander und sahen sich bis auf einen Ausflug am Sonntagnachmittag zum nahe gelegenen Schlachtfeld des Bürgerkrieges bei Gettysburg nicht einmal; ihre Beraterteams trafen sich jedoch weiterhin zu direkten Gesprächen.

Ich pendelte zwischen den beiden Staatsoberhäuptern und ihren Beratern hin und her und war ständig darum bemüht, ihre Zustimmung zu jeder einzelnen Formulierung eines umfangreichen Abkommens zu erhalten. Es war ein langsamer und ermüdender Prozess, und oft verloren wir alle den Mut, weil wir, wenn überhaupt, nur eine geringe Aussicht auf Erfolg sahen. Gegen Ende der Gespräche wurde Sadat von Begins Außenminister mitgeteilt, dass Israel in Bezug auf einige Hauptpunkte nie einen Kompromiss eingehen würde. So entschied sich Sadat zur Abreise. Die Ägypter packten ihre Koffer und baten um einen Hubschrauber, der sie nach Washington bringen sollte, von wo aus sie in ihre Heimat zurückkehren wollten. Als ich davon erfuhr, sprach ich ein leises Gebet, schlüpfte rasch in etwas förmlichere Kleidung und suchte Sadat auf, um ihm in seinem Bungalow gegenüberzutreten. Nach einer intensiven Debatte, in deren Verlauf ich ihn an seine mir gegebenen Versprechen erinnerte und die weltweite Bedeutung seiner Rolle als Mann des Friedens hervor strich, erklärte er sich bereit, dem Prozess noch eine weitere Chance zu geben.

Ich hatte mir jeden Tag eine Liste mit den Punkten aufgestellt, über die Einigung erzielt werden konnte, und eine Liste mit noch bestehenden Differenzen. Diese zweite Liste wurde langsam aber sicher immer kürzer.

Sadats Unnachgiebigkeit in dem Punkt, dass alle israelischen Familien die Sinaihalbinsel verlassen müssten, stellte für Begin eine echte Hürde dar. Ich wusste, dass es für Begin schwer oder gar unmöglich war, auf diese Forderung der Ägypter einzugehen. Er glaubte, dass die Juden das Recht hätten, in diesem Gebiet zu leben, und hatte seinem Volk versprochen, keine der israelischen Siedlungen aufzulösen. Sadat sagte mir, dass Begin Land statt Frieden wollte. Begin sagte, dass Sadat das Land wollte, um einen weiteren Krieg gegen Israel vorzubereiten. In den ersten drei Tagen ihres Zusammentreffens gab es gegenseitige persönliche Angriffe, und für mich war es manchmal peinlich, dies miterleben zu müssen. Wenn die Gespräche mit den beiden Männern festgefahren waren, versuchte ich, stattdessen mit ihren Beratern zu verhandeln. Tag für Tag überarbeitete ich mit Hilfe meiner amerikanischen Berater die Entwürfe des Abkommens und legte die neuen Fassungen beiden Verhandlungsteams vor. Am elften Tag wurde mir schließlich klar, dass wir aufgrund zweier Punkte zum Scheitern verurteilt schienen: der Auflösung der israelischen Siedlungen auf dem Sinai und dem Status der Stadt Jerusalem. Wir hatten einen guten Vertragsabschnitt über die Verwaltungsaufteilung der Heiligen Stadt ausgehandelt. Da dies aber sowohl für Juden als auch für Moslems eine derart emotionale Angelegenheit war, zeigten sich Begin und Sadat sehr nervös über die möglichen Reaktionen seitens ihrer Länder auf eine Aufnahme dieses Abschnitts in das Schlussdokument. Und selbst wenn wir einen Kompromiss schlössen und die Jerusalem-Frage aus dem Abkommen wegließen, so war es doch deutlich, dass keiner der beiden zu einem Kompromiss in der Frage der Sinai-Siedlungen bereit war. Ich war nun bereits eine lange Zeit von Washington und meinen Amtsgeschäften abwesend.

Schließlich war es etwas ganz Unerwartetes, beinahe ein Wunder, das uns aus der festgefahrenen Situation heraushalf. Wir hatten Fotos von uns dreien machen lassen, und Begin hatte mich gebeten, eins für jedes seiner acht Enkelkinder zu unterschreiben. Von Sadat waren sie bereits unterschrieben. Meine Sekretärin schlug vor, sie etwas persönlicher zu gestalten, und so schrieb ich auf jedem Bild den Namen des Enkelkindes über meiner Unterschrift. Obwohl Begin aufgrund des Drucks, den ich auf ihn und auf Sadat ausgeübt hatte, mir gegenüber recht unfreundlich geworden war, entschloss ich mich, ihm die Fotos persönlich zu seinem Bungalow zu bringen. Als er die Bilder betrachtete und dabei die Namen laut vorlas, war er sehr gerührt. Ich war mir sicher, dass er an seine Verantwortung gegenüber seinem Volk denken musste und an das, was Kindern im Krieg zustößt. Wir hatten beide Tränen in den Augen. Er versprach, die Fassung meiner letzten Überarbeitung nochmals zu überdenken.

Kurz darauf erhielt ich einen Anruf von Begin. Er nahm meinen Kompromissvorschlag an, die Entscheidung über die Auflösung der Siedlungen dem israelischen Parlament zu überlassen. Auf diese Weise hatte ich einen Ausweg für ihn gefunden. So musste er bezüglich seines Versprechens einer Nichtauflösung der israelischen Siedlungen nicht nachgeben, sondern konnte die Last der Entscheidung dem Parlament überlassen. Es klappte. Das amerikanische Team rang hektisch um die endgültige Fassung dessen, was das Camp-David-Abkommen werden sollte, und nahm die letzten Veränderungen mit auf, mit denen sich sowohl Sadat als auch Begin schließlich einverstanden erklärt hatten. Es war tatsächlich das, als was wir es bezeichnet hatten: ein Rahmenabkommen für den Frieden, das den Grundstein für einen zukünftigen Friedensvertrag zwischen Israel und Ägypten legte.

Als mir klar wurde, dass wir endlich den Durchbruch geschafft hatten, rief ich sofort Rosalynn an, die mir während der langen Verhandlungen in Camp David stets mit Rat und Tat zur Seite gestanden hatte, aber an diesem Tag bereits ins Weiße Haus zurückgekehrt war. Als beide Seiten dem Schlussdokument zugestimmt hatten, begab sich Begin zu dem etwa 100 Meter entfernten Bungalow Sadats, und zum ersten Mal seit Tagen reichten sich die Männer als Freunde die Hand. Am Nachmittag verließen Begin, Sadat und ich Camp David und flogen im Hubschrauber zum Weißen Haus zur förmlichen Unterzeichnung. Sechs Monate später, nachdem israelische Siedler ihren Rückzug aus Ägyptens Sinai-Gebiet begonnen hatten, wurde zwischen den beiden Ländern ein offizieller Vertrag geschlossen – der erste Vertrag überhaupt zwischen Israel und einer arabischen Nation. Seitdem ist das Camp-David-Abkommen zum Vorbild für andere Verhandlungen geworden, und der Vertrag hat sich als Bollwerk gegen größere Konflikte in dieser Region erwiesen. Zwar haben die Kämpfe um die Zukunft der Palästinenser in den besetzten Gebieten zahlreiche Opfer gefordert, jedoch wurden die im März 1979 ausgehandelten Bedingungen von Israel und Ägypten stets beachtet.

Jimmy Carter, *Frieden schaffen im Gespräch*

16. Der besondere Einzelne

Wenn wir uns fragen: Welche Macht entscheidet, ob eine junge Mutter mit zwei Kindern ein unauffälliges Leben führt, oder ob sie Gegenstand eines weltweiten Kults wird – wie Prinzessin Diana –, so werden wir weniger auf Machenschaften der Medien stoßen (oder im Falle Saint-Germain der Meinungsmacher, der Gerüchteküche), sondern mehr auf das, was wir mit „Zauber der Persönlichkeit" bezeichnen können. Der Gedanke wird noch populär werden: Es ist nicht wichtig, in welcher Rolle, in welchem Kostüm jemand steckt, ob junge Mutter oder Industrieritter oder Arzt oder behindertes Kind: Durch diese Einkleidungen hindurch wirkt die besondere überragende Persönlichkeit (sie tönt hindurch – *persona*), und das erklärt auch die Faszination eines Saint-Germain für uns Nachgeborene. Bei der großen Zahl unsicherer, fragwürdiger Existenzen des 18. Jahrhunderts wäre sonst kein Grund für unser anhaltendes Interesse.

Mag es ungewohnt sein, dass aus der Maja der Verwirrungen und Verleumdungen das zuversichtliche Antlitz des älteren Bruders, des „größten Weltweisen", aufzuleuchten beginnt! Er erinnert uns, indem er die Menschheit auf ihrem Entwicklungsweg begleitet, an unseren angestammten göttlichen Rang, an die Fülle von schöpferischen Möglichkeiten, die uns zu Gebote steht. In seinem letzten Lebensjahrzehnt haben die Namen Rakoczy und Welldone ein Übergewicht: Freiheit und Gutestun. Eine bewegende Devise, die umgesetzt werden will!

Der Verengung eines aufkommenden Materialismus setzt er den Reichtum der ganzen Menschheitsperspektive entgegen: Er überblickt Jahrhunderte und stellt eine Beziehung her zu den großen Entwicklungslinien und ihren Exponenten (wie König Heinrich IV., der in Gedanken ein vereintes Europa vorwegnahm). Er führte vor, wie jeder, weil er Mensch ist, teilhaben kann am Reichtum der künstlerischen Möglichkeiten, an der Erweiterung des Wissens, an den Chancen, füreinander etwas zu tun in heilender und pflegender Fürsorge. Er mahnt, Kriege zu beenden und Frieden zu schließen. Er legt Wert

Was Graf Saint-Germain alles nachgesagt wurde

Von Augenzeugen:
Abenteurer: Casanova 1759, d'Affry 1760, Kauderbach 1760
Scharlatan: Casanova 1759, Warnstedt 1779, Gleichen 1811
Lügner: Casanova 1759, Choiseul 1760, Dubosc 1777
Betrüger: Casanova 1759, Kaunitz 1763
Angeblicher Graf: Casanova 1760
Gauner: Kauderbach 1760, Kaunitz 1763, Warnstedt 1779
Aufschneider: Casanova 1759, Kauderbach 1760
Schwindler: d'Affry 1760, Kaunitz 1763, Friedrich d. Gr. 1784, Genlis 1835
Schurke: d'Affry 1760
Spion für Preußen: Reischach 1760
Halunke: Choiseul 1760, Kaunitz 1763
Magier: Madame d'Urfé 1759
Taschenspieler: Casanova 1764
Hohlkopf: Alvensleben 1777
Gaukler: Alvensleben 1777
Beutelschneider: Wilhelm von Hessen 1782
Glücksritter: Gleichen 1811

Vom Hörensagen:
Narr: H. Walpole 1745, Friedrich d. Gr. 1777, Warnstedt 1779, Luchet 1785
macht hohe Schulden: Kaunitz 1763, Dubosc 1777
Windbeutel: Warnstedt 1779
Wird innerhalb sieben Monaten dreimal Vater: Luchet 1785
Herumstreicher: Remer 1784
Stirbt in den Armen von Frauen: Gleichen 1811
Stirbt geistesgestört: Genlis 1835

Von Nachlebenden:
Sendbote Satans: J. S. Daniel 1889
Magnetischer Heiler: Willibald Dannenberg 1920
Hypnotiseur: Willibald Dannenberg 1920
Satanspriester: Franz Sattler 1923
Wiedergänger (= Untoter): Peter Krassa (oder vielmehr sein Verleger Herbert Fleissner) 1998
Hexenmeister: Alf Hermann 2002
Homosexuell: Alf Hermann 2002

(Nur ein kleiner Ausschnitt)

auf die Würde der Arbeit, dass jeder seine Fähigkeiten entsprechend einsetzen kann. Er steht über konfessionellen Streitigkeiten.

Wie eine Vorwegnahme der Menschheitszukunft sind seine verkörperten Eigenschaften der Jugendlichkeit, der Langlebigkeit, des Sich-Manifestieren-Könnens an anderen Orten aus dem sicheren, verantwortungsvollen Beherrschen der Gesetze von Geist und Materie. Er erinnert, dass das Menschendasein eine immerwährende große Alchemie ist, ein *Opus magnum*. Und er blieb nicht in der Glitzerwelt der Höfe, die damals die äußerlich maßgebende war, sondern entzog sich problemlos in die Einsamkeit, in die Werkstatt, in die Anonymität. Als Musiker und Komponist erinnert er, dass es in allem auf den Einklang mit den Gesetzen der großen kosmischen Schwingungen ankommt. Er durfte kein Magier sein, der die Menschen in kindlicher Unbeholfenheit hält, weil sie seine Künste nicht teilen, sondern er wollte ein Gefährte sein, der sie erinnert: So reich seid ihr selbst! So ermutigt er den einzelnen, sich auf den Weg zu machen inmitten der Schätze dieser Erde – in Freiheit als Erbe des väterlichen Königtums, in Gleichheit, dass wir uns nicht übereinander erheben, und in Brüderlichkeit, dass wir die sozialen Formen finden, einander in Wohlwollen und Toleranz ein menschenwürdiges Dasein zu ermöglichen. Um das zu verstehen, genügen uns die wenigen Monate seines Auftretens. Wir benötigen nicht so dringend neue Anekdoten oder Varianten seiner Abstammung. Wir spüren eher in uns den Wunsch, uns ihm dankbar zuzuneigen und seine Gegenwart auch heute zuzulassen in unserer Nähe, als unseren Begleiter, den uns treulich begleitenden Bruder.

Nur ein Musiker?

Anzunehmen, dass im 18. Jahrhundert ein virtuoser Musiker oder Komponist *nur* ein Musiker gewesen sei, der sich einen adligen Namen ohne Berechtigung zulegt, ist nicht schlüssig angesichts der vielen hervorragenden Musiker und Komponisten aus dem höchsten Adel. Mit einem Blick auf den Umkreis unseres Grafen erkennen wir die Hohenzollern Friedrich d. Gr. und seinen Bruder Heinrich sowie seine Schwestern Wilhelmine von Bayreuth und Amalie, ebenso deren Neffen Louis Ferdinand. Auch die Habsburger Leopold I. und Karl VI. gehörten dazu. Ferner ist zu berücksichtigen, dass Saint-Germain offenbar nicht gegen Entgelt aufgetreten ist.

Kompositionen von Graf Saint- Germain

(links die von J. Overton Fuller als Werksverzeichnis vorgeschlagene Numerierung)

Trio-Sonaten
6 Sonaten für 2 Violinen mit Bass für Harpsichord oder Cello

47	I	F-Dur	4/4	Molto Adagio
48	II	B-Dur	4/4	Allegro
49	III	Es-Dur	4/4	Adagio
50	IV	g-moll	4/4	Tempo giusto
51	V	G-Dur	4/4	Moderato
52	VI	A-Dur	3/4	Cantabile lento

Violin-Solos

53	I	B-Dur	4/4	Largo
54	II	E-Dur	4/4	Adagio
55	III	c-moll	4/4	Adagio
56	IV	Es-Dur	4/4	Adagio
57	V	Es-Dur	4/4	Adagio
58	VI	A-Dur	4/4	Adagio
59	VII	B-Dur	4/4	Adagio

Englische Lieder

4	The Maid that's made for Love and me (O wouldst thou know what sacred charms [bezeichnet B-Dur])	Es-Dur	3/4
7	Jove, when he saw my Fanny's face	D-Dur	6/4
5	It is not that I love you less	F-Dur	3/4
6	Gentle love, this hour befriend me	D-Dur	4/4

Italienische Arien
Reihenfolge wie in der „Musique Raisonnée" mit deren Seitenzahlen.
* bezeichnet Arien aus „L'inconstanza delusa", die im Album „Favourite Songs" aus dieser Oper veröffentlicht sind

8	1	p. 1	Padre perdona, oh! pene	g-moll	4/4
9	2	p. 6	Non piangete amarti	E-Dur	4/4

10	3	p. 11	Intendo il tuo	F–Dur	4/4
1	4	p.16	* Senza pietà mi credi	G–Dur	6/8
				(als 3/8 ausgewiesen)	
11	5	p.21	Già, già che moria deggio	D–Dur	3/4
12	6	p.27	* Dille che l'amor mio	E–Dur	4/4
13	7	p.32	Mio ben ricordati	D–Dur	3/4
2	8	p.36	* Digli, digli	G–Dur	3/4
3	9	p.40	* Per pietà bei Idol mio	F–Dur	3/8
14	10	p.46	Non so, quel dolce moto	B–Dur	4/4
15	11	p.51	Piango, e ver, ma non procede	g–moll	4/4
16	12	p.56	Dal labbro che t'accende	E–Dur	3/4
4/17	13	p.58	Se mai riviene	d–moll	3/4
18	14	p.62	Parlerò non e permesso	E–Moll	4/4
19	15	p.64	Se tutti i miei pensieri	A–Dur	4/4
20	16	p.66	Guadarlo, guardalo in volto	E–Dur	3/4
21	17	p.68	Oh Dio mancarmi	D–Dur	4/4
22	18	p.70	Digli che son fedele	Es–Dur	3/4
23	19	p.72	Pensa che sei cruda	e–moll	4/4
24	20	p.74	Torna, torna innocente	G–Dur	3/8
25	21	p.76	Un certo non so che veggo	E–Dur	4/4
26	22	p.78	Guardami, guardami prima in volto	D–Dur	4/4
27	23	p.80	Parto, se vuoi così	Es–Dur	4/4
28	24	p.82	Volga al Ciel se ti	d–moll	3/4
29	25	p.84	Guarda se in questo volta	F–Dur	4/4
30	26	p.86	Quanto mai felice	D–Dur	3/4
31	27	p.88	Ah che neldi'sti	D–Dur	4/4
32	28	p.90	Dopp'un tuo Sguardo	F–Dur	3/4
33	29	p. 92	Serberò fra'Ceppi	G–Dur	4/4
34	30	p. 94	Figlio se piu non vivi moro	F–Dur	4/4
35	31	p. 96	Non ti respondo	C–Dur	3/4
36	32	p. 99	Povero cor perche palpito	G–Dur	3/4
37	33	p.102	Non v'epiù barbaro	c–moll	3/8
38	34	p.106	Se de'tuoi lumi al fuoco amor	E–Dur	4/4
39	35	p.109	Se tutto tosto me sdegno	E–Dur	4/4
40	36	p.112	Ai negli occhi un tel incanto	D–Dur	4/4
				(als 2/4 ausgewiesen)	

41	37	p.116	Come poteste de Dio	F-Dur	4/4
42	38	p.119	Che sorte crudele	G-Dur	4/4
43	39	p.122	Se almen potesse al pianto	g-moll	4/4
44	40	p.125	Se viver non posso lunghi	D-Dur	3/8
45	41	p.128	Fedel farò farò cara cara	D-Dur	3/4
46	42	p.131	Non ha ragione	F-Dur	4/4

Die Kompositionen von Graf Saint-Germain, aufgeführt vom „Ensemble Phoenix", sind als Noten und CD's u. a. erhältlich bei:

Hahn-Engel Konzertagentur,

Telefon + Fax: +49 4351 880909

info@hahn-engel.de www.saintgermain.biz www.hahn-engel.de

Versand von CD's und Broschüre bundesweit bei:

Fognin, St.-Nicolai-Str. 7 A,

24340 Eckernförde

E-Mail- fst@fognin.de

http://st-germain.de/

Ch. Falk-Verlag

Ischl 11, 83370 Seeon

email@chfalk-verlag.de

17. Begleiter der Entwicklung

Um hier einen freieren Blick für das Ganze zu bekommen, würde man sich übungshalber mal zurücklehnen und die Europakarte als ein belebtes Gebilde vorstellen. Wer im 18. Jahrhundert von hoher menschheitlicher Warte (mit den Fähigkeiten Saint-Germains) sich da an die Arbeit gemacht hätte, um die Entwicklung förderlich zu beeinflussen, wo hätte er es versucht?

Auf jeden Fall im vorwärts strebenden England, das einen unvermuteten Ableger mit eigener Dynamik in den US-Kolonien bildete, die sich die Unabhängigkeit erkämpften.

Unbedingt auch Frankreich mit seinem Riesenreservoir an klar denkenden Köpfen. Ein solcher würde sich gern in den Kreisen von Voltaire, Diderot, d'Alembert und Montesquieu bewegt haben.

Österreich: nicht nur ein klerikales Bollwerk. Ein einziger van Swieten konnte unendlich segensreich wirksam werden. Bis zum Tode des Kaisers Franz I. Stephan und nach 1780 waren auch Freimaureraktivitäten möglich.

Das moderne Österreich hieß ohnehin Belgien unter der Statthalterschaft von Franz' Bruder Karl von Lothringen. Holland war schon fast wie England: weltoffen und pragmatisch, jeder zentralen Regierungsgewalt abgeneigt.

Weiter: Preußen, so gesehen ein Hort der geistigen und konfessionellen Freiheit, wenn auch erst in einem Kükenstadium und immer am Rande der Zahlungsunfähigkeit. Die Kriegslasten hatten das Land trotz der Erweiterung um Schlesien finanziell ausgepresst.

Bleibt Russland, eine Schatzkammer ungehobener Reichtümer an Begabungen, an Menschen, an zivilisatorischen Entwicklungen. Vieles wurde ja unter Katharina II. in solchem Sinn in Angriff genommen, auch die Siedlungsprojekte an der Wolga, am Dnjestr, auf der Krim. Aber nach und nach erstarrte alles wieder in Günstlingswirtschaft und Kriecherei. Einen Diderot, einen Casanova ließ St. Petersburg wieder ziehen. Der Zeitpunkt 1762-70 wäre also recht vielversprechend, um etwas an der richtigen Stelle in Bewegung zu bringen (immer aus unserem freieren Blickwinkel gesehen). Aber noch

1777 ist von Saint-Germains Plänen, aufs Neue nach Russland zu gehen, die Rede; man möchte sagen: unverdrossen. Erst wenn die Aktivitäten eines solchen europäischen Entwicklungsberaters mal da und dort und immer stärker gehemmt werden, wird er sich zurückziehen auf ein Tätigkeitsfeld, das weniger auf die Gegenwart als auf die Zukunft gerichtet ist. Das könnte so aussehen, dass man Pläne macht mit einem Großmeister der Freimaurer zusammen, der sie mit entsprechender Tiefenwirkung weiterreichen kann.

Russland wäre also die große Talentschmiede und das Zukunftsreservoir gewesen. Äußere Erfolge Saint-Germains werden von dort nicht gemeldet - aber wenn er *da* war, wenn sein Fuß über russische Friedenserde gewandert ist, wie ergreifend!

Vielfachbegabungen

Wie es möglich ist, dass ein einzelner Mensch Violinvirtuose, Chemiker, Diplomat und Manufakturgründer sein konnte, dafür *muss* man nicht wenige Ausnahmemenschen als Beispiele heranziehen. Saint-Germain gibt uns damit einen Hinweis, dass das Potential in *jedem* von uns steckt. Jeder Mensch hat einen unbegrenzten Reichtum von Fähigkeiten zu entfalten. Zum Vergleich drei Namen aus dem vorigen Jahrhundert, die noch nicht so weit in die Ferne gerückt sind:

• Der Elsässer Albert Schweitzer (1875-1965) war Leben-Jesu-Forscher, Kulturphilosoph, Orgelexperte und Arzt (Friedensnobelpreis 1952).

• Der Norddeutsche Hans Henny Jahnn (1894-1959) war sprachgewaltiger Schriftsteller, Orgelbauer, Landwirt und Hormonforscher, Aktivist gegen die Atomrüstung.

• Der Amerikaner Walter Russell (1871-1963) war Philosoph, Physiker, Architekt, Maler, Bildhauer und Sportler.

18. Das Menschennetzwerk

Sollte die Vermutung, Saint-Germain habe einen Großteil seiner Reisetätigkeit darauf verwandt, geheim gehaltene Freimaurer- oder Rosenkreuzerverbindungen zu knüpfen, nur schwachen Rückhalt in neu auftauchenden Belegen finden, würden wir die Ereignisse sprechen lassen. Die „Sprache der Ereignisse" gibt eine Erklärung, die nicht deshalb ausschlaggebend sein soll, weil sie so einfach ist: Saint-Germain hat sehr wohl eine Mission, Menschen aufzusuchen, und zwar diejenigen, die ihm anvertraut sind von früheren Schicksalsverknüpfungen. Er sammelt sie in dem Vorauswissen, dass sie weitere Aufgaben und Schlüsselrollen zu übernehmen haben. Sind es Männer, dann sind es – durchaus nicht zufällig – auffallend viele Freimaurer. Aber nicht alle: Ludwig XV., Papst Ganganelli, Bentinck van Rhoon (Kaunitz an der Seite Maria Theresias gilt wenigstens äußerlich als Freimaurer). Die Frauen, die Saint-Germain aufsucht, nicht zu vergessen: die Pompadour, die Clairon, Madame d'Urfé, Katharina II. und ihre Mutter Johanna Elisabeth, Prinzessin Amalie von Preußen, Maria Theresia selbst... Die „Sprache der Ereignisse" zeigt, dass sich Saint-Germain in einem Netz von Menschen bewegt, die zum Teil außerordentlich, zumindest aber einprägsam sind: Casanova, Alexej Orlow, Karl Graf Cobenzl... Die meisten sind allerdings miteinander blutsverwandt – auch wenn sie in verschiedenen Lagern oder Machtkonstellationen stehen, und auch das ändert sich ja im Laufe ihres Lebens. Dass sie alle zusammengehörig sind im Sinn von Brüdern, Schwestern, Vettern, Cousinen, ändert sich nicht. In geheimer Zuordnung bewegt sich Saint-Germain unter ihnen, wenige wissen Näheres (Kaunitz), aber die es wissen, wie der Allerchristlichste König Ludwig XV., behandeln ihn als ebenbürtig.

Als ein Sendbote seiner selbst wandert er von einem Hof zum andern, bewahrt sich seine Unabhängigkeit und spricht damit aus: Das Gemeinsame überwiegt das Trennende. Aus dieser Perspektive gehört in Europa alles zusammen. Wenn man nun einwendet, dass dies ja nur die herrschende Adelsclique betrifft, so ist das (fast) korrekt. Aber ich spreche im pragmatischen Sinn nur von einem

Menschenkreis. Wir können die Verbindungen des 18. Jahrhunderts aus den Stammtafeln der adligen Häuser ziehen und sie bleiben verstaubt. Wir können aber auch die entstehende Struktur – das Menschennetzwerk – herausheben in die Gegenwart und feststellen: Es gilt heute genauso; wir sind alle miteinander verwandt! Wir sind *alle* Brüder, Schwestern, Vettern, Cousinen, es ist genauso wie damals, es käme heute nur darauf an, dass jeder einzelne, in der Nachfolge Saint-Germains, die widerstrebenden oder verfeindeten oder getrennten Gruppen der Menschenfamilie wieder zusammenführt.

In diesem Sinn nochmals einen – hoffentlich fesselnden – Blick aufs 18. Jahrhundert, und es ist im Grunde gleich, wo wir beginnen. Also kann es auch der Preußenkönig Friedrich der Große sein. Seine ältere Schwester Wilhelmine wird Markgräfin von Bayreuth, das sie zu einem vielbeachteten kulturellen Ausstrahlungspunkt erhebt. Seine Schwester Ulrike wird Königin von Schweden und heiratet den vormaligen Fürstbischof von Lübeck, Adolf Friedrich von Holstein-Gottorp. Beide sind Eltern von dem später ermordeten Gustav III. Adolf Friedrichs Schwester ist Johanna Elisabeth von Holstein-Gottorp, verheiratet mit Christian August von Anhalt-Zerbst, beide die Eltern von Sophie Friederike von Anhalt-Zerbst. Nach der Heirat mit ihrem entfernten Cousin Peter Ulrich von Holstein-Gottorp wird sie Katharina II. von Russland. Dieser Peter Ulrich ist zwar ein Enkel – der einzige lebende – Peters des Großen über seine Mutter Anna Petrowna, er wurde aber von seiner Tante, Elisabeth Petrowna, zum Thronfolger *erwählt*. Elisabeth sollte standesgemäß heiraten den Prinzen Carl von Holstein-Gottorp, der 21-jährig am Tag der Verlobung an den Blattern stirbt.

Die Braut, ganz Gefühlsmensch, hat sich eine Anhänglichkeit an das Haus Holstein-Gottorp bewahrt und lässt den 10-jährigen Peter, „*l'enfant de Kiel*", an ihren Hof kommen. Er bleibt dort, auch als sich herausstellt, dass der mutterlose, verprügelte Junge zum Herrschen ungeeignet sein wird. (Auch er erkrankt an den Blattern, wird aber von ihr persönlich gesund gepflegt).

Das junge Paar bekommt einen Thronfolger, Großfürst Paul. Dieser heiratet – wie anders? – eine deutsche Prinzessin, die ihm allerdings im Kindbett stirbt. Prinz Heinrich von Preußen, Friedrichs Bruder, auf Besuch in Moskau, empfiehlt dem Großfürsten eine neue Frau, mit der er tatsächlich glücklich wird. Dies sind die Eltern des nächsten Zaren Alexander l. (und des übernächsten

Nikolaus l.). Nochmals: Friedrich der Große stiftete die Ehe zwischen dem Thronfolger Peter und Sophie, sein Bruder die 2. Ehe zwischen Thronfolger Paul und Sophie Dorothea von Württemberg. Von Friedrichs Geschwistern müssten wir noch im Auge behalten Charlotte – sie wird Herzogin von Braunschweig und Schwägerin des berühmten Feldherrn Ferdinand von Braunschweig, des späteren Großmeisters der Freimaurer –, Friederike, die Markgräfin von Ansbach und Mutter des nachfolgenden Markgrafen Karl Alexander, sowie Amalie, die unvermählt bleibt. Warum? Weil sie weder zum lutherischen Glauben konvertieren wollte (wie ihre Schwester Ulrike) noch zum orthodoxen (denn auch sie war ins Auge gefasst worden als Partie für den russischen Thronfolger Peter).

Alle diese Hohenzollernkinder hatten Sophie Charlotte von Hannover zur Mutter, die Schwester des Königs von England, Georg II. Dessen Sohn Friedrich Ludwig, Prinz von Wales, war es, der Graf Saint-Germain 1745 in London in Gefahr brachte. Er war unter anderem Vater von Georg III. (jenem König,

Angenommene Namen

Womöglich begreifen wir Heutigen schwer, dass es im Europa des 18. Jahrhunderts zwar viele Schlagbäume, aber keine Personalausweise gab (Passierscheine ja). Es war völlig in Ordnung, unter angenommenem Namen zu reisen oder jahrelang zu leben: Goethe in Rom war Kaufmann Möller. Prinz Heinrich von Preußen reiste als Graf Oels, Kaiser Joseph II. als Graf Falkenstein. So entging man der Etikette und behielt seine Bewegungsfreiheit. Natürlich war eine Agententätigkeit ohne Decknamen unmöglich. Aber auch die Publikation von Äußerungen, die konfessionellen oder politischen Anstoß erregen konnten, war an fingierte Namen gebunden (falls man sich nicht mit N.N. oder… behelfen wollte). Es ist aus dem 18. Jahrhundert kein Zeugnis bekannt, dass Graf Saint-Germain allein aufgrund seiner Gewohnheit, angenommene Namen zu verwenden, eine nachteilige Beurteilung erfuhr. Es war eben allgemein üblich.

Ewas anderes konnte passieren (wie im Fall des Markgrafen Karl Alexander von Ansbach-Bayreuth): dass jemand im Nachhinein erst erfuhr: dieser übel beleumundete Herr hat sich *bei mir* aufgehalten! Er war also um *sein* Ansehen besorgt. Auf diese Weise engte sich Saint-Germains Aktionsradius nach 1775 immer weiter ein.

der die amerikanischen Kolonien verlor) und von Mathilde, der unglücklichen Gemahlin des Dänenkönigs Christian VII. Dieser, obschon verrückt, tat doch etwas Gutes, indem er seine jüngste Schwester Louise mit Carl von Hessen vermählte. Dessen Mutter Maria von England war ebenfalls eine Tochter Georgs II. Wenn Friedrich der Große die Gesellschaft des Prinzen Carl von Hessen so schätzte, dann klang darin auch an, dass er einen Neffen in ihm erblickte.

Das englische Königshaus ist verwandt mit Wilhelm V. von Nassau-Oranien, dem Statthalter von Holland, der eine Nichte Friedrichs des Großen heiratet, und zwar eine Tochter des Bruders August Wilhelm (zugleich Schwester von Friedrich Wilhelm II.). Der Vormund Wilhelms und in dieser Eigenschaft im Frühjahr 1760 der Erste Mann in Holland ist ein weiterer Verwandter: Ludwig von Braunschweig-Wolfenbüttel.

Wenden wir uns so interessanten Häusern zu wie Bourbon und Habsburg.

Als im Zarenreich nach dem Tod Peters des Großen alles drunter und drüber ging, sollte Ludwig XV. mit Elisabeth Petrowna verlobt werden. Daraus wurde nichts, aber er bewahrte eine sentimentale Zuneigung zu ihr. Seinen Sohn, den Dauphin, verheiratete er mit Maria Josepha von Sachsen, der Mutter Ludwigs XVI., der – nachdem Habsburg nicht mehr als Erbfeind angesehen wurde – die Tochter Maria Theresias ehelichte, die hochmütig-hinreißende Marie Antoinette.

Die Verwandtschaft von Leopold Georg Rakoczy mit den Häusern Bourbon und Savoyen lässt sich so beschreiben: Von den Nichten seiner Mutter war Polyxène von Hessen-Rheinfels-Rotenburg die Gemahlin von Karl Emanuel l. (1701-1773, seit 1730 König von Sardinien-Piemont), dessen Mutter wieder Anna Maria von Valois war, eine Nichte Ludwigs XIV., vermählt mit Viktor Amadeus II. (1666-1732, seit 1720 König des vereinten Sardinien-Savoyen-Piemont).

Der Sohn von Polyxène, Viktor Amadeus III. (1726-1796) wurde der Schwiegervater der Brüder Ludwigs XVI.: Karl Philipp, der Graf von Artois, hatte Maria Theresia zur Frau, Stanislaus Xaver, der Graf von Provence, auch Monsieur genannt, ihre Schwester Luise. Karoline von Hessen-Rheinfels-Rotenburg heiratete Ludwig Heinrich, Herzog von Bourbon, Prinz von Condé (1692-1740), ihr gemeinsamer Sohn Ludwig Joseph, Herzog von Bourbon

(1736-1818) führte ebenfalls den Titel Prinz von Condé. Christine Henriette
von Hessen-Rheinfels-Rotenburg wurde Gemahlin von Ludwig Viktor Prinz
von Savoyen-Carignan. Die drei Genannten sind also Saint-Germains Cousinen!

Auch von Seiten des Pflegevaters führt eine Linie direkt zu den Bourbo-
rien: Die Mutter von Giangastone de'Medici war Marguerite Louise von Orleans, vermählt mit Cosimo III. (1642-1723). Giangastones Schwester Anna
Maria Ludovica war mit Kurfürst Johann Wilhelm von der Pfalz, dem Düs-
seldorfer Jan Wellem, verheiratet, und von da könnten sich Verbindungen ergeben haben zu den „Gütern in der Pfalz", von denen Hardenbroek spricht
(aber sonst niemand).

Wenn die Königshäuser von Sardinien und Frankreich den begabten jungen Einzelgänger anfangs gern bei sich gesehen haben, so ist die spätere Tatsache doch offenkundig, dass sie nach 1760 kein Interesse mehr an ihm hatten
– als er politisch bloßgestellt war –, oder dass er sich seinerseits entschieden
von den bloß äußerlichen Bindungen losgesagt hat – Verwandtschaft ist bekanntlich die einzige Beziehung, die man sich nicht aussuchen kann –, um
seine unabhängige Lebensform zu wahren.

Was fehlt noch: Belgien? Dort saß, wie erwähnt, Karl von Lothringen, der
Schwager Maria Theresias, als Statthalter und erwies sich als ausgesprochen
gute Wahl.

Mit Maria Theresias Mutter Elisabeth Christine von Braunschweig-Lü-
neburg schließt sich dann der Reigen – vorläufig, man könnte noch wesentlich weiter gehen – nach Braunschweig. Katharina die Große fing Friedrich den Großen an zu hassen, obwohl er es war, dem sie den Rang als
russische Großfürstin zu verdanken hatte. Das macht aber nichts: Bei dieser
Betrachtung steht das Menschennetzwerk als solches vor unseren Augen.
Wie ein filigranes Kunstwerk zieht es symmetrische Linien quer durch
Europa; und diese Verbundenheit ist real – diplomatische Verwicklungen
können sie nicht außer Funktion setzen. Da zeigt sich: Die Menschen sind
nicht ihre Kabinette und ihre Länder, da spielt sich dieses und jenes – meist
Kurzsichtiges – ab, aber das Menschennetzwerk wird weiter gesponnen und
hätte ein europäisches Bewusstsein fördern können, wenn der Dämon Napoleon nicht mit Soldatenstiefeln die alten Adelsverbindungen getrennt und

ein neues Netzwerk gefördert hätte aus allen Schichten und Ständen mit einer kräftigen Prise Gleichheit.

So betrachtet lesen sich die Angelegenheiten Saint-Germains wie ein mitmenschliches Netzwerk, wie ein Programm, das jedem von uns heute offenbar zu werden beginnt (zumal, wenn sein Lebenslauf den Höhepunkt schon überschritten hat): wir suchen Begegnungen und Schicksalsausgleich mit denjenigen, *mit denen wir zu tun haben* – und weiter zu tun haben werden!

Dann fallen viele hemmende unbrüderliche Kriterien weg, und es bleibt das mitmenschliche Unterwegssein. Nehmen wir den notorischen Verleumder Casanova. Hat Saint-Germain sich deshalb von ihm abgewandt? Keineswegs. Nehmen wir das unmögliche Verhalten Ludwigs XV. oder die Ränke Choiseuls. Hat Saint-Germain die Verbindung mit ihnen gelöst? Durchaus nicht. Was geht ihn Gustav III. an? Er soll vor der Verschwörung gewarnt werden, die ihm nach dem Leben trachtet. Und so kann man auch das entgegenstehende Thema „Saint-Germain und Habsburg" betrachten, (siehe das folgende Kapitel 19)

Die Verbundenheit mit den Zarenmördern – er hat sie aufrechterhalten. Wohl waren alle diese Schicksale zu einer schweren Last geworden in ihren gesammelten Unzulänglichkeiten, aber der Auftrag bleibt: „Ich weiß, dass ich zu Ihnen kommen muss, und ich muss Sie sprechen", versichert er Carl von Hessen in Altona. Wie ist denn das zu verstehen? Weil der junge Statthalter ein aufstrebender Kandidat für höhere Freimaurer-Ämter ist? Doch eher, weil sie noch etwas miteinander zu erleben und zu erledigen hatten. Da verändert sich auch die Betrachtungsweise: Wäre Saint-Germain nicht lieber in Preußen geblieben? War nicht Friedrich der Große ein Magnet von starker Anziehungskraft? Aber dieser hatte ja abgelehnt. Es stand ihm frei, sein problembeladenes Staatsgebilde von Saint-Germains tatkräftigen Anregungen befruchten zu lassen. Es liegt auf der Hand, dass dann der geschlossene Handelsstaat Preußen mit seinen Zollschikanen eine Öffnung hätte erfahren müssen. Das wollte Friedrich bestimmt nicht. Für ihn war dies der einzig richtige Status, um seine arme und ungebildete Bevölkerung voranzubringen. Aber 1777 standen die Zeichen schon auf mehr Liberalisierung, und die Kaufleute murrten. Nur noch neun Jahre, und Friedrich wird die Augen schließen. Die Chance war da – aber auch die Gelegenheit, Carl von Hessen an der Seite des Preußenkönigs kennen zu lernen. Er folgte 1778 einer Einladung Friedrichs nach Breslau bzw. ins schlesische Feldlager während des Bayrischen Erbfolgekrieges, einer lahmen und überflüssigen Truppenbewegung.

Ein anderes Detail: Saint-Germain 'soll' Alexej Orlow sprechen, muss dazu aber nicht mehr nach Livorno oder nach Russland reisen – dieser kommt nach Nürnberg, während Saint-Germain in Schwabach wohnt.

Wenn man das Europa des 18. Jahrhunderts überblicken will, sind immer bestimmte Namen unverzichtbar, als Exponenten ihres Volkes und der Zeit. Ohne Friedrich des Großen und Voltaire, Ludwig XV. und die Pompadour, Maria Theresia und Katharina, und in der zweiten Reihe Kaunitz, Pitt, Choiseul, Diderot, d'Alembert, Casanova ist die Optik nicht scharf eingestellt. Wenn wir dann noch Farbtupfer einsetzen, den Prinzen von Wales und die Clairon, den Freiheitshelden Rakoczy und den letzten Medici, den persönlich so zwielichtigen Rousseau und die strahlende Marie Antoinette – es wird ein Reigen, in dessen Mitte der Graf von Saint-Germain erhobenen Hauptes wandelt. Er hat den Besten seiner Zeit genug getan, als Meister geistvoller Konversation und selber Gesprächsstoff, als Rätsel, als Faszinosum. Wir sollten ihn nicht zu klein sehen. Es ist nicht abwegig, in Zukunft mehr vom Jahrhundert Graf Saint-Germains zu sprechen. Dieser lebensvolle Menschenkreis hat allerdings seine karmischen Aufgaben noch nicht beendet und wird sich wieder bemerkbar machen...

Christian Rosenkreutz

Dass der Träger dieses Namens gelebt hat, lässt sich historisch nicht nachweisen, denn es ist kein bürgerlicher Name, sondern bezeichnet einen geistigen Rang: So heißt der Führer des esoterischen Christentums. Seine Verkörperung im 15. Jahrhundert wird von 1378–1504 angegeben: Er reist, in Deutschland geboren, in früher Jugend nach Arabien – die Einweihungsstätte Damcar würden wir heute im Jemen ansiedeln –, von dort nach Ägypten und nach Marokko. Solcherart in aller Weisheit des Ostens unterwiesen, beruft er in Mitteleuropa einen engsten Kreis namenlos bleibender Schüler um sich, die durch die Lande ziehen und Heilberufe ausüben. In der Schrift „Chymische Hochzeit Christiani Rosencreutz", Straßburg 1616, wird seine Einweihung zum „Ritter vom Goldenen Stein" auf das Jahr 1459 gelegt. Der auserlesene Kreis der Ritter soll folgende Gelöbnisse leisten:

I. Ihr Herren Ritter sollt schwören, dass Ihr Euern Orden keinem Teufel oder Ungeist, sondern Gott Euerm Schöpfer und dessen Dienerin, der Natur, jederzeit wollet zuschreiben.

II. Dass Ihr alle Hurerei, Unzucht, Unreinheit hassen werdet und mit solchen Lastern Euern Orden nicht beschmutzen werdet.

III. Dass Ihr mit Euern Gaben jedem, der es wert und der dessen bedürftig ist, zu Hilfe kommen wollt.

IV. Dass Ihr solche Ehre nicht zu weltlichem Prunk und nicht zur Mehrung Eures Ansehens verwenden wollt.

V. Dass Ihr nicht länger leben wollt als Gott haben will. ... Hierauf wurden wir unter der gebräuchlichen Feierlichkeit zu Rittern geschlagen und geweiht und außer anderen Privilegien über Unverstand, Armut und Krankheit gesetzt, um mit denselben nach unserem Gefallen zu handeln.

Diese Begriffe geben uns den Schlüssel in die Hand, mit dem wir Saint-Germains Wirken im 18. Jahrhundert unserem Verständnis aufschließen können. Ihnen widmete er sich zeitlebens in ihren wechselnden Erscheinungen als Geißeln der Menschheit.

„Unverstand" – dagegen teilte er den Suchenden die geheimen, aber wirksamen Gesetze des Zusammenwirkens von Mensch und Weltganzem mit. Handgreifliche Offenbarungen solcher Gesetze waren die Diamantensynthese oder andere Praktiken der Alchemie. Seine Friedensbemühungen suchten dem Unverstand des Unfriedens beizukommen.

„Armut" – dagegen waren seine Bemühungen um Werkstätten und Manufakturen gerichtet, die wir schon geschildert haben.

„Krankheit" schließlich – da war er der vorbeugende Arzt und vielseitige Heilkundige.

Dass er in Graf Saint-Germain eine Verkörperung von Christian Rosenkreutz erkennt, hat Rudolf Steiner zum ersten Mal (später bestätigt) am 4. November 1904 mitgeteilt in dem Berliner Vortrag „Das Mysterium der Rosenkreuzer". (Siehe Anhang 13)

19. Saint-Germain und das Habsburgerkind

Wenn wir die „Sprache der Ereignisse" über ein Jahrhundert verfolgen, kann sich ein interessantes Bild ergeben, was Saint-Germain und Habsburg betrifft. Die Ausgangssituation wurde schon geschildert: Der Freiheitskampf Ungarn-Siebenbürgens ist dadurch gefährdet, dass Habsburgs Schergen sich des Thronfolgerkindes bemächtigen wollen. Im Widerstreit zwischen familiärer Pflicht und seiner geschichtlichen Mission entscheidet der Vater, den vierjährigen Knaben – ohne Wissen der Mutter – wegzugeben nach Florenz und ihn offiziell für tot zu erklären. Ist Kaiser Leopold I. damit beschwichtigt? Ist er bereit, die Zusagen an die Ungarn, mit denen er bei ihnen im Wort ist: Selbstverwaltung und Religionsfreiheit, zu halten? Keineswegs. Vielmehr wird die Konfrontation offen: 1705 wird Franz II. Rakoczy zum Fürsten erhoben, 1707 wird Joseph l. die Königskrone abgesprochen, und es geht in blutigen Kämpfen hin und her – auch als er selbst außer Landes fliehen muss und die Mutter mit den beiden jüngeren Söhnen Joseph und Georg in die Hände der Habsburger fällt. Graf Károlyi erreicht den Frieden von Szatmár: Das Land kann aufatmen, aber unter der Bevormundung Habsburgs. Eine der langen Perioden von Kirchhofsruhe kommt über die Unabhängigkeitsträume der Ungarn.

„Bambino" in Florenz ist noch ein Kind. Er hat nicht mehr als das Medaillon mit dem Bild seiner Mutter, das ihn an die Zusammenhänge erinnert: Eltern, Geschwister, Freunde, Heimat, Rang, Reich, Thronfolge – das alles hat er aufgegeben, damit es sich Habsburg einverleiben kann. Er kann, da er seinen Namen aufgegeben hat, auch keine Ansprüche mehr anmelden. Habsburg hat die Familie auseinander gerissen und bleibt unversöhnlicher Erbfeind der Rakoczy. Der Vater findet eher beim Sultan eine Bleibe als im angestammten Land. Noch winkt dem prinzlich erzogenen Pflegesohn aber das Großherzogtum Toskana, das liebenswerte sonnige Land seiner Jugend. Was wird daraus, wenn der alte Giangastone de'Medici kinderlos stirbt? Wer steht schon bereit, sich dieses Land ebenfalls einzuverleiben? Habsburg.

1739 kommt der neue Statthalter, er heißt Franz Stephan von Lothringen, nach Florenz, zusammen mit seiner anziehenden jungen Frau Maria Theresia. Es hält ihn aber nicht in Italien, er will durchaus in Wien bleiben an der Seite seiner Angetrauten, denn es zeichnet sich schon ab, dass ihr Vater, Kaiser Karl VI., sterben wird.

1740 ist es soweit. Hatte Karl VI. von allen Mächten Europas sich die weibliche Erbfolge in den ungeteilten Habsburger Landen zusichern lassen oder erkauft, so gilt das nach seinem Tod nicht mehr viel: Eben diesen Ländern ist der marode Zustand des österreichischen Heerwesens offenbar und sie überfallen die junge Fürstin. Sie muss sich dem Kriege stellen, ihr Gemahl ist völlig unkriegerisch. Der österreichische Erbfolgekrieg bedeutet: Der Wittelsbacher erobert die Krone Böhmens, die Bayern und Franzosen stehen bei Linz. Wer hilft nun Maria Theresia? Die treuen Ungarn natürlich. Im Sommer 1741 wird sie in Pressburg zur Königin von Ungarn gekrönt. Und am 11. September 1741 erscheint die junge Mutter, noch in schwarz, vor der Ständeversammlung in Pressburg und bittet um Waffenhilfe im Krieg. Im Arm hält sie den halbjährigen Thronfolger, den Säugling Joseph. Wer sind aber diese ungarischen Magnaten und Abgeordneten? Sind es nicht jene, die vor mehr als 30 Jahren bis zum bitteren Aufstandsende gekämpft haben? Ist ihnen nicht in Erinnerung, dass sie sehr wohl damals auch einen kindlichen Thronfolger hatten? Mit dessen Verschwinden hat sich der Erbfeind Habsburg erst wieder im Land festgesetzt.

Das Kind erzielt Wirkung: Die Magyaren geloben Waffenhilfe und stellen 30 000 Mann auf. Im Gegenzug richtet Maria Theresia ihre ungarische Leibgarde in Schönbrunn ein, mit den schmucken Uniformen und einem Überwurf aus Pantherfell. Schnell ist der Krieg eskaliert. Schon hat der skrupellose Friedrich II. von Preußen Schlesien annektiert, schon hat Schwager Karl von Lothringen sein mangelndes Feldherrengeschick zu erkennen gegeben. So muss Maria Theresia mit dem Gefühl leben, dass sie zwar ihrem erlauchten Vater nachgefolgt, dieses Erbe aber gefährdet ist und ihr Thron wackelt. Endlich gibt es eine Übereinkunft mit Preußen, den Frieden von Dresden. Kein Problem für Friedrich, denn er behält seine Beute. Der Wittelsbacher Kaiser Karl VII. ist überraschend gestorben, wenigstens kann jetzt Franz l. Stephan als Kaiser in Frankfurt gekrönt werden.

Was ist mit Frankreich, England, Sardinien-Piemont? Ein Mann tut sich besonders hervor, die Friedensverhandlungen zu fördern. Der Frieden von Aachen kommt 1748 zustande: Anerkennung der Pragmatischen Sanktion! Somit ist Maria Theresias Thron gesichert. Sie weiß auch, wem sie zu danken hat. Der Beauftragte von Sardinien-Piemont, Graf Gualdo, empfängt in Wien den Schwarzen Adlerorden, ein rubinbesetztes Kreuz und andere Ehrungen von ihr. Für ihn gibt es keine Erbfeindschaft. Er hat der Mutter und ihrem Kind den Thron sichern helfen. Er geht nur nicht so weit, sich in die Dienste Habsburgs zu begeben!

Zeitliche Anhaltspunkte

1696 Leopold Georg Rakoczy in Klausenburg geboren.

1700 Das Kind wird für tot erklärt, quer durch Europa nach Florenz gebracht und wächst bei dem kinderlosen Giangastone de' Medici auf.

1717 Geburt von Maria Theresia.

1736 Ihre Heirat mit Franz Stephan von Lothringen.

1737 Tod von Giangastone de' Medici. Franz Stephan wird Großherzog der Toskana.

1740 Tod von Kaiser Karl VI.

1741 - 1748 Österreichischer Erbfolgekrieg.

1741 Thronfolger Joseph geboren. Mutter und Kind am 11.9. in Pressburg vor den ungarischen Ständen.

1745 Kaiserkrönung Franz Stephans als Franz I.

1748 Friede von Aachen zwischen England, Holland, Österreich, Sardinien-Piemont einerseits, Frankreich, Spanien, Modena, Genua andererseits. Maria Theresias Herrschaft gesichert.

1755 Geburt von Marie Antoinette.

1770 Ihre Heirat mit dem Dauphin, dem späteren Ludwig XVI.

ab 1778 Geburt ihrer Kinder.

1780-90 Kaiser Joseph II. (ihr Bruder).

1784 Graf Saint-Germain stirbt in Eckernförde.

1789 Erscheint warnend am französischen Hof.

1793 Marie Antoinette wird hingerichtet.

1795 Der zehnjährige Dauphin stirbt.

Vielmehr hat er in Versailles Gelegenheit, mit Maria Theresias jüngster Tochter, der Königin Marie Antoinette, zu sprechen. Sie lebt nur ihren kostspieligen Vergnügungen im Kreis ihrer Schmeichler. Saint-Germain ermahnt sie, sich nach der Geburt des Dauphins ihrem Volk zuzuwenden, das sie dafür wertschätzen wird. Die unberatene Frau versteht das nicht und bringt die Franzosen nur immer mehr gegen sich auf: „*l'Autrichienne*", die im Lande fremd und verhasst bleibt:

Die Königin hat bereits jenen Augenblick versäumt, wo sie ihr eigenes Schicksal hätten wenden können. Dieser Augenblick war nach der Geburt des Dauphin gegeben, wo ihr der auflodernde Glaube, die Begeisterung und die Sehnsucht entgegenschlug. Die Königin aber hat dem Volk den Rücken gekehrt und sich wieder nach Trianon begeben. Vergebens war dieses letzte Feuerwerk und vergebens wird ihm der Ernst der mehrfachen Mutterschaft folgen... Man wird ihr keinen Glauben mehr schenken!

(Maria Szepes)

Der erste Dauphin stirbt mit 2 Jahren, ein zweiter wird 1785 geboren. Mit seiner großen Schwester wächst er direkt in den Terror der Französischen Revolution hinein. Er erlebt die Gefangennahme der königlichen Familie im Temple, dem düsteren gotischen Gemäuer, die Absetzung und den Tod des Königs, die Trennung von der Mutter, die in die Conciergerie verbracht wird und am 16. Oktober 1793 ebenfalls das Blutgerüst besteigt – wie Graf Saint-Germain es vorhergesagt hat.

Vom Schuster Simon gepeinigt, sehen wir ein elternloses Kind in seiner lichtlosen Zelle, kein Prinz mehr, denn das Königtum ist ja abgeschafft – nur noch ein Habsburgerkind. Ihn zu retten hatte Graf Saint-Germain vergeblich gemahnt. In Wien setzt sich niemand dafür ein, nicht einmal der greise Fürst Kaunitz, das Kind auszulösen: Es wird aufgegeben und stirbt, krank und verwahrlost, am 8. Juni 1795, unbeachtet unter den namenlosen Schrecken des Terrors. Erst als sich die Welle des Blutvergießens überschlagen hat, wird die große Schwester Marie Thérèse ausgetauscht nach Wien.

Saint-Germains Einsatz für das Habsburgerkind ist frei von politischem Kalkül, von Freund-Feind-Denken und Eigennutz. Er überwindet diese

Hemmnisse, diese Geißeln des Menschheitsfortschritts. Selbst elternloses Kind, wird er nun zum Menschenbruder, der auf die Frage „Soll ich der Hüter meines Bruders sein?" ein tatkräftiges Ja zur Antwort gibt.

Mir ist bekannt, dass in dem sehr empfehlenswerten Buch *Der Treppenwitz der Weltgeschichte* eine andere Darstellung gegeben wird. Und zwar sei der Thronfolger Joseph nicht von seiner Mutter am 11. September 1741 den Ständen präsentiert worden, sondern erst am 20. September nach Pressburg gekommen (ohne Quellenangabe – ich widerspreche aber nicht). Ferner sei der im Temple inhaftierte Louis Charles – nach dem Zeugnis seiner ein Stockwerk höher einlogierten Schwester – gegen ein anderes und zwar krankes Kind ausgetauscht worden. Dies sei möglich gewesen durch einen Umzug innerhalb des Templegebäudes, den die bestochene Schusterfamilie Simon derart durchführen konnte, dass der Knabe unter dem aufgepackten Bettzeug herausgeschmuggelt wurde und anschließend ein neuer Aufseher antrat, der den echten Thronfolger nicht kannte. Einerseits ist diese Darstellung von Marie Thérèse (Tagebuch) zeitlich später und nicht beweisbar, zudem tritt ihr z. B. Vincent Cronin entgegen, für den die 32 auftauchenden Thronanwärter gar nicht in Betracht kommen. Er hält fest, dass der am 8. Juni 1795 durch Totenschein ausgewiesene Knabe mit den durch Rachitis verkrümmten Gliedmaßen – ganz ähnlich dem in Meudon verstorbenen vorigen Dauphin – der echte Louis Charles war.

Andererseits berühren diese Varianten *nicht* den Kern dessen, was durch die „Sprache der Ereignisse" in diesem Zusammenhang sprechen könnte: Auch am 20. September 1741 war den Ungarn bewusst, dass sie auf einen Thronfolger eigener Abstammung Verzicht zu leisten hatten, und ein im Temple inhaftiertes elternloses Kind konnte – wie seine Schwester – durch Wien schon früher ausgelöst werden, spätestens seit dem Tod seiner Mutter. Von irgendwelchen derartigen Versuchen der Habsburger Vettern ist jedoch nichts überliefert. Es würde sich nur die *Bildwirksamkeit* ändern – kein Säugling Joseph am 11. September 1741, kein echter Sohn Marie Antoinettes im Temple gestorben – *nicht* aber die *Aussage*, dass Habsburg sich nicht für das Königskind eingesetzt hat, wohl aber der (als Kind vertriebene) Graf Saint-Germain. Das Überwinden tiefsitzender Feindschaften ist keine leichte Sache. Dass ein

Friedensanwalt wie Saint-Germain sich dem persönlich gestellt hat, könnte die Botschaft für heute sein – und ihr karmisches und geistiges Weiterwirken kann hoffen lassen, während eine Eliminierungstaktik nach dem Muster Israel-Palästinenser einen entsetzlichen Rückfall bedeutet.

Literarisches Nachleben

Der erste Eindruck, den man sich durch einen Überblick über Saint-Germains literarische Spuren verschafft, ist verwirrend: Zu vieles scheint nicht auf einen einzigen Menschen als Vorbild zutreffen zu können. Aber er beschäftigt die Geister, auch wenn sie ihn gar nicht nennen. So macht Alexandre Dumas Père aus dem überlegenen Erscheinen durch streng bewachte Türen und Mauern während der Französischen Revolution die Gestalt des mutigen Hauptmanns Tavernier, der keinen Einsatz scheut, um Aristokraten an den Posten der Pariser Stadttore vorbei in die Freiheit bzw. nach England zu bringen. (*Joseph Balsamo*, der Titel des Romans, lässt vermuten, dass es dabei vor allem um Cagliostro geht; dieser tritt aber nur anfangs auf).

Das Motiv wandert weiter zu der ungarischen, in England lebenden Autorin Baronesse Orczy, die mit großem Publikumserfolg die spannenden Streiche von Scarlet Pimpernel erzählt (*Das scharlachrote Siegel*, 1905). Bei ihr ist es ein blasierter englischer Lord, der die Kleider wechselt, um in gewagten Rettungsaktionen seine Standesgenossen aus dem Paris des Terrors heraus und über den Kanal zu bringen. Das Erkennungszeichen des erfolgreichen Entführers, der nie gefasst wird, ist die rote fünfblättrige Blüte der volkstümlichen Heilpflanze Pimpinelle (Ackergauchheil). Und später wurde noch ein hervorragender Schwarzweißfilm mit dem unvergesslichen Leslie Howard daraus! In solchen Einkleidungen wandert der Graf, auf Rettung von Menschenleben bedacht, weiter durch das Gedächtnis der Generationen.

Und erst, wenn er mit Namen genannt wird! Da muss eine Besonderheit auffallen: Unbeschadet tatsächlicher (oder wenigstens überlieferter) Züge des Grafen haben die Autoren ihm jene Konturen gegeben, die für sie selbst bezeichnend sind: Der Hasardeur Puschkin gibt ihm in der Erzählung *Pique Dame* die Kenntnisse eines im Kartenspiel Bewanderten – das ja im 18. Jahrhundert als Spiel um hohe Einsätze das Laster der höheren Stände war. Abgründe, Ruin, Duelle, Selbstmorde – das war der Kitzel des Glücksspiels, denn wenn man doch einmal gewann, setzte man es ja anderntags wieder dran.

Der ruhelose, zwischen Nordafrika und Sibirien reisende Jan Potocki macht Saint-Germain zum Wandergefährten des ewigen Juden durch die Länder und Jahrhunderte (*Die Handschrift von Saragossa*).

Rilke, auf der bohrenden Suche nach dem Seinsgrund, führt ihn als Beispiel einer unbezweifelten Seins-Erfahrung an: „Er *war*" (*Die Aufzeichnungen des Malte Laurids Brigge*).

Der wegen Diebstahls verurteilte Karl May macht ihn zu einem – endlich – überführten Kriminellen (*Das Zauberwasser*).

Für den hochintelligenten Equilibristen Umberto Eco ist er ein undurchsichtiger Abenteurer des Okkulten (*Das Foucaultsche Pendel*).

Zum Ausgleich schildert ihn der Anthroposoph Paul Bühler als Menschheitsführer, der sich freiwillig-helfend in die Verstrickungen der Politik begab, in dem Drama *Der Weltenwanderer*.

In dem Roman *Der Rote Löwe* der ungarischen Eingeweihten Maria Szepes, der Verfasserin eines gelehrten Handbuchs (*Die geheimen Lehren des Abendlandes*) tritt er als im Hintergrund wirkender oberster Lehrer der Geheimorden auf.

Einerseits ist bestürzend, wie freizügig auf diese Weise Saint-Germain zum Gemein-Eigentum des menschlichen Bewusstseins erklärt wird. Andererseits: Die Gabe, den Menschen etwas Selbsterkenntnis widerzuspiegeln, passt zu ihm! Es ist, als würde dieser und jener gebildete Autor nicht umhin können, für seine Themen bei Saint-Germain einzuhaken und der menschlichen Möglichkeiten zu gedenken, die mit diesem Namen verbunden sind – vielfältiger Möglichkeiten wohlgemerkt. Diese Facette seiner Nachwirkung: Saint-Germain beschäftigt Schriftsteller, also reflektierende Menschen, mit Aufgaben der Selbsterkenntnis und brüderlicher Wesenserforschung, mag einen – vielleicht unerwarteten – Zugang zu seiner aktuellen Lebendigkeit geben, die seine Gestalt, von der alles so unsicher ist, vor dem Vergessenwerden bewahrt!

20. Ausblick

Ist denn keine Betrügerei nachgewiesen, gab es keine Forderungen, Prozesse? Nein. Die Witwe Nettine oder Carl von Hessen, haben sie geklagt, dass sie einem Schwindler aufgesessen sind? Nichts bekannt. Oder war es im 18. Jahrhundert gar nicht so unüblich, „Betrüger" genannt zu werden? Casanova-Übersetzer Heinz von Sauter formuliert das so:

> Wenn heute Schwindelunternehmen wenig begüterte Leute um ihre Ersparnisse bringen, sprechen wir von Betrug. Dieser Ausdruck passt auf die damalige Zeit nicht. Die unbegrenzten Mittel, über die manche Adlige im 18. Jahrhundert verfügten, verleiteten sie dazu, die verrücktesten Einfälle verwirklichen zu wollen. Nutznießer waren jene, die diesen Wünschen entgegenkamen, mochten sie durchführbar sein oder nicht. Wer den Mächtigen nicht zu Gefallen war und sich dieser Möglichkeit zu Geld zu kommen verschloss, blieb mit ganz wenigen Ausnahmen arm. So kamen die Einkünfte, die die Adligen aus ihren Gütern zogen, wieder unter das Volk. Das war sicher keine erstrebenswerte Gesellschaftsordnung, und Madame d'Urfés Verbindung mit Casanova war zweifellos nur eine unter tausend ähnlichen.

Oder ist nicht vielmehr Saint-Germain betrogen worden? Um die Labors, die er eingerichtet hatte, um seine Geheimverfahren bzw. die Tantiemen, die er aus den entsprechenden Manufakturen hätte erlösen können?

Vor allem um den unbescholtenen Namen ist er ja betrogen worden, das einzige, worin er von den Mitmenschen abhängig war. Sein Umgang mit Geld ist dadurch gekennzeichnet, dass er ausgibt, investiert, verschenkt. An Juwelen mangelt es ihm nicht. Den Beutel mit venezianischen Zechinen, die Alexej Orlow in Nürnberg übergibt, mag es gegeben haben – beschrieben wird er ja erst 42 Jahre später! Hat er von Friedrich dem Großen Briefe bekommen? Und das Siegel, das er dem Markgrafen Karl Alexander wies, war es echt? Wir müssen doch annehmen, dass der Markgraf als Neffe des Preußenkönigs es kennen musste!

Und die Ruhmredigkeit? Wir können doch vermuten, dass jemand, der drei Stunden erzählt, während die anderen sich dem Essen hingeben, den Eindruck hinterlässt, er habe sich in den Vordergrund gespielt. Und erst in der Politik! Wir können nachempfinden, wie sehr er die Gesandten in Den Haag genervt hat, indem er durch sein Auftreten, seine Perspektiven, seine Formulierungen zu verstehen gab, er sähe weiter als sie! War er etwa ungeduldig? Erblickte er Entwicklungslinien, sah er Handlungsbedarf, wo alle andern noch als Gewohnheitsstatisten reagierten? Zweifellos. Er prägt sich ein als der, der schon weiß, wie etwas richtig gemacht werden müsse. Redet er einfach zu viel?

Wie zuverlässig sind denn die Quellen? Da ich nicht alle abdrucken kann – eine Neuausgabe von G. B. Volz (Bohmeier Verlag 2009) ist allerdings unerlässlich –, will ich exemplarisch zeigen, worum es sich handelt. Der geschätzte Schriftsteller Horace Walpole beschäftigt sich mit dem Gerede über einen Unbekannten (den er selbst nicht kennt):

9. Dezember 1745

Kürzlich wurde ein Narr verhaftet, der unter dem Namen Graf Saint-Germain lebt. Er ist zwei Jahre hier gewesen und will nicht sagen, wer und woher er ist. Aber zwei ganz wundervolle Sachen gibt er zu, erstens, dass er nicht unter seinem richtigen Namen lebt, und zweitens, dass er nie mit einem weiblichen Wesen etwas zu tun gehabt hat... Er singt, spielt wundervoll Violine, komponiert, ist verdreht und nicht sehr feinfühlig. Er soll Italiener, Spanier oder Pole sein; ein hergelaufener Mensch, der in Mexiko durch Heirat zu großem Vermögen kam und mit den Juwelen seiner Frau nach Konstantinopel durchbrannte; ein Priester, ein Fiedler, ein vornehmer Mann. Der Prinz von Wales war unbändig neugierig auf ihn, doch umsonst. Indes ist nichts gegen ihn geschehen. Er ist freigelassen.

Wie findet es Walpole, innerhalb weniger Sätze nebeneinanderzustellen, Saint-Germain wäre niemals einer Frau nahegekommen, hätte aber in Mexiko reich geheiratet? Weiter: ein Priester, ein Musiker - das sind doch wohl Wiedergaben des Stimmenwirrwarrs um den Unbekannten? Oder kann man in London nicht mehr Priester von Musikern unterscheiden? Außerdem weiß Walpole von vornherein, dass Saint-Germain ein „Narr" ist. Aber in welcher Geistesverfassung schreibt er selbst solch ungereimtes Zeug? Der *London Chronicle* vom 14. Mai 1760 gibt ein ganz anderes Bild:

> Wie der Herausgeber der „Gazette de Bruxelles" uns erzählt, ist der hier kürzlich aus Holland angekommene sogenannte Graf von Saint-Germain 1712 in Italien geboren. Er spricht ebenso geläufig deutsch und französisch wie italienisch und drückt sich auf Englisch recht gut aus. Er ist in allen Künsten und Wissenschaften bewandert, ein guter Chemiker, Musikvirtuose und zugleich ein sehr angenehmer Gesellschafter.

Da wir drei Jahrhunderte weiter geschritten sind, wird es uns genügen die Spuren des Grafen Saint-Germain durch das 18. Jahrhundert nicht *im einzelnen* näher zu kennen, sondern auf das zu hören, was heute in diesen Spuren zu uns spricht. Was für das Bewusstsein der Gegenwart modern ist.

So kann zu uns sprechen: Er ist derjenige, der sich als Einzelner allein auf seine Fähigkeiten stellt, auf seine Geistesgaben, seinen Fleiß, seinen Einsatz da, wo er für die Mitmenschen förderlich ist. Er hält sich unabhängig von Blutsverwandten, Korpskameraden und anderen 'Seilschaften'. Er steht und fällt mit dem Vertrauen, das in ihn gesetzt wird. Er knüpft Verbindungen zu Menschen unabhängig von ihrem charakterlichen Wert. Er hält diese Verbindung auch, wenn er hintergangen oder fallengelassen wird. Er weiß sich finanziell unabhängig zu bewegen. Er unterstützt Schlechtergestellte.

In der hohen Politik vertritt er den Wert des unabhängigen Mittelsmanns, der nicht einseitigen Interessen dient und sich nicht von einer Seite vereinnahmen lässt. Er tritt für maßvolle Veränderungen ein, immer in Richtung auf friedliches Miteinander. In vielen Ländern Europas verschafft er sich Achtung. Er kann ein Vorbild für heutige Schlichter und Mediatoren sein. Er bleibt ungebrochen, wenn ihm die Möglichkeit öffentlicher Tätigkeit entzogen wird. Er enthüllt keine internen Geheimnisse, er ist nicht nachtragend. Seine Gelassenheit und Kaltblütigkeit sind bekannt. Er bemüht sich im Sinn der Volksgesundheit, wir würden es heute Prävention nennen. Besonders wichtig scheint ihm, minderwertige Nahrung zu vermeiden oder in anderer Betonung: Ansammlungen von Schlacken und Giftstoffen im Körper wieder auszuscheiden. Er verzichtet auf Ehe und Familie, wird aber als Fürstenerzieher gerühmt. Er ist unermüdlich im Bemühen, der Natur ihre Geheimnisse abzulauschen und dem Menschen einerseits dienstbar zumachen durch neue Verfahren und Fertigkeiten, andererseits durch Heilmittel.

Die Geheimnisse der Alchemie sind ihm vertraut. Zu ihr gehört von vornherein auch die Ehrfurcht vor der Schöpfung. Er tritt für brüderliches Zusammenleben aller Menschen ein. Im Rahmen der Freimaurerbewegung hält er nichts vom sich etwas Besseres dünken höherer Grade. Durch sein Reformbestreben „Lehrling - Geselle - Meister" will er brüderliches Vertrauen stärken und enge menschliche Zusammenarbeit.

Er denkt in anderen Kategorien als Erbfeindschaft, politische Positionen oder Machtinteressen. Offenbar empfindet er die Menschheit als *in Entwicklung* befindlich und will den Weg freimachen, der von der Zeit angesagt ist.

Verleumdungen und Rufmord haben dem Einsatz für seine menschheitlichen Ziele nichts anhaben können. Er war gegen diese Art von Belastungen gefeit.

Wenn er heute besser erkennbar wird als ein Bruder im Voranschreiten der Menschheit, ist es nicht abwegig, mit ihm zu rechnen, dass er uns auch weiterhin voranschreitet. „Der Mann, der nicht stirbt" muss kein Ärgernis für den Verstand sein. Es genügt, die wiederholten Erdenleben als Tatsache anzunehmen. So wird sein Auftauchen im 18. Jahrhundert ein Anstoß für unser aller Zukunft. Eine Bewusstseinsfrage. Goethes Zeilen (*West-Östlicher Divan*, „Buch des Unmuts") drücken es bereits aus:

> Wer nicht von dreitausend Jahren
> sich weiß Rechenschaft zu geben,
> Bleib im Dunkeln unerfahren,
> Mag von Tag zu Tage leben.

Anhang A:
Ausgewählte Dokumente

In den hier folgenden Textproben möge der Leser versuchen, selbst den lebendigen Grafen Saint-Germain zu finden. Wichtig ist mir, dass er sich klar ist, die von Volz und Cooper-Oakley gesammelten Dokumente müssten durchaus vollständig eingesehen werden, sogar die bei Langeveld im Anhang abgedruckten: Überall gibt es noch weiterführende Hinweise. Die nachstehende Auswahl will also nicht den Blick verengen, sondern in fundierter Weise öffnen für einen geheimnisvollen Menschen, dessen „Zauber der Persönlichkeit" sich in für uns beispielhafter Weise entfaltet hat:

Als vielsprachiger, gewandter, unerschöpflicher Unterhalter, der wie ein Herr von Stand auftrat, sich finanziell unabhängig zu halten wusste, sich aber auch monate- oder jahrelang zurückzog zu ungestörtem Forschen und Reisen; der die Naturzusammenhänge zum Besten der Menschen umsetzen wollte in Heilmittel und verbesserte Verfahren für offene Handelsbeziehungen; der einen Ruf als vorgeschrittener Alchemist hatte und auch einen entsprechenden Traktat, die *Trinosophia*, schrieb; der als Musiker und Komponist, aber auch als Maler und Kunstsammler die Zeitgenossen begeisterte und sein Geheimnis der Edelsteinreinigung oder –herstellung nicht preisgab; der als selbstlos und großzügig geschildert wird, sich für Friedensmissionen einsetzte und den Besten seiner Zeit in allen Ländern ein Begriff war, sich allerdings von immer dichteren und bösartiger werdenden Verleumdungen nicht mehr lösen konnte, die sich an sein Lebenselixier, seine angebliche Langlebigkeit, seine Fähigkeiten als „Wundermann" hefteten. Er wurde das Opfer von Nachahmern und Betrügern, und sein guter Name wurde in den Schmutz gezogen. Den Bestrebungen von Freimaurern und Rosenkreuzern, einen Personenkult mit ihm als Eingeweihten zu treiben, hat er sich entzogen. Alles deutet aber darauf hin, dass er entsprechende Fähigkeiten besaß und sie wahrhaft Strebenden wie seinem letzten Freund Carl von Hessen (zu Lebzeiten und als Vermächtnis) mitteilte. Seine Warnungen zu Zeiten der Französischen Revolution sind echt.

1. Graf Saint-Germain

Sonnet philosophique attribué au fameux St. Germain

Curieux scrutateur de la nature entière,
J'ai connu du grand tout le principe et la fin.
J'ai vu l' or en puissance au fond de sa minière,
J'ai saisi sa matière et surpris son levain.

J'expliquai par quel art l'âme aux flancs d'une mere,
Fait sa maison, l'emporte, et comment un pépin
Mis contre un grain de blé, sous l'humide poussière,
L' un plante et l'autre cep, sont le pain et le vin.

Rien n'était, Dieu voulut, rien devint quelque chose,
J'en doutais, je cherchai sur quoi l'univers pose,
Rien gardait l' équilibre et servait de soutien.

Enfin, avec le poids de l'éloge et du blâme,
Je pesai l'éternel, il appela mon âme,
Je mourus, j'adorai, je ne savais plus rien.

Mercier 1795

Philosophisches Sonett, dem Grafen Saint-Germain zugeschrieben

Neugieriger Erforscher der gesamten Natur,
wusste ich des großen Alls Anfang und End',
Erblickte das Gold in seiner Macht und Struktur,
Erfasste seinen Ursprung und entdeckte sein Ferment.

Das Wunder, wie die Seele ihr Haus errichtet
im Schoß einer Mutter – ich vermocht's zu begreifen,
Und wie Kern und Korn, im feuchten Staub vernichtet,
Wein und Brot sind, die an Stock und Pflanze reifen.

Es war Gottes Wille, dass aus Nichts etwas werde,
Daran zweifelnd sucht' ich den Grund der Erde:
Nichts hielt das Gleichgewicht, nichts diente zur Stütze.

Endlich, mit des Tadels und des Lobes Gewicht,
Wog ich das Ewige – es rief meine Seele ins Licht.
Ich starb, ich betete an, all mein Wissen war nichts mehr nütze.

                    Deutsche Fassung: Michael Frensch

Von Saint-Germain stammt das nachfolgende Gebet, das Frankreichs Kriegsminister, der Marschall Belle-Isle, Herzog von Vernon, im Jahre 1760 auf-
zeichnete, als der Graf von Saint-Germain dies in Versailles sprach:

O Du großer Schöpfer aller Welten,
O Gott, führe mich auch fürder auf rechtem Wege
und durch die Geschehen der Zeit.

Verleihe mir weiterhin die Kraft,
Deinem Willen ergeben zu folgen, Deinen Gesetzen
zu dienen in der Materie und im Geist.

Heilig ist Dein Walten –wie Du lässest im Osten
die Sonne steigen zu allem Beginn.
Heilig ist Dein Vollenden – Heilig ist alles,
was Du mich ahnen, sehen und begreifen lässt.

Ich beuge mich vor Dir, du göttliche Macht.
Alles ist Dein Werk: Luft, Erde, Feuer und Wasser.
Die Gestirne und der Kosmos.
Du Gestalter allen Lebens und aller Kreaturen.

Ich erkenne Dich im Samenkorn wie in der Orchidee
im Adler, wie im Glanz der Metalle

O unsterblicher Geist, nimm mich, einen Wanderer
in den Kreis Deiner Propheten auf, dass ich geläutert lebe
und segensreich wirke.
Ein Bruder unter den Brüdern der Sonne.

Mein Fuß wird nicht ruhen, mein Blick nicht verweilen,
überall werde ich sein
und allen Völkern Deinen Ruhm verkünden.

Aus der Zeit um 1759 überliefert Madame du Hausset, die Hofdame der Marquise von Pompadour (Madame genannt), schriftlich eine Erzählung Saint-Germains. Zuvor eine Bemerkung an den König Ludwig XV.:

Eines Tages sagte Herr von Saint-Germain zum König: „Um die Menschen zu achten, darf man weder Beichtvater noch Minister noch Polizeidirektor sein." Der König setzte hinzu: „Und König." – „Ach Sire," rief er, „Sie haben den Nebel vor einigen Tagen gesehen, man sah keine vier Schritt weit. Die Könige sind – allgemein gesprochen – in noch viel dichtere Nebel gehüllt, die Ränkeschmiede, treulose Minister um sie entstehen lassen, und in allen Volksklassen ist man sich darin einig, ihnen die Dinge in falscher Beleuchtung zu zeigen." Dies hörte ich aus dem Munde des berühmten Grafen Saint-Germain, als ich bei Madame war, die unpässlich war und im Bette lag. Der König besuchte sie, und auch der Graf wurde als willkommener Gast empfangen. Herr von Gontaut, Frau von Brancas und der Abbé de Bernis waren dabei...
Madame sagte zu ihm: „Man erzählt von einer reizenden Geschichte, die Sie vor zwei Tagen beim Souper beim Premier zum besten gaben und deren Augenzeuge Sie vor 50 bis 60 Jahren waren." Er lächelte und sprach: „Sie ist etwas lang." – „Um so besser", entgegnete Madame und schien ganz entzückt. Herr von Gontaut und die Damen kamen, und man ließ die Tür schließen. Dann winkte Madame mir, hinter einem Wandschirm Platz zu nehmen. Der Graf entschuldigte sich sehr, dass seine Geschichte vielleicht langweilen werde. Manchmal erzähle man gut, und ein andermal hätte man weniger Glück.

Saint-Germains Erzählung

Der Marchese von San Gil war zu Anfang dieses Jahrhunderts spanischer Botschafter im Haag. In seiner Jugend war er mit dem Grafen von Moncada befreundet gewesen, einem spanischen Granden und einem der reichsten Herren des Landes. Einige Monate nach seiner Ankunft im Haag erhielt er einen Brief des Grafen, der ihn bei seiner Freundschaft beschwor, ihm einen sehr großen Dienst zu leisten. „Wie Sie wissen, lieber Marchese," schrieb er ihm, „hatte ich den Kummer, den Namen Moncada nicht fortpflanzen zu können. Doch kurz nachdem ich Sie verlassen, erhörte der Himmel mein Flehen und schenkte mir einen Sohn. Der zeigte frühzeitig eines Mannes seiner Abkunft würdige Neigungen, aber das Unglück wollte, dass er sich in Toledo in die berühmteste Schauspielerin der dortigen Truppe verliebte. Ich schloss die Augen über diesen Jugendstreich, da ich bisher stets zufrieden mit ihm war. Als ich aber erfuhr, dass ihn die Leidenschaft derart verblendete, dass er das Mädchen heiraten wollte, und dass er ihr ein schriftliches Eheversprechen gegeben hatte, bat ich den König, sie einsperren zu lassen. Als mein Sohn von meinem Schritt erfuhr, kam er ihm zuvor und entfloh mit der Geliebten. Seit über einem halben Jahre weiß ich nicht, wohin er seine Schritte gelenkt hat, aber ich habe Grund zu der Annahme, dass er im Haag ist." Nun beschwor der Graf den Marchese im Namen seiner Freundschaft, die genauesten Nachforschungen anzustellen, um ihn ausfindig zu machen und ihn zur Heimkehr zu bewegen. „Es ist recht und billig", schrieb der Graf, „dem Mädchen eine Versorgung zu geben, falls sie das Heiratsversprechen, das sie sich ausstellen ließ, wieder herausgibt. Ich überlasse es Ihnen, die Entschädigung zu bestimmen und meinem Sohn so viel auszuzahlen, dass er in anständigem Aufzuge nach Madrid zurückkehren kann. Ich weiß nicht, ob Sie Kinder haben", schloss der Graf. „Wenn ja, so können Sie sich einen Begriff von meiner Sorge machen." Dem Brief lag eine genaue Beschreibung seines Sohnes und seiner Geliebten bei.

Sobald der Marchese ihn erhalten hatte, ließ er in allen Gasthöfen von Amsterdam, Rotterdam und dem Haag nachforschen. Doch umsonst! Er brachte nichts heraus. Er begann schon am Erfolg seiner Schritte zu verzweifeln, als er auf den Gedanken kam, einen sehr geweckten jungen französischen Pagen dazu zu benutzen. Er versprach ihm eine Belohnung, falls es ihm gelänge, die so dringend gesuchten Personen zu entdecken, und er gab ihm deren Beschreibung. Mehrere Tage streifte der Page vergebens an allen öffentlichen Orten umher. Endlich, eines Abends im Theater, erblickte er in einer Loge einen jungen Mann und eine Dame, die er aufmerksam betrachtete. Als er merkte, dass beide, durch seine Aufmerksamkeit betroffen, sich in den Hintergrund der Loge zurückzogen, zweifelte der Page nicht mehr am Erfolg seiner Nachforschungen. Er ließ die Loge nicht aus den Augen und beobachtete gespannt alles, was darin vorging. Als das Stück aus war, stand er in dem Gange, der von den Logen zum Portal führte, und als der junge Mann an ihm vorbeiging, bemerkte er, dass seine Tracht diesem offenbar auffiel, und dass er sein Taschentuch vor den Mund hielt, um sich unkenntlich zu machen. Unauffällig folgte er ihm bis zum Gasthof „Vicomte de Turenne", in den er ihn mit seiner Begleiterin eintreten sah. Dann eilte er, seiner Sache gewiss, zu dem Botschafter, um ihn zu benachrichtigen.

Der Marchese von San Gil begab sich sofort, in einen Mantel gehüllt und von seinem Pagen und zwei Dienern gefolgt, nach dem Gasthof. Dort angelangt, fragte er den Wirt, wo sich das Zimmer eines jungen Mannes und einer Dame befände, die seit einer Weile bei ihm wohnten. Der Wirt machte zunächst einige Schwierigkeiten, es zu sagen, wenn der Name der beiden nicht angegeben würde. Aber der Page machte ihn darauf aufmerksam, dass er mit dem spanischen Botschafter spräche, der seine Gründe hätte, mit diesen Personen zu reden. Da sagte der Wirt, sie wünschten nicht bekannt zu werden und hätten verboten, jemand bei ihnen einzulassen, der ihren Namen nicht nenne. Aus Hochachtung vor dem Botschafter jedoch gab er ihm das Zimmer an und führte ihn selbst ins oberste Stockwerk in ein elendes Stübchen. Er klopfte an, aber es dauerte ein Weilchen, bis die Tür geöffnet wurde. Endlich, als er von neuem stark gepocht hatte, wurde sie halb geöffnet, aber beim Anblick des Botschafters und seines Gefolges wollte der, welcher sie geöffnet hatte, sie wieder schließen, indem er sagte, man irre sich wohl. Da stieß der Botschafter sie mit Gewalt auf, trat ein und gebot seinen Leuten, draußen zu warten.

Als er allein im Zimmer stand, sah er einen jungen Mann von sehr hübschem Äußeren, das vollkommen zu der Beschreibung passte. Bei ihm war ein junges Weib, schön und von guter Figur, dessen Haarfarbe, Wuchs und Gesichtsschnitt gleichfalls mit der Beschreibung des Grafen von Moncada übereinstimmte. Der junge Mann brach zuerst das Schweigen. Er beschwerte sich über das gewaltsame Eindringen bei einem Fremden, der in einem freien Lande sei und unter dem Schutz der Gesetze lebe. Der Botschafter trat auf ihn zu, um ihn zu umarmen, und sprach: „Verstellen Sie sich nicht, lieber Graf! Ich kenne Sie und komme nicht her, um Ihnen Verdruss zu bereiten, auch der jungen Dame nicht, die mir sehr fesselnd erscheint."

Der Jüngling entgegnete, er irre sich. Er sei kein Graf, sondern der Sohn eines Kaufmanns aus Cadix. Die junge Frau sei seine Gattin, und sie reisten zu ihrem Vergnügen. Der Botschafter warf einen Blick in das elend ausgestattete Stübchen, in dem nur ein einziges Bett stand, sowie auf das armselige Gepäck, das herumlag. „Wohnt hier, liebes Kind – gestatten Sie mir diese Anrede, zu der mich die zärtliche Freundschaft zu Ihrem Herrn Vater ermächtigt – wohnt hier der Sohn des Grafen Moncada?" Der junge Mann behauptete immer noch, nicht zu verstehen, was er meinte. Schließlich aber ward er durch den eindringlichen Zuspruch des Botschafters besiegt und gestand weinend, dass er Moncadas Sohn sei, er aber niemals zu seinem Vater zurückkehren werde, falls er das angebetete Weib verlassen müsse.

Auch sie brach in Tränen aus, warf sich dem Botschafter zu Füßen und sagte, sie wolle nicht die Ursache des Unglücks des Grafen Moncada sein. Indem ihre Hochherzigkeit oder vielmehr ihre Liebe über ihren eigenen Vorteil siegte, erklärte sie sich bereit, da es sich um sein Glück handle, sich von ihm zu trennen.

Der Jüngling gerät in Verzweiflung, macht seiner Geliebten Vorwürfe und erklärt, er wolle sie nicht verlassen und nicht dulden, dass ihr edles Herz sich gegen sie selbst, gegen ein so liebenswertes Wesen kehre. Der Botschafter entgegnet, es sei nicht die Absicht des Grafen Moncada, sie unglücklich zu machen, vielmehr sei er beauftragt, ihr eine angemessene Summe zu geben, damit sie nach Spanien zurückkehren oder leben könne, wo sie sonst wolle. Ihre vornehme Gesinnung und ihre echte Zärtlichkeit, sagte er, flößten ihm die größte Anteilnahme ein und bestimmten ihn, die Summe, die er ihr gegenwärtig zu geben beauftragt sei, so hoch wie möglich zu bemessen. Somit verspräche er ihr 10.000 Gulden (etwa 30.000 Franken), die ihr ausgezahlt werden sollten, sobald sie das ihr gegebene schriftliche Heiratsversprechen ausliefere und der Graf Moncada zum Botschafter übergesiedelt sei und nach Spanien zurückzukehren gelobt habe.

Das junge Weib achtet scheinbar nicht auf die Summe und denkt nur an ihren Liebhaber und den Schmerz, ihn zu verlieren, an das grausame Opfer, zu dem Vernunft und Eigenliebe sie zwingen. Dann zieht sie aus einer kleinen Brieftasche das Heiratsversprechen des Grafen und sagt: „Ich kenne sein Herz zu gut, um dies nötig zu haben", küsst es mit einer Art Überschwang mehrere Male und überreicht es dem Botschafter, der ob solcher Seelengröße erstaunt ist. Er verspricht dem jungen Weibe, sich stets ihrer anzunehmen, und versichert dem Grafen, dass sein Vater ihm verzeihen werde. Mit offenen Armen, sagt er, werde er den verlorenen Sohn aufnehmen, der zu den untröstlichen Seinen zurückkehre; das Herz eines Vaters sei eine unerschöpfliche Quelle der Zärtlichkeit. Wie glücklich werde sein so lange bekümmerter Freund sein, wenn er diese Nachricht erhalte, und wie glücklich fühle er sich selber, das Werkzeug dieses Glückes zu sein! So redete der Botschafter auf den Jüngling ein, und dieser schien lebhaft gerührt.

Da der Botschafter indes befürchtete, die Liebe möchte in der Nacht ihre ganze Gewalt wieder erlangen und über den hochherzigen Entschluss der Dame siegen, drängte er den jungen Grafen, ihm in sein Haus zu folgen. Die Tränen und Schmerzenslaute, die diese grausame Trennung hervorrief, sind schwer zu beschreiben und rührten das Herz des Botschafters tief. Er versprach, der jungen Dame seinen Schutz angedeihen zu lassen. Das kleine Gepäck des Grafen war leicht fortgeschafft, und am Abend befand er sich im schönsten Gemache des Botschafters, der hocherfreut war, dem erlauchten Hause Moncada den Erben seiner Größe und so vieler prächtiger Besitzungen wiedergegeben zu haben.

Als der junge Graf am Tage nach diesem glücklichen Ereignis aufsteht, sieht er Schneider, Stoff- und Spitzenhändler usw. erscheinen, und er braucht nur zu wählen. Zwei Kammerdiener und drei Lakaien warten in seinem Vorzimmer, und zwar Leute, die der Botschafter unter den klügsten und ehrlichsten ausgewählt hat. Sie melden sich bei ihm zum Dienste. Der Botschafter zeigt dem jungen Grafen den Brief, den er soeben an dessen Vater geschrieben hat. Darin beglückwünscht er ihn zu einem Sohne, dessen Gesinnung und Eigenschaften seinem erlauchten Blut entsprechen, und meldet ihm seine baldige Heimkehr. Die junge Frau ist nicht vergessen. Er gesteht, dass er ihrer Hochherzigkeit die Unterwerfung seines Sohnes zum Teil danke, und zweifelt nicht, dass der Graf das Geschenk von 10.000 Gulden gutheißen werde.

Diese Summe wurde der edlen, fesselnden Person noch am selben Tage zugestellt, und sie reiste alsbald ab. Auch die Zurüstungen zur Abreise des Grafen wurden getroffen. Eine prächtige Garderobe, ein ausgezeichneter Wagen wurden in Rotterdam auf ein Schiff verladen, das nach Frankreich in See ging und auf dem der Graf ebenfalls abfahren sollte, um sich von dort nach Spanien zu begeben. Bei seiner Abreise erhielt er eine erhebliche Geldsumme und beträchtliche Wechsel auf Paris. Rührend war der Abschied des Botschafters von dem jungen Herrn.

Voller Ungeduld erwartete der Botschafter die Antwort des Grafen Moncada und genoß dessen Freude, indem er sich an seine Stelle versetzte. Nach vier Monaten traf sie endlich ein. Aber umsonst wird man versuchen, die Überraschung des Botschafters zu schildern, als er folgendes las:

„Der Himmel hat mir nie die Genugtuung gewährt, Vater zu sein, lieber Marchese. Er hat mich mit Gütern und Ehren überhäuft, aber mir den Kummer bereitet, keine Erben zu haben und mein erlauchtes Geschlecht mit mir aussterben zu sehen, und so hat er mein Leben mit dem bittersten Gram erfüllt. Ich sehe zu meinem tiefsten Leidwesen, dass Sie durch einen jungen Abenteurer getäuscht worden sind, der die Kenntnis von unserer alten Freundschaft gemissbraucht hat. Aber Euer Exzellenz sollen nicht der Angeführte sein. Den Grafen Moncada haben Sie sich zu verbinden geglaubt; er hat die Pflicht, das zu begleichen, was Sie ihm in hochherziger Freundschaft vorgestreckt haben, um ihm ein Glück zu bereiten, das ihn aufs höchste erfreut hätte. Ich hoffe also, Herr Marchese, Sie werden ohne Widerstreben die beiliegende Summe von 3.000 Louisdors laut ausgestellter Rechnung annehmen."

Die Art, wie der Graf Saint-Germain den jungen Abenteurer, seine Geliebte und den Botschafter reden ließ, brachte die Zuhörer abwechselnd zum Weinen und zum Lachen. Die Geschichte ist buchstäblich wahr...

Madame hatte den Einfall, ein Lustspiel daraus zu machen, und der Graf schickte ihr die Geschichte schriftlich, so wie ich sie hier abgeschrieben habe.

Symptomatisch nenne ich, dass von den reizvollen Geschichten, für die Saint-Germain gerühmt wurde, nur eine wirklich glaubhaft (d. h. aus seinem Munde) überliefert ist, die als eine Warnung an Ludwig XV. und Mme de Pompadour gelesen werden kann: wie geschickte Betrüger einem einflussreichen Mann nach dem Munde reden, ihm gekonnt etwas vorspielen und eine erhebliche Summe Geldes aus der Tasche ziehen. Der Nebel, von dem Saint-Germain in Bezug auf des Königs Höflinge spricht, bedeutet, dass er die Menschen um sich genauer ansehen könnte und durch das Gewölk von Schönrednerei hindurch prüfen möchte, wem er vertrauen kann. Zum andern ist sie bezeichnend für Saint-Germains bewegtes Leben selbst: Jene, die ihn hochgelobt haben, wandten sich ebenso rasch und gründlich gegen ihn oder ließen ihn im Stich. Es ist eine Geschichte über Freunde, die wir gerne hätten und nicht jene wie KH von Gleichen oder Madame de Genlis, die sich der näheren Bekanntschaft rühmen und in Wirklichkeit nur haltlose Phantasien verbreiten. Was ist Vertrauen, was sind gefälschte Beziehungen?

2. Eine Zusammenfassung der wichtigsten gesicherten Zeugnisse über Saint-Germain legt Mária Szepes einem jungen Alchemistenschüler in den Mund:

Ich war zwanzig Jahre alt, als ich ihn kennenlernte. Er kam als unerwarteter Besuch auf die Burg Grotte. Damals hatte ich bereits viel von ihm gehört. Ich bekam sogar die Erlaubnis, jene geheime Bibliothek zu besuchen, die zum Großteil St. Germains berühmte und auf wunderbare Weise vollkommene okkulte Büchersammlung und seine seltenen, wertvollen Handschriften barg. Seine weltlichen Freunde, die von diesen Schätzen wussten, suchten nach seinem scheinbaren körperlichen Dahinscheiden vergebens nach ihnen. Doch ich kannte auch seine Gemälde, die er mit solch strahlenden, von ihm selbst gemischten Farben gemalt hatte, dass der Beschauer sofort in ihren Bann geschlagen wurde. Es war allgemein bekannt, dass Vanloo, der französische Maler, ihn anflehte, das Geheimnis seiner Farbmischung zu verraten, doch St. Germain wies dieses Ansinnen ab. In Versailles gab er Geigenkonzerte, dirigierte symphonische Konzerte ohne Partitur, schrieb Lieder und Opern.

Friedrich der Große, Voltaire, Madame de Pompadour, Rousseau, Chatham und Walpole, alle, die ihn kannten, wetteiferten miteinander, von Neugier getrieben, um das Geheimnis seiner Herkunft zu ergründen. Im allgemeinen hielt man ihn für einen Sohn von Rákóczi, Fürst von Transsylvanien, später war die Theosophie der Meinung, er sei Franz Rákóczi persönlich, an dessen Stelle, als er vor den Augen der Welt verstarb, ein anderer bestattet wurde. Es gab auch welche, die behaupteten, dass er in verschiedenen Ländern jeweils unter anderem Namen aufgetaucht sei, so in Venedig als Marquis de Montferrat, Comte Bellamare oder Aymar, in Pisa als Chevalier Schoening, in Mailand und Leipzig als Chevalier Weldone, in Genua und Livorno als Comte Soltikoff, in Schwabach und Triesdorf als Graf Tsarogy, in Dresden als Rákóczi, in Paris, den Haag und St. Petersburg als Saint-Germain. Einige der mystischen Schriftsteller meinten in seiner Person einen Zusammenhang mit dem geheimnisvollen Grafen Gabalis zu entdecken, der vor dem Abbé Villiers erschienen war und ihm einige Aufsätze über die submundanen Geister überreicht hatte. Nach anderen wiederum war er mit jenem namhaften Signor Gualdi identisch, der Hargrave Jennings dazu brachte, in seinem Buch *Die Rosenkreuzer, ihre Riten und Mysterien* über ihn zu schreiben. Man mutmaßte auch, dass er mit dem Count Hompesch, dem letzten Großmeister des Malteserordens, identisch sei. Diese schwindelerregende Vielfalt seines Lebens war mit Recht dazu angetan, das Urteilsvermögen der Leute zu verwirren, obwohl es feststehen dürfte, dass er sich hinter keinem der oben aufgeführten Namen verbarg. Damals war die Welt noch riesengroß und die Entfernungen waren enorm. Die berühmte, schillernde Gestalt des Grafen St. Germain erregte die Phantasie so manchen Abenteurers, der dann, länderweit entfernt, den Nimbus dieser großen Persönlichkeit weidlich ausnutzte. Dies war auch bei dem anderen Eingeweihten, dem Grafen Cagliostro, der Fall, dessen in seinem Bestreben achtenswerte Gestalt die Geschichte mit der Person des Hochstaplers Joseph Balsamo identifizierte, obwohl ich mich selbst davon überzeugen konnte, dass Cagliostro und

Balsamo nicht eine, sondern zwei verschiedene Personen waren, zwei Personen, die sich von Grund auf voneinander unterschieden.

Wer aber der Meinung war, dass die verschiedenen Erscheinungsformen des Grafen St. Germain nur einem einzigen, alltäglichen und niedrigen Zweck dienten, nämlich dem Ziel, sich auf diese Weise materielle Vorteile zu verschaffen, der irrte sich gründlich. Seine Gemälde- und Juwelensammlung war auf dieser Welt beispiellos. Nach dem schriftlichen Zeugnis der Madame Pompadour hat er die Schatzkammer des Königs mit Bildern von Velasquez und Murillo bereichert. Der Marquise aber schenkte er die edelsten Juwelen von unschätzbarem Wert. St. Germain war stets ein Mäzen und nie ein Günstling gewesen. Er hat nie auch nur im geringsten Maß jenes Vertrauen missbraucht, mit dem er ausgezeichnet wurde. Alle Bestrebungen, die Herkunft und den Umfang seines Vermögens zu bestimmen, blieben fruchtlos. Er hatte keinerlei Beziehungen zu Banken oder Bankiers, dennoch verstand er es, eine Atmosphäre zu schaffen wie einer, der über grenzenlosen Kredit verfügt.

Mit Ludwig XV. war er befreundet. Sein chemisches Wissen faszinierte jeden. Auf Ersuchen Ludwigs XV. entfernte er bei Hofe Flecken aus Diamanten und Smaragden. Beim Färben von Edelsteinen erzielte er überraschende Ergebnisse, indem er Farbstoffe, die er selbst erfunden hatte, mit pulverisiertem Perlmutt mischte. Der König zollte ihm Dankbarkeit und Bewunderung. Das ganze höfische Leben wurde auf den Kopf gestellt. Er brachte Spannung, einen neuen Ton und einen mystischen, frischen Luftzug in den steifen Formalismus der Aristokratie. Überall erwartete man Wunder, alle Welt sprach von Alchimie, von Magie und Weissagung, von den merkwürdigen Briefen und Aussprüchen St. Germains. Graf St. Germain kannte sämtliche Ereignisse genau, die Jahrtausende zurücklagen. Über manchen Auftritt am Hofe Franz' I. sprach er wie einer, der selbst zugegen gewesen, beschrieb das Aussehen des Königs, ahmte seine Stimme und seine Art nach – aber auch über Babylon zur Zeit der Herrschaft des Großen Kyros konnte er ebenso detaillierte Angaben machen und vertrauliche Kleinigkeiten berichten. Es gab welche, die ihn für einen krankhaften Lügner, für einen Scharlatan hielten, der unbedingt Aufsehen erregen wollte, obwohl man die unmittelbare Natürlichkeit seiner Vorträge, die Genauigkeit seiner Angaben und sein blendendes Wissen in jeder Hinsicht anerkennen musste, auch die Tatsache, dass seine Worte überzeugend wirkten. Sein Genius wurde nicht zuletzt durch sein tiefschürfendes Übersichtsvermögen charakterisiert, mit dem er die Situation in Europa erkannte, und durch jene vollkommene Geschicklichkeit, mit der er die Hiebe seiner politischen Gegner parierte. Stets hatte er irgendwelche Empfehlungsschreiben zur Verfügung, die ihm die Tore zu den höchsten Kreisen Europas öffneten. Während der Herrschaft Peters des Großen hielt er sich in Russland auf, zwischen 1737 und 1742 war er ein geschätzter Gast am Hofe des Schahs von Persien. Doch er war beliebt und wurde geachtet von Persien bis Frankreich, von Kalkutta bis Rom. Seine Sprachkenntnisse waren schon übernatürlich. Er sprach fließend Deutsch, Englisch, Italienisch, Portugiesisch, Spanisch, Französisch mit piemontesischem Akzent, Griechisch, Latein, Sanskrit, Arabisch und Chinesisch, dass er in jedem Land, das er besuchte, als echter Eingeborener begrüßt wurde. Er konnte beide Hände mit solcher Geschicklichkeit gebrauchen, dass er ein und denselben Text mit beiden Händen gleichzeitig niederschreiben konnte. Als man dann die beiden Blätter übereinanderlegte und durchleuchtete, stellte man fest, dass sich die Zeilen und Buchstaben der beiden Schriftstücke vollkommen deckten. Doch er war auch in der Lage, mit seinen Händen zwei verschiedene Texte zu schreiben, ein Sonett mit der einen, ein mystisches Gedicht mit der anderen. Zweimal führte er die Transmutation in aller Öffentlichkeit vor. Seine verjüngenden, verschönernden Elixiere, seine Medikamente fanden reißenden Absatz, wo immer er auftauchte.

Ich muss gestehen, dass mich alles, was ich von ihm hörte, etwas verwirrte. Nicht dass ich seine außerordentlichen Fähigkeiten bezweifelt hätte. Wenn er ein echter Magier und Eingeweihter war, so musste er auch all dies verschiedene Wissen besitzen. Was mich überraschte und befremdete, war die Art, in der er offen, fast herausfordernd im Rahmen eines glänzenden Vermögens vor verblüfften, entsetzten oder spöttelnden Holzköpfen agierte. Wozu braucht ein Adept zwei Kammerdiener und vier Lakaien in tabakfarbenen, goldbetressten Uniformen?

Warum reiste er mit einer so umfangreichen und schmucken Garderobe
wie eine Kurtisane? Warum wechselte er allwöchentlich seine Juwelen
und seinen Namen? Ich brachte vor meinem Vater meine Zweifel zur
Sprache, doch er lächelte.

„St. Germain braucht diesen Rahmen ebensowenig wie du und ich.
An dieses Leben stellt er keine weiteren Anforderungen. Was er will,
ist die Bleibe eines Einsiedlers im Herzen des Himalaya, woher er gekommen ist, woher er durch Kräfte in die Welt gesandt wurde, die
mächtiger sind als er, um eine bestimmte Mission zu erfüllen, wohin er
zurückkehren wird, sobald seine Mission erfüllt ist. Du musst wissen,
dass er selbst bei den üppigsten Mahlzeiten keine Speise berührt und
nur nach jener kargen, fleischlosen Diät lebt, die nach seinen eigenen
Rezepten zubereitet wird. Er erledigt seine Konzentrations- und Medi-
tationsübungen, die auf dem orientalischen Esoterismus fußen, bereits
in den frühen Morgenstunden, und er verkehrt mit keinem Weib. Da er
das Geheimnis der Umwandlung einfacher Steine in Edelsteine ebenso
beherrscht wie das Geheimnis des Goldmachens, ist es für ihn recht
einfach, sich jene gefällige Maske zu beschaffen, in der ihn die Welt
eher akzeptiert und eher auf ihn hört, als wenn er im gelben Gewand
als kahlköpfiger Mönch erscheinen würde. Die Kunst der Verblendung,
die auf mancherlei Art sichtbar wird, ist nichts weiter als jener Hokus-
pokus der Ärzte, mit dessen Hilfe sie die Phantasie eines kranken Kin-
des fesseln, während sie es untersuchen, ihm bittere Medizin in den
Mund zaubern, eventuell auch gefährliche Geschwüre entfernen. Diese
kranke und von der Quelle ihrer geistigen Gesundheit abgelöste, gä-
rende Welt würde den Magier in seiner gewaltigen Einfachheit nicht
begreifen, die Welt, die wählerisch, überkompliziert und von Wahn besessen der Krise entgegensteuert. Auch St. Germain wurde, wie jeder
Beauftragte, in der finsteren Dämmerung ausgesandt, wo die Erde bebt,
um die Rettungsinseln der Seele zu errichten. Doch welche Gongs muss
derjenige ertönen lassen, welche Glocken läuten, welche Farben, welche
nie gesehenen Phänomene beschwören, damit die durch die Materie
verblendeten und betäubten Unglücklichen, die krankhaft Miss-
trauischen auf ihn aufmerksam werden. Er muss ein König sein unter

den Königen, ein Krösus unter den Reichen und ein Magier unter den Philosophen. Er muss jedermanns Sprache verstehen, mit jedermanns Augen sehen, er muss die geheimen Stimmen vernehmen, die hinter den sichtbaren Ereignissen flüstern, er muss den Ruf durch Wände und über Länder hinweg vernehmen und muss selbst durch Wände dringen."

Mária Szepes, Der Rote Löwe, München o. J.

3. Giacomo Casanova beschreibt in der *Geschichte meines Lebens,* erschienen 1832, den Eindruck, den Graf Saint-Germain im Jahr 1758 auf ihn gemacht hat:

Er war gelehrt, beherrschte die meisten Sprachen, war ein großer Musiker und Chemiker, hatte ein angenehmes Gesicht und verstand alle Frauen zu kirren; denn er gab ihnen zugleich Schminken und Schönheitsmittel und schmeichelte ihnen mit der Hoffnung, nicht, sie zu verjüngen denn er war so bescheiden, zu gestehen, dass er dies nicht vermöchte, wohl aber, sie in ihrem jetzigen Zustande zu erhalten, und zwar mittels eines Wassers, das er ihnen schenkte, obwohl es ihn selbst, wie er sagte, viel Geld kostete.

Er hatte die Gunst der Frau von Pompadour zu erlangen gewusst, die ihm eine Unterredung mit dem Könige verschaffte, und diesem hatte er ein hübsches Laboratorium eingerichtet. Denn der liebenswürdige Monarch, der sich überall langweilte, glaubte etwas Unterhaltung oder doch Zerstreuung beim Herstellen von Farben zu finden. Der König hatte ihm eine Wohnung im Schlosse Chambord angewiesen und ihm 100.000 Franken zum Bau eines Laboratoriums gegeben. Wie Saint-Germain behauptete, wollte der König durch seine chemischen Produkte die französischen Fabriken in Blüte bringen...

Der seltsame Mann erschien oft in den besten Häusern der Hauptstadt zum Diner, rührte aber keinen Bissen an und behauptete, sein Leben hinge von seiner Ernährungsweise ab, die niemand außer ihm kennen könne. Mit dieser Wunderlichkeit fand man sich ab, denn man war nur auf seine Erzählerkunst erpicht, die ihn tatsächlich zur Seele aller von ihm besuchten Gesellschaften machte.

Schon 1784 erschien folgende Charakteristik in Casanovas *Monolog eines Denkers*:

> Sein Gesicht war angenehm, vornehm sein Auftreten. Er war ein guter Erzähler, wenn er auch manchmal aufschnitt, sprach alle Sprachen gut. Dazu war er ein großer Chemiker, ein großer Musiker, besaß die Formen der guten Gesellschaft, zeigte sich selten, war zurückhaltend, höflich, witzig, geistvoll – kurz, er war von solcher Art, dass selbst die, die auf ihn hereingefallen waren, es ohne Erröten zugaben. König Ludwig XV., der sich, wo er auch war, langweilte, fand Zeitvertreib in dem von Saint-Germain ihm eingerichteten Laboratorium. Er gab ihm eine Wohnung im Schloss Chambord und 100.000 Franken.

4. Willem Bentinck van Rhoon, der bevollmächtigte Minister der Niederlande, vertraut seinem persönlichen „Journal" an, was sich im Rückblick auf die Affäre Den Haag 1760 zusammenfassen lässt. Er erwähnt dabei, was er Monate vorher im Zusammenhang mit Lignières Firma von Reinigungsmaschinen für Häfen, Kanäle und Flüsse gehört hat, bei der Saint-Germain Teilhaber war:

18. April 1760
Vor einigen Monaten empfahl mir Mr. Yorke wärmstens einen gewissen Monsieur Ligniére, der hierher kam, um sich ein Patent zu sichern für eine Maschine neuer Erfindung...

D'Affry besuchte mich, und als er von Ligniére und seinen Beziehungen zu Saint-Germain sprach, fiel mir dieser Name auf und erregte meine Neugierde, da ich viel über ihn in England gehört hatte, wo er längere Zeit gewesen war und in den besten Kreisen verkehrt hatte. Kein Mensch dort wusste, wer er war. Aber das wunderte mich nicht, da es in England keine Geheimpolizei gibt. Um so erstaunlicher war dagegen, dass er in

Frankreich unbekannt war. Nur der König, so erzählte d'Affry, kannte ihn, und in England, wie er glaubte, der Herzog von Newcastle. Ich berichtete d'Affry, was ich über Saint-Germain, sein Gebaren, seinen Reichtum, sein prächtiges Auftreten gehört hatte, ebenso über die Regelmäßigkeit, mit der er seine Schulden bezahlte, und über die großen Summen, die er in England, wo das Leben teuer ist, ausgab usw. Darauf bemerkte d'Affry, sicher wäre er ein merkwürdiger Mann; die seltsamsten Geschichten würden von ihm erzählt, eine immer abgeschmackter als die andere. Zum Beispiel solle er den Stein der Weisen besitzen, 100 Jahre alt sein, obwohl er noch nicht wie ein Vierziger aussähe usw. Meine Frage, ob er ihn persönlich kenne, bejahte er; im Hause der Prinzessin Montauban sei er ihm begegnet. Saint-Germain sei in Versailles hochwillkommen und eine bekannte Persönlichkeit gewesen und habe oft Frau von Pompadour besucht. Er sei verschwenderisch und trete prächtig auf. Unter anderem erwähnte er seine kostbaren Gemälde, Juwelen und Kunstgegenstände. An weiteres erinnere ich mich nicht mehr...

Auf die Mitteilung von Lignière, dass ich seine Bekanntschaft wünschte, machte mir Saint-Germain im März seinen Besuch. Seine Unterhaltung gefiel mir außerordentlich; sie war glänzend, voll Abwechslung und reich an Schilderungen der verschiedenen Länder, die er gesehen hatte – alles sehr fesselnd. Seinen Urteilen über Personen und Sachen, die mir bekannt waren, konnte ich nur beipflichten. Sein Auftreten war sehr höflich und bewies, dass er in der besten Gesellschaft aufgewachsen war.

5. Aus der Presse:

London Chronicle vom 5. Juni 1760
Welche Gründe den geheimnisvollen Fremdling hierher geführt haben, ist völlig unbekannt, ebenso, weshalb der Hof solches Aufheben von ihm gemacht hat. Sein rätselhaftes Leben und die seltsamen Dinge, die von ihm erzählt werden, geben seinen gewöhnlichsten Handlungen, deren Schauplatz ganz Europa ist, etwas Besonderes.

Die ehrenvollen Titel, mit denen er sich schmückt, verdankt er weder seiner Geburt noch irgendwelcher Fürstengunst. Selbst sein Name ist ein Geheimnis, das bei seinem Tode noch mehr Verwunderung erregen wird als alle wunderbaren Ereignisse seines Lebens. Sein jetziger Name ist angenommen.

Das Wort „Unbekannter", mit dem man ihn bezeichnet, ist zu schwach; die Bezeichnungen „Abenteurer" und „Glücksritter" aber gehen von niedrigen Voraussetzungen aus, die nicht seinem Wandel entsprechen. Sie träfen nur zu, wenn man damit einen Mann – ich möchte fast sagen, einen vornehmen Mann – bezeichnete, der viel ausgibt und von niemandem abhängt, dessen Einnahmequellen unbekannt sind, der aber die der Gauner verschmäht, und dem von keinem Menschen und nirgendwo nachgesagt werden kann, dass er ihn benachteiligt hätte.

Unsere Kenntnis über sein Vaterland ist ebenso gering wie über seine Herkunft. Die gewagtesten Vermutungen füllen die Lücken aus, und auf dieser Grundlage hat niedrige Gesinnung, die überall etwas Schlechtes annimmt und sieht, Geschichten erfunden, die ebenso lächerlich wie für ihren Helden entehrend sind. Es wäre aber recht und billig, mit dem Urteil zurückzuhalten, bevor man ihn kennt, und Menschenpflicht wäre es, diese widersinnigen, haltlosen Geschichten nicht kritiklos hinzunehmen. Beschränkt man sich auf das, was bekannt ist, so erscheint er nur als ein Unbekannter, dem niemand etwas vorzuwerfen hat und dem Mittel unbekannten Ursprungs zur Verfügung stehen, um in dieser Weise seit geraumer Zeit aufzutreten. Vor Jahren tauchte er in England auf (1743-1745). Seitdem hat er die größten europäischen Höfe mit dem glänzenden Gefolge eines vornehmen Fremden besucht... Bei seiner ersten Reise nach England fand er eine große Vorliebe für Musik vor und entzückte uns durch sein Geigenspiel. Seine Begabung für dies Instrument ist so hervorragend, dass man mit einem unserer Dichter sagen könnte, er sei mit der Violine in der Hand geboren. Italien fand ihn seinen Virtuosen ebenbürtig, ebenso seinen feinsten Kennern der alten und neueren Kunst. Deutschland stellte ihn auf die gleiche Stufe mit seinen geübtesten Chemikern.

November 1785

Der Graf von Saint-Germain machte auf alle, die ihn kennen lernten, den Eindruck eines sehr geistvollen Mannes. Er besaß jene natürliche Beredsamkeit, die mehr als alles andere besticht. Er besaß so große Kenntnisse in der Chemie und Geschichte wie wenige. Er besaß die Gabe, das Gespräch auf die bedeutsamsten Ereignisse der alten Geschichte zu bringen und von ihnen zu erzählen wie von einer Tagesneuigkeit, mit den gleichen Einzelheiten, in der gleichen fesselnden Art und mit der gleichen Lebhaftigkeit.

Jakob Heinrich Meister, Schweizer Literaturkritiker

6. Karl Graf Cobenzl aus Brüssel an Staatskanzler Kaunitz in Wien:

28. April 1763

Die großen Fähigkeiten, die man unserem Manne zuschreibt, sind Tatsache, aber, wie ich hinzufügen muss, verachtet er die Adepten, und abgesehen von den Unterredungen, die er mit dem Allerchristlichsten König, der Marquise und den Ministern hatte, besitzt er viele Briefe von der Marquise und den Ministern, von denen er Gebrauch machen könnte, wenn er sich für die Härte rächen wollte, mit der Frankreich ihn behandelt hat.

Er stammt bestimmt aus einem erlauchten Hause, aber das tut nichts zur Sache. Und so muss ich ihm gegenüber das Geheimnis wahren, das er mir darüber anvertraut hat. Er prahlt allerdings gelegentlich damit, aber unmöglich kann man an seinen Wundern zweifeln. Ich habe ihm tausend Einwände gemacht, aber er hat sie alle widerlegt: Ursache und Wirkung haben mich völlig überzeugt.

Die unbesonnene Bemerkung, die ihm entfahren sein soll, kann zutreffen. Wie gesagt, ist er in dieser Hinsicht ruhmredig. Ein Mensch, der seine Herkunft verbergen will, macht bisweilen ungewöhnliche Äußerungen, um die, welche ihn ausforschen wollen, irrezuführen. Aber nochmals: Das tut nichts zur Sache.

Die Person, die ihn durch Überraschung entlarven wollte, hat ihn nicht gekannt. Er hat tausend Chemikalien in seinem Zimmer, mit denen er gar nichts macht. Er streut sie umher, damit man nicht auf die kommt, die er wirklich benutzt. Bei seinem Charakter wird man ihm sein Geheimnis durch Überrumpelung nicht entreißen. Er überlässt es mir aus Freundschaft, und sicher wird er es nicht anders überlassen.

Er spricht von seinen Reichtümern und muss große besitzen; denn überall, wo er war, hat er prachtvolle Geschenke gemacht, viel ausgegeben und nie jemand um etwas gebeten, auch nirgends Schulden hinterlassen... Ich habe anfangs gefürchtet, dass Frankreich, nachdem es ihn aus Holland und England vertrieben hat, ihn auch hier verfolgen möchte. Aber er ist schon seit vier Monaten hier, und Frankreich hat bisher nichts unternommen. Dass dies noch geschehen könnte, fürchte ich um so weniger, als Frau Nettine den Grafen Starhemberg und Herrn de Laborde aufklären wird, und diese werden sicher verhindern, dass Frankreich bei uns seinethalben vorstellig wird.

Nach seiner Abreise aus England hat er sich in Holland aufgehalten. Er hatte dort besonders enge Beziehungen zum Grafen Bentinck, Herrn van Gronsfeld-Diepenbroek und dem Bürgermeister Hasselaar in Amsterdam. Er hat das Gut Ubbergen gekauft, nach dem er sich *Surmont* nennt. Dort wollte er eine Manufaktur einrichten. Der Zufall führte ihn hierher, und er besuchte mich auf der Durchreise. Seine Kenntnisse in der Malerei und Zeichenkunst bildeten den Anknüpfungspunkt; allmählich kam er auf seine Entdeckungen zu sprechen. Infolge meiner Ungläubigkeit ging er auf Einzelheiten ein. Da ich für Freundschaft empfänglich bin, bezeigte ich ihm die meine und machte ihn mit Frau Nettine bekannt. Die ausgezeichnete Erziehung, die sie ihren Kindern gibt, machte ihm Eindruck, und er schloss sich derart an sie und an mich an, dass ich glaube, wir könnten ihn zu allem bringen. Das ist seine ganze Geschichte.

25. Juni 1763

Der Mann suchte mich hier gleichsam nur auf der Durchreise auf. Trotzdem seine Lebensgeschichte und selbst seine Person in geheimnisvolles Dunkel gehüllt ist, fand ich bei ihm hervorragende Begabung für alle

Künste und Wissenschaften. Er ist Dichter, Musiker, Schriftsteller, Arzt, Physiker, Chemiker, Mechaniker und ein gründlicher Kenner der Malerei. Kurz, er hat eine universelle Bildung, wie ich sie noch bei keinem Menschen fand, und er spricht alle Sprachen fast gleich gut, am besten Italienisch, Französisch und Englisch. Er hat fast die ganze Welt bereist, und da er bei all seinen Kenntnissen sehr unterhaltsam war, verbrachte ich meine Musestunden sehr angenehm mit ihm. Ich kann ihm nur häufige Prahlereien über seine Talente und seine Herkunft zum Vorwurf machen...

Je weiter wir mit ihm kamen, desto mehr erkannten wir, dass seine seltenen Gaben Hand in Hand mit äußerstem Eigensinn gingen, dass er unseren Wünschen nur entgegen kam, damit wir uns den seinen anbequemten, und dass es kein anderes Mittel gäbe, seine Geheimmittel zu erlangen, als in die Anlage einer Fabrik zu willigen. Hierzu wählte ich die Stadt Tournai aus den früher genannten Gründen.

Philipp Graf Cobenzl, der Neffe des Ministers, in seinen *Erinnerungen*:

Dieser Mann war in Brüssel unter dem Namen eines Grafen Surmont aufgetreten, nachdem er sich anderswo Graf Saint-Germain genannt hatte. Er führte sich bei meinem Oheim in sehr geheimnisvoller Weise durch ein paar Empfehlungsbriefe, ich weiß nicht von wem, ein. Tagsüber ging er nie aus, und zur Zwiesprache mit meinem Oheim stellte er sich nur in vorgerückter Nachtstunde ein. Er erbot sich, mittels seiner angeblichen Geheimverfahren dem Hof große Dienste zu leisten. U. a. handelte es sich um ein Metall, das zwar kein Gold war, aber Farbe, Gewicht und Hämmerbarkeit des Goldes und somit alle Vorzüge desselben besaß. Er hatte, wie er sagte, hervorragende Kenntnisse in der Färberei und konnte Leder, Wolle und Seide sehr billig die glänzendsten Farben geben. Er wollte die feinsten Hüte zu billigerem Preise herstellen, als sonst die Anfertigung der gröbsten Hüte kostete. Fleckige Diamanten wusste er von ihren auffälligsten Flecken zu befreien. Er stellte Arzneien gegen alle Krankheiten her und besaß Mittel zur unberechenbaren Verlängerung des Lebens. Alle Wissenschaften, von denen man sprach, beherrschte er im höchsten Maße. War von Musik die Rede, so sprach er als Meister davon, setzte sich ans Klavier und trug eigene Kompositionen vor. Sprach man von Malerei, so behauptete er, im Besitz einer hervorragenden Gemäldesammlung zu sein, sagte aber nicht, wo sie war. Welches seine Heimat sei, sagte er nicht, aber er sprach sehr gut Französisch, Italienisch, Englisch, Portugiesisch und Spanisch. Wie alt er war, sagte er nicht; anscheinend zählte er 50 Jahre, aber er sagte, das Menschenleben ließe sich unglaublich verlängern, und er sprach von Ereignissen, die um Jahrhunderte zurücklagen, und deren Augenzeuge er gewesen war. Er redete wenig und so, dass man mehr erriet als begriff.

7. Der ansbachische Minister Reinhard von Gemmingen-Guttenberg, verfasst 1817:

Es bleibt sonderbar, dass ein Mann, der sich in seinem ganzen Leben unter so verschiedenen Namen in der großen und kleinen Welt herumgetrieben, nie dem Richter oder der Polizei in die Hände gefallen. Unstreitig verstand er die Kunst, die Neigungen der Menschen zum Wunderbaren zu benutzen und zu unterhalten.

Dass er große chemische Kenntnisse besessen, davon kann sich der Verfasser dieser Beiträge nicht überzeugen. Seine Präparate fielen in die Augen, allein es waren lauter Versuche im Kleinen; zu den Fertigungen und Zubereitungen von Leder kamen ätzende Sachen, als Vitriolspiritus, Vitriolöl u. dgl. Dies beweisen die Muster, die noch übrig sind und wovon, wie es der Augenschein gibt, das Papier, in das sie gewickelt waren, zerfressen worden. Nie hat er, solange er in Schwabach war, irgendeinen Artikel ins Große gefertigt. Die oben bemerkten Steine, deren auch Baron Gleichen gedenkt, waren zwar schön und würden vielleicht, unter echten Schmuck gefasst, selbst das Auge eines Kenners getäuscht haben; aber es waren keine Edelsteine. Sie widerstanden der Feile nicht, und ebensowenig hatten sie das Gewicht echter Steine. Saint-Germain selbst hat sie nie für Brillanten ausgegeben. Der

Verfasser besitzt noch einen dieser Steine und ein Stück von der Masse, aus der sie vermutlich gefertigt worden. Das Similor, das Saint-Germain als eine wichtige Erfindung ausgab, verlor in kurzer Zeit seinen Glanz und wurde so schwarz wie das schlechteste Messing. Eine Fabrik von diesem Metall, die zu L. errichtet worden, fiel nach kurzer Zeit.

Unter den Proben seiner geheimen Künste zeigte er einst ein großes Taschenmesser, wovon die Hälfte wie Blei biegsam, die andere aber unbiegsam und hartes Eisen war. Er wollte dadurch einen Beweis des Geheimnisses geben, das er besitze, das Eisen so biegsam und *ductile* wie Blei zu machen, ohne dass es dadurch etwas von seinen übrigen Eigenschaften verliere. Diese Erfindung wäre nun freilich von bedeutendem Nutzen gewesen, allein man konnte ihn nie bewegen, den Versuch im Großen zu machen.

Besonders rühmte der Marquis sich, medizinische Kenntnisse zu besitzen und durch diese zu einem hohen Alter gelangt zu sein. Seine Vorschriften bestanden besonders in einer strengen Diät und dem Gebrauche eines Tees, den er *Thée de Russie* oder *Acqua benedetta* nannte. Von dieser Wunderarznei erhielt der Markgraf die Abschrift des Rezepts von dem oben benannten englischen Konsul zu Livorno. Sie wurde auf der russischen Flotte im Archipelago gebraucht, um die Gesundheit der Equipage unter jenem heißen Himmelsstriche zu erhalten.

Was für *Ressourcen* Saint-Germain gehabt haben möge, um die nötigen Ausgaben seiner Existenz zu bestreiten, dürfte schwer zu erraten sein. Verfasser dieses vermutet, er habe das Geheimnis besessen, Diamanten von Flecken zu reinigen, die man bisweilen in solchen antrifft und wodurch ihr Wert ansehnlich verringert wird. Doch ist dieses eine blosse Vermutung.

Lieblos würde es sein, diesen Mann für einen Betrüger zu erklären. Hierzu gehören Beweise, und diese hat man nicht. Solange er im Verhältnisse mit dem Markgrafen stand, hat er nie etwas begehrt, nie etwas von dem mindesten Wert erhalten, nie sich in etwas gemischt, das ihn nicht anging. Bei seiner äußerst einfachen Lebensart waren seine Bedürfnisse sehr eingeschränkt. Hatte er Geld, so teilte er's den Armen mit.

Unerklärbar bleibt es immer, durch welche Mittel dieser Abenteurer, besonders in großen Städten wie Paris und London, auf eine anständige Art leben und in der großen Welt den Zutritt bei höheren Ständen finden konnte.

Sein in jüngeren Jahren gefertigtes Porträt fand der Markgraf in Paris bei Madame d'Urfé oder Rochefoucauld; er brachte eine Kopie davon zurück, und diese befindet sich noch zu Triesdorf in den Zimmern, die Saint-Germain einst bewohnte.

8. Aus den Tagebüchern des Grafen Lehndorff, Kammerherr der preußischen Königin:

Leipzig 2. Mai 1777

Von da begebe ich mich zu dem merkwürdigsten Mann im heutigen Europa, dem Grafen Saint-Germain, der unter diesem Namen seit 50 Jahren bekannt ist, gegenwärtig aber den Namen *Welldone* angenommen hat, was im Englischen Wohltäter bedeutet. Von diesem Menschen behauptet man, er habe schon zur Zeit Christi gelebt. Er selbst sagt das zwar nicht, er gibt aber zu verstehen, dass er schon lange gelebt habe und nicht glaube, sterben zu müssen, und dass die Menschen, wenn sie seiner Lebensweise folgen würden, zum mindesten ein hohes Alter frei von allen Gebrechen erreichen könnten. Es steht fest, dass er selbst eine strenge Diät befolgt. Er befleißigt sich großer Mäßigkeit, trinkt nur Wasser, niemals jungen Wein und nimmt nur einmal am Tage ein leichtes Mahl ein. Seine Unterhaltung ist interessant. Er predigt immer die Tugend, die Mäßigung, die Wohltätigkeit und zeigt diese Eigenschaften an sich selbst. Man kann ihm nicht die geringste anstößige Handlung vorwerfen. Er soll nicht mehr so reich sein, wie es früher den Anschein hatte. In Frankreich, in England und in Venedig gab er jährlich 6.000 Dukaten aus, ohne dass man wusste, woher das Geld kam. Hier in Leipzig, sagt man, mangele es ihm an Geld, ohne dass er jedoch jemand darum angegangen hätte; statt dessen soll er aber eine Menge Diamanten besitzen.

Sein Gesichtsausdruck ist außerordentlich geistvoll. Er spricht begeisternd und treffend, liebt aber Widerspruch nicht. Er behauptet, auf dem Gesicht lesen zu können, ob jemand befähigt sei, ihn zu verstehen oder nicht. Im letzteren Fall mag er die Person nicht wiedersehen.

Was mich anbetrifft, so habe ich ihm mit großem Vergnügen zugehört. Er schien mir viel Freundschaft entgegenzubringen, so dass ich ihn in 3 Tagen wohl 24 Stunden gesehen und gehört habe. Er ist sehr fesselnd.

Man dichtet ihm übrigens vieles an, was er gar nicht gesagt hat. Einige glauben, er sei ein portugiesischer Jude; andere schätzen sein Leben auf ein paar Jahrhunderte und nehmen an, er sei irgendein entthronter Fürst. Man beschuldigt ihn, dass er die Leute glauben machen wolle, er sei der dritte Sohn des Fürsten Rakoczy.

Er hält sich für einen großen Physiker. Vor allem ist er Arzt und spricht viel von seinem köstlichen Pulver, das man wie Tee trinke. Ich ließ mir eine Tasse davon geben. Es schmeckte nach Anis und führte etwas ab. Unaufhörlich predigt er vom richtigen Gleichgewicht zwischen Leib und Seele. Wenn man das genau beobachte, so könne, meint er, die Lebensmaschine niemals in Unordnung geraten.

9. Aus den *Erinnerungen* Dieudonné Thiebaults, in Berlin lebender Gelehrter, zum Jahr 1778:

Ein ungewöhnlicher Mann, in der Welt als Graf Saint-Germain bekannt, kam nach Berlin und blieb dort über ein Jahr. Der Abbé Pernety besuchte ihn als Adept sofort und erzählte uns Wunderdinge von ihm.

Der Graf war ein Greis, dessen Alter und Heimat unbekannt war. Er war indes noch sehr rüstig, obgleich etwas beleibt. Wie man sagte, besaß er das Geheimnis, Gold zu machen, ja sogar Diamanten. Er lebte – was weit wichtiger ist – seit ich weiß nicht wieviel hundert Jahren. Er war der ewige Jude, etwas ganz Wunderbares, zumal er alle europäischen Sprachen beherrschte. Saint-Germain nahm ein paar Zimmer in einem der ersten Gasthöfe Berlins. Er lebte dort sehr zurückgezogen, hatte zwei Diener und einen Mietwagen, der den ganzen Tag vor der Tür stand. Er bezahlte ihn gut, benutzte ihn aber nie.

Der alte Freiherr von Knyphausen besuchte ihn sogleich als alten Bekannten und lud ihn dringend ein, bei ihm zu speisen. „Gern", sagte Saint-Germain, „aber nur, wenn Sie mir Ihren Wagen schicken. Ich kann keine Mietwagen brauchen; sie hängen zu schlecht in den Riemen." Bemerkenswert ist, dass der Unbekannte den Freiherrn immer nur „mein Sohn" anredete.

Die Prinzessin Amalie wollte ihn sehen, und er stellte sich pünktlich ein. Sie fragte ihn, aus welchem Lande er sei. „Ich bin aus einem Lande," entgegnete er, „das nie Ausländer zu Herrschern gehabt hat."

In dieser geschickten, rätselhaften Art beantwortete er alle Fragen Ihrer Königlichen Hoheit, die zuletzt ganz sprachlos war und ihn verabschiedete, ohne etwas von ihm erfahren zu haben.

Auch Frau du Troussel wollte ihn sehen. Der Abbé Pernety spielte den Vermittler bei dieser Staatsaktion, und eines Abends kam der Graf zu ihr und speiste bei ihr. Man brachte das Gespräch auf den Stein der Weisen. Er bemerkte jedoch nur, die, welche sich damit beschäftigten, begingen zumeist eine wunderliche Torheit, indem sie nur das Feuer als Hauptelement in Anwendung brächten. Sie bedächten aber nicht, dass das Feuer auflöst und zerteilt und dass es somit widersinnig sei, mit Feuer zu arbeiten, wo es sich um eine neue Zusammensetzung handle. Hierüber redete er lang und breit und ging dann zu alltäglicheren Dingen über.

Er hatte feine, durchgeistigte Züge; man sah ihm den Mann aus guter Familie und von guter Erziehung an. Er soll der Lehrmeister des berüchtigten Cagliostro gewesen sein, der bekanntlich in Paris den Kardinal von Rohan und so viele andere zum besten gehabt hat. Aber der Schüler konnte sich in keiner Weise mit dem Lehrer messen. Hat sich dieser doch bis zu seinem Tode ohne irgendein peinliches Abenteuer behauptet, wogegen der dreistere Cagliostro oft alles aufs Spiel gesetzt und seine Laufbahn in den Kerkern der römischen Inquisition beschlossen hat, ein trauriges, aber viel zu mildes Schicksal.

Die Geschichte des Grafen Saint-Germain zeigt einen klügeren und vorsichtigeren Abenteurer und nichts, was gegen die Ehre im eigentlichen Sinne verstößt. Nichts ist unredlich, alles wunderbar, nirgends Niedertracht und Ärgernis.

10. Aus den *Denkwürdigkeiten* Carl von Hessens:

Man wird vielleicht neugierig sein, seine Geschichte kennen zu lernen, und ich will sie durchaus wahrheitsgetreu mit seinen eigenen Worten wiedergeben und nur die nötigen Erklärungen hinzufügen.

Wie er mir erzählte, war er 88 Jahre alt, als er hierher kam, und er starb in einem Alter von 92 oder 93. Er sagte mir, er sei der Sohn des Fürsten Rakoczy von Siebenbürgen und dessen erster Gattin, einer Tököly. Er wurde unter den Schutz des letzten Medici gestellt, der ihn als Kind in seinem eigenen Zimmer schlafen ließ. Als er hörte, dass seine beiden Brüder, Söhne der Prinzessin von Hessen-Rheinfels oder Rotenburg, wenn ich mich nicht irre, sich dem Kaiser Karl VI. unterworfen und nach dem Kaiser und der Kaiserin die Namen *San Carlo* und *Santa Elisabetta* erhalten hätten, sagte er zu sich selbst: „Gut, dann will ich mich *Sanctus Germanus*, den heiligen Bruder, nennen."

Ich kann allerdings seine Herkunft nicht verbürgen; aber dass er von dem letzten Medici außerordentlich begünstigt wurde, das habe ich auch von anderer Seite gehört. Dieses Haus war, wie bekannt, in den höchsten Wissenschaften bewandert, und es ist nicht zu verwundern, dass er dort seine ersten Kenntnisse schöpfte. Aber er behauptete, die Kräfte der Natur durch seinen eigenen Fleiß und seine Untersuchungen erforscht zu haben.

Er war vielleicht einer der größten Weltweisen, welche je gelebt haben. Er liebte die Menschheit; Geld verlangte er nur, um es den Armen zu geben. Er liebte selbst die Tiere, und sein Herz beschäftigte sich nur mit dem Glück anderer. Er glaubte, die Welt dadurch zu beglücken, dass er ihr zu billigeren Preisen neue Vergnügungen, schönere Stoffe und schönere Farben verschaffte; denn seine herrlichen Farben kosteten fast nichts. Ich habe nie einen Mann von klarerem Geiste gesehen, und dabei besaß er eine Gelehrsamkeit, besonders in der Geschichte, wie ich selten gefunden habe.

Er war in allen Ländern Europas gewesen, und ich kenne fast keines, wo er sich nicht längere Zeit aufgehalten hätte. Er kannte sie alle von Grund aus. In Konstantinopel und in der Türkei war er oft gewesen. Frankreich schien jedoch das Land zu sein, welches er am meisten liebte. Er wurde Ludwig XV. bei der Frau von Pompadour vorgestellt und nahm auch an den kleinen Soupers des Königs teil. Ludwig XV. hatte viel Vertrauen zu ihm. Er benutzte ihn unter der Hand, um einen Frieden mit England zu unterhandeln, und schickte ihn nach Den Haag. Es war die Gewohnheit Ludwigs XV., ohne Vorwissen seiner Minister Emissäre zu benutzen, die er jedoch im Stiche ließ, sobald sie entdeckt wurden. Der Herzog von Choiseul hatte von seinen Umtrieben Kunde erhalten und wollte ihn festnehmen lassen. Er flüchtete aber noch bei Zeiten. Er vertauschte nun den Namen Saint-Germain mit dem eines Grafen *Welldone.*

Seine philosophischen Grundsätze über Religion waren der reine Materialismus, den er aber so scharfsinnig vorzutragen wusste, dass es schwer war, ihm siegreiche Beweise entgegenzustellen; aber ich hatte öfters das Glück, die Mängel der seinigen darzutun. Er war nichts weniger als ein Verehrer Christi, und da er sich in Bezug auf diesen Äußerungen erlaubte, die mir unangenehm waren, so sagte ich zu ihm: „Mein lieber Graf, es hängt von Ihnen ab, ob Sie an Jesus Christus glauben wollen oder nicht; aber ich gestehe Ihnen offen, dass Sie mir vielen Kummer verursachen, wenn Sie bei mir gegen Den sprechen, welchem ich so gänzlich ergeben bin." Er blieb einen Augenblick nachdenklich und antwortete: „Jesus Christus ist Nichts; aber Ihnen Kummer verursachen, das ist Etwas.* Also verspreche ich Ihnen, nie wieder darüber mit Ihnen zu reden." Auf seinem Sterbebette, während meiner Abwesenheit, trug er eines Tages Lossau auf, mir, wenn ich von Kassel zurückkäme, zu sagen, dass Gott ihm die Gnade erwiesen habe, ihn seine Ansicht noch vor seinem Tode ändern zu lassen, und fügte hinzu, er wisse, wieviel Freude mir das machen und dass ich noch viel für sein Glück in einer anderen Welt tun werde.

*Bezüglich dieser Stelle bin ich mit anderen einig, dass sie nicht wortgetreu so geheißen haben kann. Carls Memoiren erschienen erst nach seinem Tod, eine Bearbeitung ist anzunehmen, desgleichen bei der deutschen Übersetzung 1866. Aufschluss könnten darüber seine Tagebücher oder Briefe aus der Zeit geben, die nicht zugänglich sind. Bis dahin wage ich den Hinweis, dass sich Saint-Germains Äußerung nicht auf den Gottessohn Christus, sondern auf den Menschen Jesus bezieht, der sich zum Gefäß der Christusliebe gemacht hat, die sich als wahre Nächstenliebe dann auch in solchen unorthodoxen Gesten der Achtung und Toleranz äußern wird.

Prinz Carl von Hessen an Prinz Christian von Hessen-Darmstadt

17. April 1825

Was Saint-Germain betrifft, so bin ich der einzige, dem er sich anvertraut hat. Er war der größte Geist, den ich kannte. Er starb bei vollem Verstande in Eckernförde. Ich war damals in Kassel.

Er ließ mir durch seinen Arzt [Lossau], der ein eingeweihter Bruder war, sagen, er stürbe im Glauben an Jesus Christus; das würde mich freuen. Wir haben viel zusammen über Religion gesprochen, aber er war nichts weniger als ängstlich.

11. Ein Auszug aus den „Erinnerungen an Marie Antoinette" der Hofdame Gräfin d' Adhémar, 1836 erschienen, zitiert nach der Übersetzung von Karl Heyer, bei dem man auch nachlesen kann, warum er diese Aufzeichnungen als Historiker achtet. Der 14. Juli 1789 ist bekanntlich der Tag der Erstürmung der Bastille, der Beginn der Französischen Revolution:

26. Buch. Die Zeit um den 14. Juli 1789 herum:

In diesem Augenblicke überreichte man der Königin einen auf absonderliche Weise versiegelten Brief; sie warf einen Blick darauf, zitterte, blickte mich an und sprach:

„Der kommt von unserem Unbekannten."

„Tatsächlich", sagte ich, „es kam mir sonderbar vor, dass er unter den gegenwärtigen Umständen Stillschweigen beobachtet haben sollte; übrigens ist es kein Fehler, dass er mich benachrichtigt hat."

Madame de Polignac ließ durch ihre Haltung erkennen, dass sie begierig war zu erfahren, was mir so vertraut war. Ich machte durch ein Zeichen die Königin darauf aufmerksam. I. M. begann darauf:

„Seit meiner Ankunft in Frankreich hat mir bei jedem wichtigen Ereignis, das auf meine Interessen Bezug hat, ein geheimnisvoller Beschützer enthüllt, was ich zu fürchten hatte. Ich habe Ihnen etwas davon gesagt, und heute zweifle ich nicht, dass er mir rät, was ich tun soll. Da, Madame d'Adhémar", sagte sie zu mir, „lesen Sie diesen Brief vor; Ihre Augen sind weniger müde als die von Madame de Polignac und die meinen."

Ach, die Königin sprach damit von den Tränen, die sie unaufhörlich vergoß. Ich nahm das Papier, öffnete den Umschlag und las das Folgende vor:

„Madame!

Ich war Cassandra; meine Worte sind vergeblich an Ihr Ohr gedrungen, und jetzt sind Sie in die Zeiten hineingekommen, die ich Ihnen angekündigt hatte. Es kann sich nicht mehr darum handeln, zu lavieren, sondern dem grollenden Sturm Energie entgegenzusetzen: Sie müssen sich zu diesem Ende und um Ihre Kraft zu vermehren, von den Personen trennen, die Sie am meisten lieben, um den Rebellen jeden Vorwand zu nehmen. Übrigens schweben diese Personen in Lebensgefahr; alle Polignacs und ihre Freunde sind dem Tode geweiht und den Mördern signalisiert, die soeben die Offiziere der Bastille und den Vorsteher der Kaufmannschaft erwürgt haben. Der Herr Graf von Artois wird zu Grunde gehen, man dürstet nach seinem Blut; möge er sich vorsehen. Ich beeile mich, Ihnen dieses zu sagen, später werde ich Ihnen noch mehr davon mitteilen."

Wir waren begreiflicherweise wie betäubt von dieser Drohung, als der Graf von Artois gemeldet wurde. Wir zitterten alle. Er war niedergeschmettert. Man fragte ihn, er konnte nicht schweigen und sagte uns, dass der Herzog de Liancourt soeben ihm wie auch dem Könige mitgeteilt habe, dass die Revolutionsmänner, um die Revolution zu befesti-

gen, ihm (dem Grafen von Artois) nach dem Leben trachteten, desgleichen der Herzogin von Polignac, dem Herzog von ... usw.

27. Buch

Als ich nach Hause kam, übergab man mir ein Billett folgenden In-
halts:

„Alles ist verloren, Frau Gräfin, die heutige Sonne ist die letzte, die
über der Monarchie untergehen wird; morgen wird diese nicht mehr bestehen; es wird ein ganz anderes Chaos geben, eine Anarchie ohneglei-
chen. Sie wissen, was ich alles versucht habe, um den Dingen einen anderen Lauf zu geben, man hat mich missachtet, und heute ist es zu spät.
Ich habe das Werk sehen wollen, das der Dämon Cagliostro vorbereitet
hat, es ist höllisch; halten Sie sich abseits, ich werde über Ihnen wachen;
seien Sie vorsichtig, und Sie werden den Sturm, der alles niederschlagen
wird, überstehen. Ich widerstehe meinem Verlangen, Sie zu sehen; was
sollten wir uns sagen? Sie würden das Unmögliche von mir verlangen;
ich kann nichts für den König tun, nichts für die Königin, nichts für die
königliche Familie, nicht einmal etwas für den Herzog von Orleans, der
morgen triumphieren wird und der in *einem* Lauf das Kapitol durch-
schreiten wird, um oben vom Tarpejischen Felsen herunterzustürzen.
Wenn Sie jedoch großen Wert darauf legen sollten, einem alten Freunde
zu begegnen, so gehen Sie in die Acht-Uhr-Messe, in die Recollectenkirche, und begeben sich in die zweite Kapelle rechter Hand.

Ich habe die Ehre zu sein ... Graf von Saint-Germain"

Bei diesem Namen, den ich schon erraten hatte, entfuhr mir ein Ruf
der Überraschung. Er lebte noch, er, den man seit 1784 gestorben
glaubte und von dem ich seit langen Jahren nicht mehr hatte reden hören! Und erschien nun plötzlich wieder, und in welchem Augenblick,
in welcher Epoche! Warum kam er nach Frankreich? Sollte denn sein
Leben nie ein Ende nehmen? Denn ich kannte Greise, die ihn mit dem
Aussehen eines Vierzig- bis Fünfzigjährigen gesehen hatten, und das
seit dem Anfang des achtzehnten Jahrhunderts!

Es war ein Uhr nachts, als ich seinen Brief las. Die Stunde der Zu-
sammenkunft war frühzeitig; ich legte mich zu Bett, konnte aber we-

nig schlafen; schreckliche Träume quälten mich, und in ihrer hässlichen Wunderlichkeit sah ich die Zukunft, ohne sie freilich zu begreifen. Bei Tagesgrauen stand ich erschöpft auf; ich hatte bei meinem ersten Kammerdiener sehr starken Kaffee bestellt, ich trank zwei Tassen, die mich belebten. Um siebeneinhalb Uhr ließ ich eine Sänfte kommen und begab mich – mir folgte mein zuverlässiger Graukopf – in die Recollectenkirche. Die Kirche war verlassen, ich stellte Monsieur Laroche als Posten auf und trat in die bezeichnete Kapelle. Kurz darauf, als ich mich eben erst vor Gott sammelte, kommt ein Mann ... Er war es in Person ... ja, er mit demselben Gesicht wie 1760, während das meinige Runzeln und Zeichen des Alters trug ... Ich blieb davon betroffen; er lächelte mir zu, trat vor, nahm meine Hand und küsste sie galant; ich war so verwirrt, dass ich es duldete trotz der Heiligkeit des Ortes.

„Da sind Sie ja," sagte ich, „von wo kommen Sie?" – „Ich komme aus China und Japan."

„Oder nicht vielmehr aus der anderen Welt?"

„Meiner Treu, beinahe, Madame, *hier hienieden* (ich unterstreiche den Ausdruck) ist nichts so seltsam wie das, was sich hier abspielt. Wie wird man die Monarchie Ludwigs XIV. in Ordnung bringen? Sie haben sie nicht erlebt und können keinen Vergleich mit ihr anstellen, aber ich..."

„Jetzt habe ich Sie, Mann von gestern!"

„Wer versteht nicht die Geschichte dieses großen Reichs? Und der Kardinal Richelieu, wenn er wiederkäme... Er würde darüber verrückt werden. Was, das Reich der Canaille! Was sagte ich doch Ihnen wie auch der Königin: M. de Maurepas würde alles zugrundegehen lassen, weil er alles kompromittierte. Ich war Cassandra, ein Unglücksprophet; wie steht es jetzt mit Ihnen?"

„Je nun, Herr Graf, Ihre Weisheit wird nutzlos sein,"

„Madame, wer Wind sät, erntet Stürme; Jesus hat es im Evangelium gesagt,* vielleicht nicht vor mir, aber schließlich bleiben seine Worte geschrieben, man hat nur die meinigen sich zunutze machen können."

---

* Wir kennen dies Wort nur vom Propheten Hosea 8,7.

„Nochmals ...!" sagte ich, indem ich versuchte zu lächeln; aber ohne auf meinen Ausruf zu antworten, sprach er:

„Ich habe es Ihnen geschrieben, *ich kann nichts tun, mir sind die Hände gebunden durch jemand, der stärker ist als ich*; es gibt Zeitperioden, in denen es möglich ist, zurückzuweichen, andere aber, in denen, wann ER das Urteil gesprochen hat, das Urteil vollstreckt werden muss: *wir treten in eine solche Periode ein.*"

„Werden Sie die Königin sehen?"

„Nein, sie ist geweiht."

„Geweiht! wem?"

„Dem Tode!"

Ach, diesmal konnte ich einen Schrei nicht mehr zurückhalten; ich erhob mich von meinem Sitz, meine Hände wehrten den Grafen ab, und mit zitternder Stimme sprach ich:

„Auch Sie sagen das! Sie, wie, auch Sie!" – „Jawohl, ich ... ich, wie Cazotte." – „Sie wissen..."

„Was Sie nicht einmal ahnen. Kehren Sie zum Schloss zurück, sagen Sie der Königin, sie solle sich in Acht nehmen; dass dieser Tag für sie unheilvoll werden wird; es besteht ein Komplott, der Plan einer Mordtat." – „Sie erfüllen mich mit Schrecken, aber der Comte d'Estaing hat versprochen..."

„Er wird Angst haben und sich verstecken."

„Aber M. de Lafayette..."

„Ein von Luft aufgeblähter Ballon; zur gegenwärtigen Stunde beschließt man, was man mit ihm machen will, ob er Werkzeug oder Opfer werden soll. Um Mittag wird alles entschieden sein."

„Monsieur," sagte ich, „Sie könnten unseren Fürsten große Dienste leisten, wenn Sie es wollen."

„Und wenn ich nicht kann?"

„Wie?"

„Jawohl, wenn ich nicht kann; ich glaubte gar nicht verstanden zu sein. Die Zeit der Ruhe ist vorbei, die Urteile der Vorsehung müssen in Vollzug gesetzt werden."

„Was wollen sie, als Endurteil?"

„Den vollkommenen Ruin der Bourbonen; man wird sie von allen Thronen verjagen, die sie innehaben, und in weniger als einem Jahrhundert werden sie in ihren verschiedenen Zweigen auf die Stufe einfacher Privatleute zurücksinken."

„Und Frankreich?"

„Königreich, Republik, Kaiserreich, gemischter Staat, gequält, erschüttert, zerrissen; aus den Händen geschickter Tyrannen wird es in die ehrgeiziger Tyrannen ohne Verdienst fallen; es wird geteilt, zerstückelt, zerschnitten werden. Und das sind keine Pleonasmen, die ich da gebrauche; die nächsten Zeiten werden die Umwälzungen des oströmischen Kaiserreichs wiederbringen; der Hochmut wird die Standesunterschiede beherrschen oder abschaffen, nicht durch Tugend, sondern durch Eitelkeit: und auch durch Eitelkeit wird man zu ihnen zurückkehren. Die Franzosen spielen wie die Kinder mit Daumenschrauben und Fronde; sie werden mit Titeln, Ehren und Litzen spielen; alles wird ihnen Spielzeug sein bis zum Lederzeug der Nationalgarde. Leute mit großem Appetit werden die Finanzen verschlingen. Etwa fünfzig Millionen bilden heute das Defizit, im Namen dessen man Revolution macht; nun wohl, unter der Diktatur der Philanthropen, Rhetoren, Schönredner wird die Staatsschuld mehrere Milliarden übersteigen."

„Sie sind ein schrecklicher Prophet. Wann werde ich Sie wiedersehen?"

„Noch fünfmal, wünschen Sie nicht das sechste."

[Hierzu befindet sich in den *Souvenirs* selbst folgende Anmerkung*:

„Ich habe M. de Saint-Germain – und zwar immer zu meinem außerordentlichen Erstaunen – wiedergesehen bei der Ermordung der Königin, beim Herannahen des 18. Brumaire, am Tage nach dem Tode des Herzogs von Enghien, im Jahre 1815 im Monat Januar, und am Tage

---

*Anmerkung, von der Hand der Frau Gräfin geschrieben, durch eine Stecknadel am Originalmanuskript befestigt, und datiert vom 12. Mai 1821. Sie ist im Jahre 1822 verschieden.

von der Ermordung des Herzogs von Beri. Ich erwarte das sechste Mal,
wann Gott will.]

Ich gestehe, dass ein so feierliches, unheilverkündendes, erschreckendes
Gespräch mir wenig Begierde einflößte, es fortzusetzen. Herr von Saint-
Germain lastete auf meinem Herzen wie ein Alpdruck; es ist seltsam,
wie wir uns mit dem Alter verändern, wie wir mit Gleichgültigkeit,
selbst Widerwillen die sehen, deren Anwesenheit uns einst entzückte.
Ich war unter den gegenwärtigen Umständen in dieser Lage. Überdies
beschäftigten mich die gegenwärtigen Gefahren für die Königin ganz
und gar; ich drang nicht genügend in den Grafen – vielleicht wäre er,
wenn ich ihm sehr zugeredet hätte, doch zu ihr gegangen. Es gab einige
Zeit des Schweigens, dann ergriff er wieder das Wort:

„Ich will Sie nicht länger aufhalten; es ist schon allerlei Unruhe in
der Stadt, ich bin wie Athalie: *Ich habe sehen wollen, ich habe gesehen.*
Jetzt werde ich die Post nehmen und Sie verlassen; ich muss nach
Schweden reisen, dort wird ein großes Verbrechen vorbereitet, ich will
versuchen, es zu verhindern. Sr. M. Gustav III. gehört meine Teilnahme,
er ist besser als sein Ruf."

„Und man bedroht ihn?"

„Ja; man wird nicht mehr sagen: glücklich wie ein König, und besonders nicht: wie eine Königin."

„Also adieu, Monsieur. Wahrlich, es wäre mir lieber gewesen, Ihre
Worte nicht gehört zu haben."

„So sind wir Wahrheitsmenschen; die Betrüger nimmt man gerne auf,
aber pfui dem, der da sagt, was sein wird! Adieu, Madame, auf Wiedersehen."

Er entfernte sich, ich blieb in tiefes Nachsinnen versunken, nicht wis-
send, ob ich die Königin von diesem Besuch unterrichten sollte oder
nicht. Ich beschloss, das Ende der Woche abzuwarten und zu schweigen,
wenn die Woche fruchtbar an Unglücksfällen werden sollte. Endlich erhob ich mich, und als ich Laroche wiederfand, fragte ich ihn, ob er den
Grafen von Saint-Germain habe vorbeigehen sehen.

„Den Minister, Madame?"

„Nein, der ist seit langem tot; den anderen."

„Ach, den geschickten Taschenspieler, nein, Madame; hat die Frau Gräfin ihn getroffen?"

„Er ist soeben herausgekommen, er muss auf Sie gestoßen sein."

„Ich muss zerstreut gewesen sein, denn ich habe ihn nicht bemerkt."

„Das ist unmöglich, Laroche; Sie machen sich lustig."

„Je schlechter die Zeiten, um so größer ist mein Respekt vor Madame!"

„Was, an dieser Tür, da, neben Ihnen, ist er nicht vorbeigekommen?"

„Das stelle ich nicht in Abrede, aber er ist nicht in meinen Gesichtskreis eingetreten."

Er hatte sich also unsichtbar gemacht, ich konnte es nicht fassen.

Ich verließ die Kirche; er hatte mich nicht getäuscht; ich sah, wie der Pöbel von Versailles in Aufruhr war...

28. Buch. Die Oktobertage 1789

Bei diesem Wort... blickte I. M. (Marie Antoinette) mich mit dem Ausdruck der Verzweiflung an. Ich wandte mich um, um zu verbergen, dass meine Augen von Tränen erfüllt waren; ich erkannte, wie sehr Herr von Saint-Germain, diese unerklärliche Persönlichkeit, mir die Wahrheit gesagt hatte. Der Fortgang zeigte nur allzusehr die Richtigkeit seiner Prophetie...

12. Wien 1790: Besuch bei Rudolph Gräffer:

Eines Tages verbreitete sich das Gerücht, Marquis Saint-Germain, der Rätselhafteste aller Unbegreiflichen, sei in Wien. Ein elektrischer Schlag durchfuhr alle, die seinen Namen kannten. Unser Adepten-Cirkel war bis in das innerste Mark durchzuckt. Saint-Germain in Wien! Saint-Germain! Ohne Zweifel ist er unseren Lesern bekannt. Aber was sage ich? Ich wollte sagen: Ohne Zweifel haben die meisten unserer Leser ihn schon wieder vergessen. Was ist da zu tun? Nichts Anderes, als ihrem Gedächtnis ein wenig zur Hilfe zu kommen.

Zuerst von seinem Alter. Ja, Saint-Germain hat kein Alter. Er ist zwar

60 Jahre alt, d. h. er sieht so aus, wie ein Mann von 60 Jahren; aber er ist schon ein paar tausend Jahre 60 Jahre alt. Er war Zeitgenosse der allerältesten Menschen der Weltgeschichte; in sein Stammbuch sind Tiberius, Josephus Flavius, Carl der Große eigenhändig eingeschrieben. Saint-Germain war überall auf Erden; Saint-Germain kann alles; er verrichtet die wunderbarsten Dinge. Er macht Gold, aber aus Nichts, nicht Nichts aus Gold, wie die Andern; aus kleinen Diamanten macht er große; er verfertigt ein Lebens-Elixier, dessen er sich gleichwohl nicht selbst bedient, obschon er bereits ein paar tausend Jahre alt ist. Er hat ein ganz eigenes Geheimnis, ganz für sich, ein kleines Arcanum. Das nimmt er etwa alle 100 Jahre, legt sich schlafen, und schläft, berechneter Maßen, 50 oder 100 Jahre. Da steckt es.

Also „nach Wien zu reisen": Da haben wir es. Das „Wann" ist nicht ausgedrückt. Das Wann ist jetzt. Gut. Kaum hat Gräffer sich von der überraschenden Kunde erholt, als er nach Himberg auf seinen Edelhof fliegt, wo er seine Papiere hat. Unter diesen Papieren befindet sich ein Empfehlungsschreiben Casanova's, des genialen Abenteurers, den er in Amsterdam kennengelernt, gerichtet an Saint-Germain. Er eilt zurück in die Handlung (das jetzt Tauersche Lokal), da berichtet man ihm dieses:

Vor einer Stunde war ein Herr da, dessen Anblick uns alle in Erstaunen setzte. Dieser Herr war nicht großer, nicht kleiner Statur; sein Körperbau voll auffallender Harmonie; Noblesse war Alles an ihm. Das Gesicht, wie leuchtend von Anmuth und Adel; die Nase lang und gebogen, der schwellende Mund göttlich; die dunkeln Augen voll unaussprechlicher Lebhaftigkeit. Der Anzug von silbergrauer Seide; die großen Knöpfe wie aus lauter Brillanten. Er trat drei Schritte ein, und sprach, ohne sich um irgend Jemand der Anwesenden zu kümmern, gleichsam so für sich hin auf Französisch nur die Worte: „Ich wohne im Federlhofe; das Zimmer, in welchem 1713 Leibnitz logierte." Wir wollen reden; er war schon fort. Seit einer Stunde seh'n Sie uns, Herr, versteinert.

Indem bringt der Postbote einen Brief. Er ist von Casanova's Bruder, dem berühmten Schlachtenmaler, geschrieben in der Brühl bei Mödling, wo er 1805 starb. Der Brief enthielt einen Einschluss, adressiert: *„A pst, pst!"* Sehr wohl!

In fünf Minuten ist man im Federlhof, Leibnizen's Zimmer ist leer, Niemand weiß, wann „der amerikanische Herr" nach Hause kommt. Von Reisegeräth ist nichts zu sehen, als eine kleine eiserne Kiste. Es ist Tischzeit. Aber wer wird da ans Essen denken? Gräffer drängt es mechanisch, den Baron Linden aufzusuchen; er findet ihn bei der „Ente" bei der dritten Ente. Sie fahren auf die Landstraße; ein gewisses Etwas, eine dunkle Ahnung sagt ihnen, dass sie augenblicklich, *Carriere,* auf die Landstraße fahren sollen. Das Laboratorium wird aufgeschlossen: ein gleichzeitiger Schrei des Erstaunens entfährt Beiden: an einem Tische sitzt Saint-Germain, ruhig lesend in einem Folianten, welcher der *Paracelsus* ist. Sie stehen starr an der Schwelle; der geheimnisvolle Gast macht das Buch langsam zu, und erhebt sich langsam. Wohl wissen die beiden Betroffenen, dass diese Erscheinung kein anderes Wesen auf der Welt sein könne als der Wundermann. Die Schilderung des *Commis* war ein Schatten gegen die Wirklichkeit. Es war, als umflösse ein heller Schein die ganze Gestalt. Würde und Hoheit verklärten sie. Sie sind keines Wort mächtig.

Der Marquis schreitet ihnen entgegen; sie treten ein. Er sagt, gemessen, aber ohne Künstelei, in französischer Sprache, aber mit einem unbeschreiblich wohlklingenden, die innerste Seele bezaubernden Tenor, zu Gräffer: „Sie haben ein Empfehlungsschreiben von Herrn von Seingalt; aber es bedarf dessen nicht. Dieser Herr ist Baron Linden. Ich wusste, dass Sie Beide in dieser Minute hier sein würden. Sie haben noch ein Billet an mich, aus der Brühl. Aber der Maler ist nicht zu retten; seine Lunge ist hin; er wird den 8. Juli 1805 sterben. Ein Mann, der jetzt noch Kind ist, und Buonaparte heißt, wird mittelbar Schuld daran sein. Und nun, meine Herren, ich weiß von Ihrem Thun. Kann ich Ihnen nützlich sein? Sprechen Sie!"

Aber man ist nicht vermögend, zu sprechen. Linden setzt einen kleinen Tisch zurechte, nimmt *Confect* aus einem Wandschrank, stellt es hin, und geht in den Keller. Der Marquis winkt Gräffer, sich zu setzen; er selbst setzt sich. Er sagt: Ich wusste, Ihr Freund Linden werde sich entfernen; er musste es. Ihnen allein werde ich dienen.

Ich kenne Sie durch Angelo Soliman, dem ich in Afrika Dienste ge-

leistet.* Wenn Linden kommt, werde ich ihn fortschicken. Gräffer er-
mannt sich; doch ist er noch zu ergriffen, um mehr entgegen zu können als die Worte: „Ich verstehe Sie; ich ahne." Indem kommt Linden
zurück, und stellt zwei *Bouteillen* auf den Tisch. Saint-Germain lächelt
darob mit einer unbeschreiblichen Hoheit. Linden biethet ihm Erqui-
ckung an. Des Marquis Lächeln geht in Lachen über. „Ich bitte Sie",
sagt er, „ist irgendeine Seele auf dem Erdball, die mich je essen oder
trinken geseh'n?" Er deutet auf die Flaschen, und bemerkt: „Dieser
Tokaier ist nicht *direct* aus Ungarn; er kommt von meiner Freundin
Catharina von Russland. Sie war mit den Schlachtenmahlereien des
Kranken bei Mödling so zufrieden, dass sie ihm eine Kiste davon
schickte." Gräffer und Linden erstaunten: Es war dem so; der Wein
war Casanova abgekauft.

Der Marquis begehrte Schreibmaterial. Linden bringt es. Der Wundermann schneidet von einem Bogen Papier zwei Quartblätter ab, legt
sie dicht neben einander, und ergreift mit jeder Hand eine Feder. Er
schreibt mit beiden Händen zugleich, eine halbe Seite, unterzeichnet
eben so, und sagt: „Sie sammeln Autographe, mein Herr, wählen Sie
eines dieser Blätter; es ist gleichgiltig, welches, der Inhalt ist derselbe." – „Nein, das ist Zauberei", rufen die beiden Freunde aus, „Zug
für Zug stimmen die beiden Handschriften überein; keine Spur eines
Unterschied's. Unerhört!" Der Schreiber lächelt, legt beide Blätter aufeinander, hält sie an die Fensterscheibe; man glaubt nur e i n e Schrift
zu sehen, so genau passt alles aufeinander. Es ist, als wären es Abdrü-
cke einer und derselben Kupferplatte. Man ist stumm.

Nun sagt der Marquis: „Dieß eine Blatt wünsche ich, so schnell als möglich, an Angelo bestellt. In einer Viertelstunde fährt er mit dem Fürsten
Liechstenstein aus. Der Überbringer wird ein Schächtelchen erhalten."

Linden geht mit dem Brief fort. Der Marquis riegelt die Thür zu und
sagt: „Mein Herr, vernehmen Sie, ich wusste es längst und sehe es durch

---

*Angelo Soliman war im Wien Kaiser Josephs II. eine stadtbekannte Erschei-
nung. Der hochgebildete Neger aus dem Stamm der Galla war Mitglied der
Freimaurerloge „Zur wahren Eintracht", der er auch den nachmaligen Großmeister von Born zugeführt hat.

die Beschaffenheit Ihrer chemischen Requisiten und Anordnungen, dass Sie sich mit Ihren Goldpräparaten zu Grunde richten werden. Ich habe etwas Anderes für Sie. Betrachten Sie diese Perle." Bei diesen Worten zog er eine Busennadel heraus, an die eine Perle gefasst war, so groß wie eine Haselnuss. „Dieses Kleinod", sagt Gräffer, der es schon längst bewundert hatte, „muss mehr werth sein, als die historische Perle der Cleopatra." Der Marquis erwiderte: „Allerdings, aber ich könnte sie ebenfalls in Essig auflösen, ohne aber, dass ihr Verlust mich zu kümmern brauchte. Noch mehr! Ein angehender Dichter der deutschen Nation, den man einst fast über alle Poeten stellen wird, trägt jetzt schon den Plan zu einem Drama im Kopfe, in welchem eine Prinzessin Eboli sagen wird: Dem reichen Kaufmann gleich, der, ungerührt von des Rialto Gold, die reiche Perle dem reichern Meere wiedergab, zu stolz, sie unter ihrem Werthe loszuschlagen. – Jene Perle war ebenfalls durch mich entstanden. Kurz gesagt, ich allein unter allen lebendigen Menschen, verstehe die Kunst, das Muschelthier zu zwingen, so große Perlen abzusetzen als ich will." Das Erstaunen des Zuhörers war grenzenlos. Plötzlich aber erinnerte er sich an Etwas; er sagt: „Meister, als ich in Schweden war, erzählte man, der große Linné habe diese Kunst verstanden." Saint-Germain erwiderte, leichthin lächelnd: „Ich war sein Freund. Ich hatte ihn mein *Recept copiren* lassen; er nahm sich aber nicht die Zeit, es mit dem Originale zu vergleichen. Die *Copie* war ungenau; die Sache konnte nicht gelingen. Indes verbreitete sich der Ruf des *Arcanums*. Als Linné gestorben war, trug die Witwe es der Regierung an. Man wird nicht einig. Die Witwe mit ihrem Hab und Gut war schon zu Schiffe, auszuwandern. Da setzte die Regierung nach, und zahlte ihr den ganzen Preis. Aber, wie gesagt, das *Recept* ist nicht das rechte." Der Marquis zog jetzt aus seiner Brusttasche ein Quartblatt heraus und gab es Gräffer zum *Copiren*. Hierauf verglich er es mit dem Original. „Gut," sagte Saint-Germain, „gut, Sie haben Beruf dazu, es ist vollkommen *correct*." In 4 Minuten ist Linden zurück und bringt das Schächtelchen. Selbes enthält das Pulver, anzuwenden, wie die Vorschrift es besagt. Gräffer fand keine Worte, seine Überraschung, sein Dankgefühl auszudrücken. Er hatte nach der Uhr gesehen. Es fehlte noch eine halbe Minute. Er sah nach dem Fenster; Linden war noch wenige Schritte entfernt. Er brachte das Schächtelchen.

Saint-Germain war allmählig in eine feierliche Stimmung übergegangen. Ein paar *Secunden* lang war er starr, wie eine Bildsäule; seine über allen Ausdruck energischen Augen waren matt und farblos. Alsbald aber belebte sich sein ganzes Wesen wieder. Er machte mit der Hand eine Bewegung, wie ein Zeichen der Entlassung; dann sprach er: „Ich scheide. Enthalten Sie sich, mich zu besuchen. E i n Mal werden Sie mich noch sehen. Morgen Nachts reise ich; man bedarf meiner in Constantinopel, dann in England, wo ich zwei Erfindungen vorzubereiten habe, die Sie im nächsten Jahrhundert haben werden: Eisenbahnen und Dampfschiffe. In Deutschland wird man deren bedürfen, denn die Jahreszeiten werden allmählig ausbleiben. Zuerst der Frühling, dann der Sommer. Es ist das stufenweise Aufhören der Zeit selbst, als die Ankündigung des Untergangs der Welt. Ich sehe das Alles. Die Astronomen und Meteorologen wissen nichts, glauben Sie mir. Man muss in den Pyramiden *studirt* haben, wie ich. Gegen den Schluss des Jahrhunderts verschwinde ich aus Europa, und begebe mich nach Asien in die Gegend des Himalaya. Ich will ruhen; ich muss ruhen. Genau nach 85 Jahren werden die Menschen mich wieder erblicken. Leben Sie wohl. Ich liebe Sie!" Nach diesen feierlich gesprochenen Worten wiederholte der Marquis das Zeichen mit der Hand. Die beiden Adepten, von der Macht all' der beispiellosen Eindrücke überwältigt, verließen im Zustande völliger Betäubung das Zimmer. In diesem Augenblicke fiel ein Platzregen, ein Donnerschlag. Instinctmäßig kehren sie sich um nach dem Laboratorium, Schutz zu suchen. Sie öffnen die Thüre: Saint-Germain war nicht mehr da.

15. Juni 1843 aufgeschrieben.
Franz Gräffer*, *Kleine Wiener Memoiren*, Bd.2 1845

Was Saint-Germain betrifft, so haben wir eine Entdeckung gemacht, eine große Entdeckung. Wir glauben nämlich, seinem methusalemi-

---

*Franz Gräffer war ein Flaneur und Feuilletonist, der seine Zeitgenossen geistreich plaudernd unterhalten wollte. Seine Erzählung wird hier vollständig abgedruckt, weil ich sie immer nur gekürzt vorgefunden habe. Samt allem Beiwerk wird dem Leser doch klar werden, dass sie auf einen tatsächlichen Kern zurückgehen muss.

schen Geheimniß auf der Spur zu sein. Bisher ward angenommen, dass er, mittels eines eigenen Arcanums beliebig so und so viele Jahre im Zustande des Schlafes verweilt. Und da ist es denn freilich keine Kunst, während eines Zeitraums von ein paar Jahrtausenden auf Erden gesehen zu werden. Es kommt uns aber etwas verdächtig vor, da wir den Herrn Marquis fast in jedem Säculum, und da wieder in mehreren Decennien attrapieren. Mit dem Schlafpülverchen ginge das nicht recht zusammen.

Sagen wir es nur rund heraus: Wir sind der Meinung, der Marquis bediene sich des Cagliostrischen Lebens-Elixirs oder Verjüngungsfluidums, das er, Saint-Germain, seinem eigenen Geständniße nach, am Hofe Ludwigs XV. bei mehreren Personen völlig probat applicirt hatte. Bei sich selber hat er es bis zur ReductionsCrisis des Wickelkindes kommen lassen; und so nach 60 Jahren wieder, und so durch Hunderte von Jahren fort.

Nun da wäre es noch weniger eine Kunst! Nun da gäbe es ein totales Schisma in der Saint-Germain' schen Chronologie.

Folglich: Saint-Germain so und so viele Dutzend Mahle ein Wickelkind. Schöne Geschichte das. Nun heißt es klug sein in der Zeitbestimmung. Saint-Germain anno 88, 89 oder 90 in Wien, wo wir die unvergeßliche Ehre gehabt, ihn zu sehen! Saint-Germain dann ein Säculum darauf, so anno 30 oder 40; oder 44 beim Saphirfest auf der Mehlgrube im Casino, wo wir leider nicht waren, da wir nach 8 Uhr nirgens mehr sind.

Seltsam, seltsam etc.

Franz Gräffer, Kleine Wiener Memoiren, Bd. 3 1846

13. Der Geistesforscher Rudolf Steiner spricht im Jahr 1904 – also vor etwas mehr als 100 Jahren! – zum ersten Mal über Graf Saint-Germain und seine Beziehung zu Christian Rosenkreutz. Diese esoterischen Vorträge sind gesammelt unter dem Titel *Die Tempellegende und die Goldene Legende*.

Vor der Französischen Revolution erschien bei einer Hofdame der Königin Marie Antoinette, der Madame d'Adhémar, eine Persönlichkeit, die alle wichtigen Szenen der Revolution voraussagte, um davor zu warnen. Es war der Graf von Saint-Germain, dieselbe Persönlichkeit, die in früherer Inkarnation den Orden der Rosenkreuzer gestiftet hat. Er vertrat damals den Standpunkt: die Menschen müßten in ruhiger Weise von der weltlichen Kultur zu der wahren Kultur des Christentums geführt werden. Die weltlichen Mächte wollten sich aber die Freiheit im Sturm, in materieller Weise erobern. Zwar sah er die Revolution als eine notwendige Konsequenz an, aber er warnte doch davor. Er, Christian Rosenkreutz, in der Inkarnation vom 18. Jahrhundert, trat warnend auf: die Menschheit sollte sich langsam entwickeln. Doch schaute er, was vor sich gehen würde.

GA 93 Vortrag Berlin, 4. November 1904

Bekannt ist eine Geschichte, die in Büchern der Gräfin d'Adhémar enthalten ist. Da wird gesagt, dass vor dem Ausbruch der Französischen Revolution die Gräfin d'Adhémar, eine Hofdame der Marie Antoinette, den Besuch erhielt eines Grafen von Saint-Germain. Er wollte sich melden lassen bei der Königin und um Audienz bei dem König bitten. Der Minister Ludwigs XVI. aber war der Feind des Grafen Saint-Germain; er konnte daher nicht an den König herankommen. Der Königin hat er aber mit großer Schärfe und Genauigkeit geschildert, was für große Gefahren bevorstehen. Aber seine Warnungen sind ja leider nicht beachtet worden. Er hat dazumal das große Wort gesprochen, das auf Wahrheit beruht: „Wer Wind sät, der wird Sturm ernten", und er setzte hinzu, dass er dieses Wort schon vor Jahrtausenden gesagt und es dann Christus wiederholt hat. Das war ein Wort, das für jeden Außenstehenden unverständlich ist.

Aber der Graf Saint-Germain hatte recht. Nur ein paar Züge will ich hinzufügen, die durchaus richtig sind. In Büchern über den Grafen Saint-Germain können Sie lesen, dass er 1784 am Hofe des Landgrafen von Hessen gestorben ist, der dann einer der vorgerücktesten deutschen Freimaurer gewesen ist. Er hat ihn bis zu seinem Tode gepflegt. Die Gräfin d'Adhémar erzählt aber in ihren Memoiren, dass er lange nach dem Jahre 1784 ihr erschienen sei, dass sie ihn noch sechsmal lange nach dieser Zeit gesehen habe. In Wahrheit ist er damals im Jahre 1790 bei einigen Rosenkreuzern in Wien gewesen und hat das gesagt, was auch richtig war: dass er sich auf fünfundachtzig Jahre nach dem Orient zurückzuziehen habe, und nach fünfundachtzig Jahren werden jene seine Tätigkeit in Europa wieder wahrnehmen können.

GA 93 3. Vortrag Berlin 16. Dez. 1904: "Wesen und Aufgabe der Freimaurerei vom Gesichtspunkt der Geisteswissenschaft"

14. Eduard Lenz, Pfarrer der Christengemeinschaft, die im Dritten Reich seit 1941 verboten war, meldete sich 1942 zur Wehrmacht und schrieb aus Frankreich an seine Frau. Er starb am 8. Nov. 1945 in einem Lager zwischen Nowosibirsk und Omsk:

7. Februar 1944

Am Samstag fand ich in der Librairie ein eben erschienenes Buch über den *„Comte de Saint-Germain"*. Ich lese es mit großem Interesse, immer wieder fesselt mich der Stoff, der Graf wird als mittelgroß, schlank beschrieben, mit einer Erscheinung, die sofort Respekt hervorruft. Über einem kräftigen Kinn bewegen sich etwas sinnliche Lippen, eine bedeutende Nase, zwei schwarze Augen, die einen aufmerksamen und zugleich meditativen Ausdruck haben. Die hohe Stirne verliert sich in den schwarzen, ein wenig leger gekämmten Haaren. Kannst Du Dir diesen Comte vorstellen? In der Rue Saint Antoine hatte ihm ein Gönner ein chemisches Laboratorium eingerichtet. Er trug stets eine Sammlung erlesener Diamanten und Edelsteine bei sich. Er machte chemische Versuche, musikalisch zeigte er großes Talent. Kenner berichten von der herzergreifenden Melancholie und der Kühnheit seiner Präludien. Er hatte eine seltsame, nie gehörte Art, eine Stimme auf dem Violon oder dem Klavier zu begleiten. Als Maler war er von anderen Malern anerkannt. Er besaß Farben mit besonderem Glanz, die er selbst hergestellt hatte. Ihr Geheimnis verriet er jedoch nicht. Gesellschaftlich war seine Kunst der Causerie bekannt. Er verriet dabei umfassende Kenntnisse in der Geschichte und Geographie. In der Astronomie war er zu Hause. Er wusste von den Wirkungen der Gestirne. Er gab dem König Ratschläge.

In besonderen Fällen heilte er Kranke mit eigenen Mitteln. Selten sprach er von seinen Erfahrungen in der anderen Welt. Man wusste nicht, woher er stammt. Die einen hielten ihn für einen Franzosen, die anderen für einen Deutschen. Wieder andere für einen Italiener, Engländer, Spanier, Portugiesen, Ungarn. Er weilte beinahe in allen Ländern. Auch am Hofe der Katharina II. Er war in Europa zu Hause. Begraben ist er in Schleswig-Holstein, in Eckernförde, wo er zuletzt als Gast des Landgrafen von Hessen weilte.

13. Februar 1944

Heute abend las ich wieder in dem Buch von Pierre Lhermier *Le mystérieux Comte de Saint-Germain.* Warum fand er überall erbitterten Widerstand? Er wäre der Welt sicherlich als Artist, Sprachenkenner, Wissenschaftler, Diplomat und Techniker willkommen gewesen. Sie hätte auch dem Mystiker und Träumer anderer Welten die Türen geöffnet. Aber dass er beides zusammen war, dass er wissenschaftlich-technische Kultur mit den Erfahrungen des höheren Daseins verband, das verziehen ihm die Mächte nicht so schnell. Darinnen liegt aber das Bedeutsame seiner Erscheinung. Wer den Mystiker in ihm suchte, fand den Chemiker. Und wer den Weltmann wollte, wurde vom Seher überrascht. Schließlich war er nicht nur dem Außenminister de Choiseul von Ludwig XV., sondern auch dem Hofe der Katharina II. und der Maria Theresia unheimlich. Kein Land wollte ihn. Er war in Europa zu Hause, aber nirgends hatte er eine Heimstätte. Wenig weiß man, worin sein Geheimnis bestand. Nur dass er ein verkörpertes Rätsel war, ging in das Bewusstsein der Welt ein. Von den Verdächtigungen zu schweigen. Im allgemeinen bewunderte man nur die Zielsicherheit seiner wissenschaftlichen und künstlerischen Begabung sowie seine Erfindungen auf technischem Gebiet. Er war bei vielen zu Gast, aber die vielen wollten nicht in seinem Wesen einkehren.

So wäre er wohl einer der Einsamsten seiner Zeit, wenn man nicht wüßte, dass solchen Genien die Engel freiwillig spenden, was ihnen die Menschen unfreiwillig versagen. Warum weicht das Interesse von dieser Gestalt nicht ab? Das Buch, das mir vorliegt, ist 1943 gedruckt und hat

schon die 5. Auflage. Wer hat Sinn für diesen Menschen?
                                    Eduard Lenz, *Gelebte Zukunft*, Stuttgart 1982

15. Über ein trauriges Kapitel solle ich schweigen

Wer sich ein getreues Bild des 18. Jahrhunderts. und der Zeitumstände, in denen sich Graf Saint-Germain bewegte, verschaffen wollte, würde auf unsägliche konfessionelle Zwistigkeiten stoßen. Machtmissbrauch der Jesuiten in den katholischen Ländern als Beichtväter der Fürsten führte zum Verbot des Ordens, kurz danach starb der mutige Papst, der das Verbot endlich unterschrieben hatte, an Gift. Freimaurerlogen wurden unentwegt verboten, entsprechende Schriften verbrannt. Cagliostro starb im Kerker der Inquisition. Familientragödien entsprangen dem Glaubenswechsel eines Mitglieds von fürstlichen Häusern – wie es Carl von Hessen Kassel mit seinem Vater erleben musste. Die „Encyclopédie" stand immer kurz vor dem Verbote. Die führenden Geister der Aufklärung kämpften gegen fromme Jansenisten und spitzfindige Jesuiten. Abgefallene Priester suchten eine Bleibe, wie es Abbé Pernety in Berlin unter Friedrich d.Gr. gelang. Geweihte zogen gerüstet ins Feld wie der Prinz von Clermont. Ein berüchtigter Wüstling in Kardinalsrobe – Rohan – kompromittierte die Königin Marie Antoinette. Ein anderer Lüstling, Abbé de Bernis, wurde französischer Außenminister. Das geistige Klima war von Intoleranz vergiftet (Lessing und der Hauptpastor Goeze) und ohne konkrete Opfer, deren wortmächtiger Anwalt er wurde, hätte sich Voltaire nicht zu der Jahrhundertdevise aufgeschwungen „*Écrasez l'infâme*" – Macht der Intoleranz den Garaus! Schlimm war die konfessionelle Polemik: mit heftigen Pamphleten, die auch anonym sein konnten, fischte man nach Anhängern. Ein hervorragendes Zeugnis dieser Art ist uns aus Berlin 1785 überkommen und beschäftigt sich mit den Gedichtzeilen, die dem Alchemisten Saint-Germain gewidmet sind.

Die Natur! Weiß man, was man sagt, wenn man solche Worte gebraucht? Aber die letzte Zeile, die letzte Zeile! „Ist er nicht Gott selbst, hat ihn ein mächt'ger Gott begeistert."

Der bedingende Ausdruck des Gedankens im Vordersatze nimmt denselben offenbar als vielleicht wirklich und als zuverlässig möglich an.

Und welchen Gedanken!

Ich bin gewiss weder intolerant noch verketzernd, ich brauche nicht gern harte Worte und starke Beschuldigungen, wo noch lachender Spott hingehören kann; aber ich würde fürchten, mich des Namens eines Gottesverehrers unwürdig zu machen, wenn ich hier nicht ernsthaft und anklagend sagte: dass dieser schändliche Ausdruck eine der rasendsten Blasphemien enthält, deren sich je der verirrte menschliche Verstand schuldig gemacht hat. Gesetzt auch, dieser Mensch wäre so weise und einsichtsvoll gewesen, als er töricht und unwissend war, so edel, groß und bescheiden, als er kindisch, eitel und prahlerisch, so erhaben gesinnt, als er eigennützig, so offen und wahrhaft, als er ränkevoll und betrügerisch war usw. – so müsste doch jeder Mensch davor zurückbeben, diese Worte, die ich mich schäme, noch einmal hinzuschreiben, von ihm zu gebrauchen. Klarer, plumper Atheismus, der itzt wieder laut zu werden anfängt, ist minder schädlich und gefährlich als solch eine Menschenvergötterung. Traurig genug, wenn ich unter Mitbürgern leben sollte, die den erhabensten Gedanken nie gedacht hätten, die keinen Begriff von dem allgemeinen Vater der Natur und aller Menschen hätten, bei deren Moralität ich mich bloss auf ihr Gefühl oder die Furcht vor Strafen verlassen müßte! Aber tausendmal willkommen sei mir ihre Gesellschaft gegen solche Leute, die es für möglich, für denkbar halten können: dass ein schwacher Mensch, wie ich und sie, die ganze Natur regiere, dass ein beschränktes Wesen die Kraft in Händen habe, wodurch alles lebt und wodurch die Welt existiert, und dass dieser Mensch folglich den uneingeschränktesten Gehorsam, die unwiderstehlichste Befolgung in allen seinen Befehlen und wahre göttliche Verehrung verdiene! Ich schaudere, wenn ich mir vorstelle, wohin dies in Absicht der gesunden Vernunft, des Gewissens und der Regeln menschlicher Handlungen führen müsste.

Und wer braucht diesen Ausdruck? Nicht etwa barbarische Kamtschadalen, deren roher Verstand sich einen Gott gebildet hat, den der schmutzigste Erdensohn übertrifft, und die folglich einen Taschenspieler leicht vergöttern könnten. Nein, kultivierte Europäer tun es, deren Begriffe reiner sein müssen, und die wissen, dass der angestrengteste Verstand sich umsonst bemüht, einen Schatten von den großen Eigenschaften der Gottheit sich lebhaft zu denken, wenn er auch das Erhabenste, was seit Jahrtausenden die Welt kannte, in seiner Vorstellungskraft zusammensetzt. Noch mehr, die einzig fromm und rechtgläubig sein wollenden Christen tun es! Denn dieselben Menschen, die der Geisterseherei, Goldmacherei und allen verworfenen Träumereien von geheimen Kräften der Natur und von itzigen Wündern anhängen, die den Vorspiegelungen eines Cagliostro, eines Saint-Germain, eines Schrepfer, eines Güldenfalk, eines Plumenoek usw. Glauben beimessen, die im *„Mystère de la Croix"* und im Buche *De l'erreur et de la vérité* menschenbeglückende Weisheit suchen: eben diese sind es ja, die sich der höchsten Reinheit der Glaubenslehre rühmen und immer Frömmigkeit und echtes Christentum im Munde führen.

Sie wissen ja so höhnend von Theologen nach der neuen Art, von Spöttern der Religion usw. zu reden, wenn denkende Köpfe die Kraft ihres Verstandes und ihren Untersuchungsgeist auch auf wahrhaft wichtige Dinge anwenden und dadurch zu Begriffen gelangen, die freilich von dem gerade itzt im Schwange gehenden System abweichen, die aber näher zur Sache zu treffen scheinen und schon von tausend frommen und rechtschaffenen Christen in mehreren Jahrhunderten auch gedacht wurden, wovon freilich diese Menschen von gestern her nichts wissen, deren Mangel an Sach- und Sprachkenntnis, Unwissenheit in der Geschichte, Bequemlichkeit im Nachbeten, Unvermögen im Selbstdenken und Aberglauben in williger Annehmung der abgeschmacktesten Behauptungen nur noch von ihrer hartherzigen Verdammungslust übertroffen wird. Diese sich selbst so nennende wahre reine Christen machen sich dann solcher Blasphemien schuldig, die den Grund aller Religion, aller Moralität und Tugend, alles Menschenverstandes und gesunder Vernunft untergraben! Dahin, dahin führt endlich der Weg dieser betrügerischen Heuchler, denen kein Deckmantel, auch der der christlichen Religion nicht, zu heilig ist!

Die Diskrepanz zwischen dem „Namen eines Gottesverehrers", der sich selbst auferlegt hat, immer ein unreifer abhängiger Knecht des Höheren zu bleiben,

und einer „Menschenvergötterung", wo der Mensch die Gottebenbildlichkeit
zu handhaben versteht, könnte nicht deutlicher zum Ausdruck gebracht werden. Nur einen „allgemeinen Vater der Natur und aller Menschen" hoch über
sich erkennt der Verfasser an. „Dass ein schwacher Mensch, wie ich und sie,
die ganze Natur regiere, dass ein beschränktes Wesen die Kraft in Händen
habe, wodurch alles lebt und wodurch die Welt existiert", das ist für ihn als
Anhänger Luthers Blasphemie – weil er daraus schließt, ein solcher Mensch
würde „folglich den uneingeschränktesten Gehorsam, die unwiderstehlichste
Befolgung in allen seinen Befehlen und wahre göttliche Verehrung" erzwin-
gen. Ganz recht: wenn ein Mensch, der den Rang eines Saint-Germain er-
klommen hat, es auf die Unfreiheit seiner Mitmenschen anlegen würde! Wenn
er aber unter dem Zeichen von Freiheit – Gleichheit – Brüderlichkeit antritt,
wird er nie freie Handlungen verwehren und umgekehrt auch sich selbst unabhängig halten von Verehrung und Personenkult abweisen.

Der Leser versteht, dass der Autor gegen die Berliner Gold- und Rosenkreuzer eifert, die tatsächlich schon eine Macht im Staate waren im Umkreis des
Kronprinzen Friedrich Wilhelm, der sehr bald König von Preußen werden sollte.

Für uns Heutige ist aber doch lesenswert, dass mit der Zeile „Ist er nicht
Gott, hat ihn ein Gott begeistert" (richtiger wäre „begeistet" oder „begabt")
schon der „Grund aller Religion, aller Moralität und Tugend, alles Menschenverstandes und gesunder Vernunft" untergraben wird! Wenn man so beengt
und klein von den Menschen denkt, muss allerdings der Schrecken und Ab-
scheu, den ein Saint-Germain verbreitet, beängstigend groß sein! Um das
schöne Lutherwort von der „Freiheit eines Christenmenschen" ins Heute zu
übernehmen, müßte ein „frommer und rechtschaffener Christ", wie der Berliner Verfasser, schaudern vor dem Reichtum der Naturkräfte, die dem Menschen entgegenkommen, dass er sie achtet und schützt und damit „Christus,
dem Gärtner" nachstrebt. So weist dieser wichtige Artikel auf eine unversöhnliche Konstellation hin – hier dogmatische konfessionelle Abhängigkeit
von oben, dort frommes Studium der Schöpfung, um Mitschöpfer werden zu
können. Diesem Text kann man die Anfeindungen entnehmen, denen Saint-
Germain ausgesetzt gewesen wäre, hätte er sich länger an einem Ort gezeigt
und sich abhalten lassen von seiner Mission, der Menschheit in diesem Mit-
schöpfertum brüderlich voranzugehen.

Anhang B:
Ein Kapitel für sich

Gustav Berthold Volz

Wer sich mit den Quellentexten über Graf Saint-Germain beschäftigen will, kommt nicht an dem Werk des Berliner Historikers vorbei: *Der Graf von Saint-Germain – Das Leben eines Alchemisten* von 1923. Das Verdienst dieser unentbehrlichen Sammlung ist ganz außerordentlich, wenn nicht die Einleitung wäre, in der Volz dem Leser seine eigene Voreingenommenheit aufdrängt. Nicht dass auch viele andere sich an dem guten Namen des Grafen vergangen hätten – bei Volz steht aber seine Autorität als Historiker dahinter. Er prägte das negative Bild so nachhaltig, dass es einer Bevormundung gleichkommt.

Dabei sind die Schwächen von Volz' Argumentation offenkundig: Zum Thema von Saint-Germains ungewisser Herkunft schreibt er: „Wird das Rätsel seines Ursprunges also auch nicht ganz gelöst" (durch Volz jedenfalls gar nicht!) „so viel steht fest, dass er nicht fürstlicher Abkunft war; denn auch nicht die Spur eines Beweises lässt sich dafür beibringen." Oho! Wo bleibt die intellektuelle Redlichkeit? Der ausgewiesene Historiker muss passen, was die Herkunft Saint-Germains betrifft. Statt sich damit zufrieden zu geben, verfügt er *ex cathedra*: „So viel steht fest, dass er nicht fürstlicher Abkunft war." – Wieso das denn? Es steht nur fest, dass es keinen Beweis dagegen gibt!

„Mit höchster Kunst verstand Saint-Germain, über seine Herkunft einen Schleier zu breiten." Aber er sagte doch ab 1775 unverblümt, er wäre der erstgeborene Rakoczy gewesen. Und die Beweise liegen bei einer Instanz, von der er abhängig sei; eine Abhängigkeit, die ihm im Laufe seines Lebens die grössste Verfolgung zugezogen (Gemmingen). Die Namen Maria Theresia und Kaunitz werden nicht direkt ausgesprochen.

Aber noch mehr scheint sich Volz auf die spanische Version gestützt zu haben: „Saint-Germain gab sich für einen Sohn der spanischen Königin Maria

Anna, Witwe König Karls II., aus." Tat er das? Ich zitiere gleich aus Volz'
Werk den Gewährsmann, Gijsbert Jan van Hardenbroek, Mitglied der Ritter-
schaft von Utrecht und Deputierter der Generalstaaten. Vorher aber schauen
wir, wie Volz das Zitat „Manchmal unterschreibt er sich: 'Prinz von Spanien'"
behandelt. Da steht: „pr. d'Es" und es kann schlecht „Prinz von Spanien" bedeuten. Diesen Titel gibt es nicht, höchstens „Infant von Spanien". Doch erstens möchte ich dieses Kürzel gern im Original sehen, und zweitens kann es
alles Mögliche heißen, z. B. im Zusammenhang mit den Graden der Freimaurer oder Rosenkreuzer. Dort kommen ganz viele „pr. = Prior" oder „Prince"
vor. (Ich musste spontan an „schottisch = d'écoss." denken, vielleicht hilft das
weiter) Jetzt aber der ganze hochinteressante Quellentext:

Aus den Aufzeichnungen Hardenbroeks

20. März 1762

Der sogenannte Graf Saint-Germain wohnt jetzt auf Ubbergen bei Nim-
wegen. Er besitzt noch eine Art Rittergut in der Nähe von Zutphen. Er
hat ein großes Laboratorium in seinem Hause, in dem er tagelang sitzt.
Er versteht die schönsten Farben allen nur denkbaren Dingen, wie Leder
usw., zu geben, ist ein großer Philosoph und Kenner der Natur. Er
spricht sehr schön, erscheint tugendsam, sieht wie ein geborener Spanier von erlauchter Abstammung aus, spricht von seiner verstorbenen
Frau Mutter mit großer Ehrerbietung. Manchmal unterschreibt er sich:
„pr. d'Es". Er ist stolz.

Er will die Fabriken der Republik fördern, doch ohne die eine oder
andere Stadt der Provinz vor den übrigen zu bevorzugen. Amsterdam
hatte ihm nämlich für die Erlangung ausschließlicher Vorrechte besondere Vorteile angeboten. Viele Dienste hat er dem Grafen Gronsfeld
durch Herstellung und Lieferung von Farben für seine Porzellanfabrik
bei Weesp geleistet. Mit Herrn van Rhoon steht er sehr gut, spricht und
korrespondiert immer mit ihm. Er führt auch eine außerordentliche
ausländische Korrespondenz, ist an allen Höfen bekannt. Von dem verstorbenen Prinzen von Wales, der einen schlechten Charakter hatte,
wurde er sehr schlecht behandelt. Da aber Saint-Germain unschuldig
war, ist ihm bei seiner Freilassung volle Genugtuung gegeben worden.

Mit den ersten Leuten in Frankreich hat er in Briefwechsel gestanden, und er spricht viel Gutes von Frau Pompadour usw. Er ist sehr oft in Amsterdam, kommt viel zu G. Hasselaar. Er besitzt ungewöhnlich schöne Steine, Rubine, Saphire, Smaragde und Diamanten. Man sagt, dass er die Kunst verstände, Diamanten helleres Wasser zu geben und Edelsteine zu verschönern usw. Er ist sehr freigebig, besitzt große Güter in der Pfalz und sonst in Deutschland. In Amsterdam wohnt er einmal im Hotel der vornehmen Welt, dann wieder woanders und bezahlt überall gut.

Und jetzt lesen wir am besten Satz für Satz nochmals mit dem, was Volz am Beginn weggelassen hat. Es sind im Englischen die Worte „I have been told" (nach Cooper-Oakley S. 215 und Volz hatte ihr Buch von 1912 vorliegen). Jeder nachfolgende Satz bedeutet: Ich habe gehört – man sagt – es heißt auch, und so drückt sich der Holländer auch schon im April 1760 und im Mai 1760 aus. Er ist einfach gewohnt, in sein persönliches Merkbuch einzutragen, was er erfahren hat – und damit ist nicht gesagt, dass er jemals Saint-Germain persönlich getroffen und gesprochen hat noch dass er einen Brief mit der fraglichen Abkürzung sah.

Auch andere Dinge lässt Volz weg – kann er ja auch, z. B. die Bemerkung Bentincks, dass die Abschiebung Saint-Germains von Seiten Frankreichs nur eine Hofintrige war. Aber das ist doch mal klar ausgedrückt!

Wie kommentiert Volz Saint-Germains Friedensmission? „So lockte ihn der politische Ehrgeiz, auf eigene Faust die Rolle des Friedensstifters zu spielen – sein Erscheinen auf der politischen Weltbühne glich einer schillernden Seifenblase, die nach kurzem Fluge jählings zerplatzt." Nun fragen wir uns: Was ist denn mit dem „Secret du Roi", dessen Materialien, herausgegeben von Herzog Albert de Broglie, in zwei Bänden, Paris 1878, vorliegen: *Le Secret du Roi. Correspondance secrète de Louis XV. avec ses agents diplomatiques 1752-1774*? Das existiert nicht für Volz. Für ihn ist Saint-Germain ein Abenteurer auf eigene Faust. Erst recht traut er ihm nicht zu, dass er bereits erfolgreich Verhandlungen hinter sich gebracht hat und – wie man annehmen möchte – eben deshalb diese besonders heikle Mission anvertraut bekam. Über Den Haag erzählt Saint-Germain in seinem Brief an Graf Lamberg „Lügenmärchen", meint Volz. Ich meine umgekehrt, dieser Brief ist unecht. Volz veröffentlicht übrigens auch anerkannte Fälschungen! Volz' Aussagen greifen sehr eng und streng:

„Danach gehört Saint-Germains Teilnahme an der russischen Revolution endgültig ins Reich der Erfindung. Dasselbe gilt für die Korrespondenz, die er angeblich mit der Zarin Katharina II. führte." Was das Generalspatent betrifft: „So wäre denn auch das Patent als dreiste Fälschung zu buchen".

Der Schweizer Hotz soll 1777 Saint-Germain in Leipzig wiedergetroffen haben.

In Tournai „erschwindelte sich" Saint-Germain – nach Volz – die Vorschüsse von Madame Nettine. Sein Fazit lautet: „Damit entpuppte sich sein ganzes Manöver als raffiniert angelegtes Schwindelmanöver. Er war als gemeiner Betrüger entlarvt, der, nachdem er die Opfer in sein Netz gelockt, sie listig zu rupfen gewusst hatte."

Er hätte sich mit 200 000 Gulden, „seiner Beute"(?) aus dem Staube gemacht. Ich habe vielmehr den Eindruck, Saint-Germain hat in Tournai draufgezahlt.

Das Lebenselixier definiert Volz als den abführenden Tee aus Sennesblättern. Er kritisiert „Lebensweise und Diät, die im weiteren Verfolg denn auch dazu beitrug, seiner Person den Anschein des Besonderen und Ungewöhnlichen zu geben." Denn Saint-Germain müht sich sehr im Sinn einer „von ihm selbst mit Geschick genährten Legendenbildung." Dankenswerterweise wehrt Volz den Verdacht ab, Saint-Germain habe, wie Mesmer, Cagliostro, Schrepfer, eine Macht der Einflussnahme ausgeübt. „Nicht dass in seiner Natur etwas Dämonisches lag, das die Menschen wie mit übernatürlicher Gewalt in seinen Bann zwang." Vielmehr lag das Rätsel seines Erfolges „in dem Zauber seiner Persönlichkeit." Nachdem wir dieses Goldkorn in Volz' Einleitungstext gefunden haben, könnten wir doch aufatmen? Aber es war ja Volz' Anliegen, Saint-Germain als Betrüger und Scharlatan dingfest zu machen:

„Der Nimbus des 'Adepten' schwindet, und es bleibt allein das Bild eines abenteuernden Industrieritters." Einen Satz vorher heißt es: „Wenn auch nicht alle Rätsel gelöst werden können, so sinkt doch der Schleier." Welcher? Des geheimnisvollen, mystischen Dunkels, in den diese Gestalt gehüllt war? Dann wäre ja Gustav Berthold Volz ein Lichtbringer! Oder der der ungenauen, unbestimmten Umrisse, in denen auch Friedrich II. von Preußen und seine Geschwister Wilhelmine, Heinrich, Amalie in wohlwollendem Zusammenhang mit Saint-Germain genannt werden? Dann würde Volz einen solchen Nimbus mit sicherer Hand entzaubern und als Archivwalter der Hohenzollern das Ergebnis vorweisen können: Wollte auch ein solcher Abenteurer in die luzide Sphäre eines Fridericus Rex eindringen, es ist ihm misslungen! Diesen Historiker muss geradezu die 'Fallhöhe' von Adept zu Industrieritter befriedigt haben, sonst hätte er sich wohl mit anderen Zeugnissen beschäftigt, etwa den Rosenkreuzeraktivitäten von Friedrichs Nachfolger und Neffen Friedrich Wilhelm II., dessen Einbläser Schrepfer, Bischoffwerder, Woellner allerdings hinreichend bekannt und enttarnt sind und keinen rühmlichen Nimbus mehr haben.

Der Historiker Gustav Berthold Volz gibt uns jedoch noch einmal Einblick in seine Arbeitsweise in seinem Werk *Friedrich der Große und Trenck* (Berlin 1926). Aus der Aktenlage des weltberühmten Festungsgefangenen veröffentlicht Volz 49 teils mehrseitige Urkunden (zusammen 100 Seiten) sowie den Bericht seiner Ausbruchsversuche, den der Häftling mit Blut auf die Randleisten einer Bibel geschrieben hat (1759, noch einmal 75 Seiten) Dieser Bericht ist natürlich unmittelbarer als der später in Freiheit verfasste. So hat Volz das Verdienst, ein wirklich spannendes und aufschlussreiches Werk vorgelegt zu haben (das deshalb auch als Olms Reprint, Hildesheim 1977, wieder nachgedruckt wurde). Aber durch den Schulmeisterton seiner 35-seitigen. Einleitung verdirbt er das Interesse des Lesers. Vielleicht will dieser sich selbst ein Bild machen? Wäre es nicht genug, dem berühmten Lebensbericht Trencks „die bisher in den Archiven noch schlummernden Akten gegenüberzustellen"? Nein, diese werden zu den „unbestechlichen Zeugen der Vergangenheit" erhoben und der Gefangene zu einem eigenwilligen, unzuverlässigen Aufschneider deklassiert.

Diese Haltung eines pedantischen Entlarvers mag in engen Grenzen sehr verdienstvoll sein – hier ist sie lebensfern. Volz hat nie nur einen Tag angekettet in Festungshaft verbracht und kann die Leistung, ungebrochen aus zweieinhalb Jahren Haft wieder in Freiheit zu kommen, nicht schmälern. Im Einzelnen ist es ja immer schön, wenn man etwas aktenmäßig nachprüfen kann. Aber wenn in Kriegszeiten ein Gefangener bei Ausbruchsversuchen ertappt wird und die Garnison zu bestrafen ist, wenn ein Hauptmann der Kaiserin völkerrechtswidrig vom Preußenkönig entführt wird und zwischen Wien und Potsdam verdeckte Verhandlungen laufen – was soll die trockene Amtssprache gegenüber solchen unfasslichen und widersprüchlichen Tatsachen des Lebens?

Wie Volz den berühmten Abenteurer Trenck in Oberlehrermanier maßregelt, so hat er es auch mit dem „berühmten Abenteurer" Saint-Germain gemacht, nämlich eine ganz unangemessene Sichtweise angelegt.

Unnachsichtig rechnet Volz dem wie durch ein Wunder nicht völlig Gebrochenen „große Unstimmigkeiten" vor, „weiterer großer Irrtum", „Widersprüche", „ganz unzuverlässig". „Alles, was Trenck über die Vorgeschichte seiner Verhaftung und diese selbst in seiner ‚Lebensgeschichte' erzählt, ist irrig."

Ob Trenck, wie er andeutet, eine Liebesromanze mit Prinzessin Amalie, der jüngsten Schwester Friedrichs, hatte, können wir heute nicht mehr entscheiden. Volz bewertet aber den Umstand, dass Amalie dem Trenck zu seiner Tochter, deren Patin sie wird, nicht von eigner Hand gratuliert, sondern unter ein förmliches Schreiben nur ihre Unterschrift setzt, wie folgt: „Man sollte meinen, wenn ein solches Liebesverhältnis mit Trenck wirklich bestand, so hätte nichts näher gelegen, als dass die Prinzessin selbst zur Feder griff, um ihm zu antworten. Allein das Gegenteil ist der Fall" – und damit der Beweis fertig: Es hat gar keine Beziehung gegeben, Trenck ist ein Lügner.

Mir fallen sofort zwei andere Möglichkeiten ein: Wenn die Prinzessin 1771 schon halb blind gewesen wäre? Denn schon aus den 60er Jahren notierte der Chronist Thiébault, Amalie hätte vom Arzt Meckel für ihre schlechten Augen Dämpfe verordnet bekommen. Sie dürfte die Flüssigkeit aber nicht direkt an die Augen gelangen lassen. Sie wusste es besser und benetzte die Augen direkt. „Die Wirkung war, wie der Arzt vorausgesagt hatte, so unheilvoll, dass sie beinahe blind geworden wäre." (Pangels) Am 13. September 1775 musste sie dann am rechten Auge operiert werden, der Eingriff verlief zufriedenstellend.

Oder hat Amalie womöglich den Trenck – wie alle Welt – als überschwänglichen, unbesonnenen Kerl eingeschätzt, der einen eigenhändigen Brief von ihr (noch zu Lebzeiten des Königs!) gleich herumgezeigt hätte?

Ich hoffe mich verständlich gemacht zu haben: Volz hat das Verdienst, die Akten offen gelegt und auf Unstimmigkeiten hingewiesen zu haben. In seiner Wortwahl ist er aber schon von der Beurteilung zur Verurteilung vorausgeeilt. Er erwartet, dass der Leser ihm auf die Schulter klopft und ihn lobt, wie gut er den Trenck überführt hat. Genau diese Vorverurteilung, die er im Fall Saint-Germain ebenso geübt hat, lehnen wir ab. Manfred Hoffmann hat in seinem Nachwort zu Trencks Lebensbericht (Verlag Neues Leben Berlin 1985) kein Hehl aus den Unstimmigkeiten gemacht: Gedächtnisverschiebungen und Prahlsucht.

„Die Memoiren Trencks sind also fragwürdig, was ihre Historizität betrifft? Ja und nein. Sie sind nichts als eine Rechtfertigung, als eine Art Ehrenrettung seiner selbst gedacht? Ja und nein. Einzelheiten lassen sich richtig stellen, und die Selbstbeweihräucherungen sind so deutlich, dass sie nicht übersehen werden können. Doch darüber hinaus bieten die Memoiren sehr viel Authentizität, runden trotz vieler Subjektivitäten das Verständnis der Geschichte dieser Zeit ab."

Von diesem ausgewogenen Urteil wird der Leser nicht eingeengt.

Mit alledem will ich nur bekräftigen: Es ist Zeit, von der Voreingenommenheit eines Volz und der meisten Lexika Abschied zu nehmen und einen unbefangenen Blick auf unseren Grafen zu richten, der die Besten seiner Zeit bewegt hat, und eben diese Dokumente sollen uns den Blick nicht verstellen, sondern erleichtern.

Die Fülle konkreter Einzelfragen, die sich ergeben, kann wohl erfolgversprechend mit Hilfe eines mehrsprachigen Netzwerks von Saint-Germain-Interessenten aufgegriffen werden.

Den Abschied von Herrn Professor Volz begehen wir am besten mit einer Passage, die er weggelassen hat – sie findet sich bei Cooper-Oakley auf englisch und bei L. A. Langeveld, bei dem sich Volz „für die liebenswürdige Unterstützung" bedankt, auf holländisch. Graf Bentinck hat sie seinem „Journal", also den ganz persönlichen Aufzeichnungen, am 18. April 1760, anderthalb Tage nach Saint-Germains Flucht, anvertraut. Er soll damit das letzte Wort haben:

In den 33 Jahren, da ich einen verantwortlichen Posten innehabe, bin ich genügend bekannt um zu wissen, dass ich mich nie aufgehalten habe mit Abenteurern und Betrügern. Darunter kann man Saint-Germain nicht rechnen, denn er ist mir von zuverlässiger Seite empfohlen, seine Gesellschaft und sein Umgang sind sehr fein gebildet. Man sieht in ihm den Mann aus vornehmem Hause. Ich weiß immer noch nicht, wer er ist, aber d'AfTry hat mir gesagt, dass der König es weiß, und das reicht für mich.

Sämtliche Materialien für dieses Buch sind im Rudolf-Steiner-Haus, Mittelweg 11, 20148 Hamburg, verfügbar. Der Autor dankt für Hinweise, die zur Ergänzung des Vorhandenen führen können. Für Interessenten an den derzeit dokumentarisch fassbaren Quellen des 18. Jahrhunderts, die nicht dort einsehbar sind, sei auf die Saint-Germain-Biographie verwiesen, die Dr. Hartmut Verfürden (Kiel) in Arbeit hat.

Kontakt: Dr. Peter Schraud, Kieler Str. 87, 24340 Eckernförde
e-mail: peter@st-germain.de
Internet: www.st-germain.de

Anhang C: Das musikalische Werk

Wer sich heutzutage über den Grafen von Saint-Germain informieren will, findet zu Geschichte und Persönlichkeit mehrere Bücher sowie eine reiche Anzahl von Websites im Internet. Mir fiel 1994 als erstes das Buch *Unter den Flügeln des Phönix* von Irene Tetzlaff in die Hände. Im Verlauf der liebevoll recherchierten Geschichte dieses abenteuerlichen Lebens fiel mir als Musiker besonders die Tatsache ins Auge, dass der Graf die Violine virtuos beherrscht haben und auch eigene Werke komponiert haben soll, die in dem Buch sogar mit Titeln genannt sind. Was lag also näher, zu versuchen, diese ausfindig zu machen. Nach einiger Zeit der Suche wurde ich 1995 fündig in einem Londoner Archiv. Aufgrund der nicht unerheblichen Kosten für die Mikrofilme[1] wartete ich mit dem Erwerb, da ich zunächst Veranstalter finden wollte, die an einer Wiederaufführung der Werke 1996, zum 300. Geburtstag des Grafen, Interesse zeigten, wovon ich, in Eckernförde lebend, ausging, da der Graf seine letzten Jahre nahe Eckernförde auf Louisenlund wirkte und 1784 in der Eckernförder Nicolaikirche beigesetzt wurde. Ich stieß zu meinem Erstaunen zunächst ausschließlich auf Ablehnung und Misstrauen. Um so mehr freute es mich, dass die Stadt Eckernförde schießlich im Jahre 2002 zu ihrem 700jährigen Jubiläum zwei Konzerte mit Werken des Grafen in Auftrag gab, die an historischem Ort, in der Eckernförder Nicolaikirche, stattfanden und Zuhörer aus ganz Deutschland anzogen. Das erste Konzert des für diesen Anlass eigens gegründeten Ensembles PHOENIX erschien auf einer CD, die mittlerweile international Freunde gefunden hat. Inzwischen sind zwei weitere CDs erschienen sowie eine Faksimile- und eine Standard-Ausgabe der Noten der ersten 3 Violinsonaten aus den „Seven Solos for a Violin".

Neben weiteren Konzerten – in mehreren Spielstätten in ganz Deutschland und der Schweiz fanden bis 2007 in der Eckernförder Nicolaikirche regelmä-

---

[1]   Im November 2006 konnte ich ein Originalexemplar der „Seven Solos For A Violin", erschienen 1758 im Londoner Verlag J. Johnson, bei einem Antiquariat erwerben. 2008 auch eine Originalausgabe der „Favourite Songs From The Opera L'Inconstanza Delusa", erschienen 1745 im Londoner Verlag I. Walsh.

ßig Konzerte mit Werken des Grafen statt, mit dem Ziel, sein gesamtes musikalisches Werk der Öffentlichkeit zu präsentieren. In diesem Raum werden die Konzerte nicht mehr stattfinden können, da die Kirche dies nicht mehr ermöglicht. Andere Veranstaltungsorte werden sich finden.

Die Instrumentalwerke

Die uns vorliegenden Werke des Grafen von Saint Germain wurden in den Jahren 1745 bis 1760 in London veröffentlicht. Wie beschrieben, war das Komponieren nicht der Hauptberuf des Grafen, doch lässt die Qualität seiner Kompositionen und das ihm von Zeitgenossen nachgesagte vollendete Beherrschen mehrerer Instrumente neben seinem Hauptinstrument, der Violine, darauf schließen, dass er eine profunde musikalische Ausbildung genossen haben muss. Wann, wo und bei wem, ist nicht bekannt; auch ein intensives autodidaktisches Studium ist denkbar. Stilistisch gesehen bewegt sich diese Musik im Geschmack ihrer Zeit, d. h. wir erleben Ansätze barocker Polyphonie – in den Triosonaten, deren einzelne Sätze fast ausschließlich als Fugato konzipiert sind –, befinden uns aber in der Leichtigkeit der Frühklassik, zuweilen auch als Rokoko bezeichnet. Wir haben es mit einer für die Zeit typischen, höfischen „Unterhaltungsmusik" zu tun, die gesellschaftlichen Anlässen den festlichen Rahmen gab – vordergründig.

Der Graf von Saint-Germain hat im Vergleich mit seinen Zeitgenossen, wie z. B. den Bach-Söhnen, eine unverwechselbare Handschrift. Ideen, die das kompositorische Handwerk seiner Zeit nicht bereithält – so erscheint z. B. in der Durchführung des schnellen 2. Satzes der Sonata II für Violine unvermittelt das Anfangsmotiv des 2. Themas aus dem langsamen 1. Satz über dem weitereilenden Basso continuo –, überraschen den aufmerksamen Hörer ebenso wie der häufige Verzicht auf die Weiterentwicklung begonnener Themen oder der Improvisationscharakter einiger Durchführungen. So, wie er sich in seinem abenteuerlichen Leben über viele Regeln, die er gleichzeitig vollendet beherrschte, hinwegsetzte, um Neues zu erreichen, mag dem Grafen von Saint-Germain das bloße Bedienen der erlernten Kompositionstechnik nicht genügt, die Ausführung der spontanen Idee manches Mal über der Er-

füllung der formalen Gesetze gestanden haben. Und seine Kompositionen verfehlen – heute wie zu seiner Zeit – ihre Wirkung nicht. Wir erleben beim Anhören dieser Musik ihre Strahlkraft, ihre entspannende „Einfachheit", in der
Humor und Witz wie auch Tiefe und Weite ihren Ausdruck finden. Durch das
ganz eigene Zusammenwirken der Melodieführung mit dem rhythmischen
Duktus erscheint diese Musik zuweilen, als spräche jemand, als läge dieser
Musik ein zu verstehender Text zugrunde.

Die Arien

Betrachtet man das Gesamtwerk des Grafen von Saint-Germain, machen die
46 Arien den weitaus größten Teil aus, was verwundert, hätten wir doch von
dem virtuosen Geiger Saint-Germain den Schwerpunkt bei Kompositionen
für sein Instrument vermutet.

Seine Vorliebe für das vertonte Wort könnte eine Erklärung sein für den
oben beschriebenen Sprachduktus vieler seiner Violinkompositionen.

Die bei vollständigem Studium der Arientexte modulhaft anmutende Aus-
tauschbarkeit ihrer Reihenfolge erklärt sich am besten anhand ihrer Verwen-
dung im Rahmen der so genannten „Pasticcio"-Technik.

Gemäß dieser seinerzeit verbreiteten Technik wurden einzelne Arien, auch
die verschiedener Komponisten, zu „Kurzopern" zusammengestellt, die bei
Gesellschaften aufgeführt wurden. Für diesen Zweck mussten die einzelnen
Arien natürlich so beschaffen sein, dass sich weder ihr Anfang inhaltlich
zwangsläufig auf eine vorausgehende noch ihr Ende auf eine folgende Arie
beziehen darf, die Möglichkeit, diese Beziehung herzustellen, aber durchaus
in jeder Arie enthalten sein muss.

Die Oper „L'Inconstanza Delusa", die die auf der zweiten CD eingespielten
Arien des Grafen von Saint-Germain, aber auch die Arien anderer Komponisten seiner Zeit enthält, ist so ein Beispiel. Die vollständige Oper ist leider
nicht erhalten, sondern nur die beliebtesten Arien in einer Sonderedition unter
dem Titel „The Favourite Songs From The Opera L'Inconstanza Delusa". Eine
Rekonstruktion dieser Oper werde ich in den nächsten Jahren versuchen herzustellen.

In den Arien zeigt sich eine weitere Facette seines musikalischen Schaffens: Während seine Instrumentalwerke geprägt sind von innigem Ausdruck in den langsamen und virtuoser Lebendigkeit in den schnellen Sätzen, formt er die Inhalte seiner Arien mit großer Geste. Eindringlich und dramatisch kommen diese daher, die klare, eingängige Thematik wird konsequent entwickelt zum reflektierenden Mittelteil hin, der das wiederkehrende Da Capo wie ausgewechselt erscheinen lässt.

Im Aufbau durchaus immer gleich, erscheint jede der Arien als Unikat mit unverwechselbarem Charakter.

Die wenigen erhaltenen von ihm komponierten Lieder sind ganz im englischen Stil seiner Zeit gehalten und nur als Melodie oder zusätzlich mit beziffertem Generalbass notiert. Wie bei den italienischen Arien zeigt sich auch hier seine verblüffende Fähigkeit, sich in verschiedene Genres einzufühlen, ohne zu kopieren, sondern im jeweiligen stilistischen Umfeld Eigenständiges zu schaffen.

Matthias Hahn-Engel, September 2011

Matthias Hahn-Engel

HAHN-ENGEL Konzertagentur & Verlag

Am Gymnasium 2

D-24768 Rendsburg

fon & fax +49 4331 6978178 mobil +49 151 2166 7143

info@hahn-engel.de

Ständig aktualisierte Informationen im Internet:

www.saintgermain.biz

www.hahn-engel.de

Quellen und Literatur

I. QUELLEN:

Graf Saint-Germain: *The most holy Trinosophia*, hrsg. von Manly P. Hall, Los Angeles 1983 (engl., Faksimile in frz.)

Cooper-Oakley: I. *The comte de Saint-Germain*, London 1912. (engl.)

Volz G.B.: *Der Graf von Saint-Germain. Das Leben eines Alchemisten*, Dresden 1923

Landgraf Carl von Hessen 1744-1836, Ausstellungskatalog, Schleswig 1996. *Vorträge zur Ausstellung*, Schleswig 1997

Heyer, Karl: *Aus dem Jahrhundert der französischen Revolution*, Basel 1990

The music of the Comte de Saint-Germain, Noten, Vorwort von Manly P. Hall (engl.), Los Angeles 1981

II. LITERATUR

Forschungen:

Schraud, Peter: *Graf Saint-Germain, unser Bruder. Eine Wahrnehmungsübung*, daraus Anhang mit Dokumenten: *Graf Saint-Germain spricht*, Louisenlund 2004

Fuller, Jean Overton: *The Comte de Saint-Germain. Last scion of the House of Rakoczi*, London 1988 (engl.)

Wilde, Dr. Klaus: *Der Graf von Saint-Germain*, Pforzheim 1996

Radam, Friedhard: *Bibliothekarische Recherche Graf Saint-Germain*, Hamburg 1982, Bibliographie!

Schwartz, Otto: *Die freimaurerischen Anlagen im Park des Schlosses Louisenlund*, Kiel 1975

„Wer war Graf Saint-Germain? Eine historisch-kritische Bestandsaufnahme", *Jahrbuch der Heimatgemeinschaft Eckernförde,* Beiheft 2004

Feuerstack, Christiane: *Graf Saint-Germain im Spiegel der Widersprüche,* Eckernförde 2004

Feuerstack, A.: Graf Saint-Germain, Kurzbiographie von *Graf Saint-Germain in Schleswig-Holstein* von P. Schraud. Eckernförde 2002

„Sachbücher":

Dannenberg, Willibald: *Der Graf von Saint-Germain,* Berlin o. J.

Langeveld, L. A: *Der Graf von Saint-Germain,* Berlin/Haag 1930, neu aufgelegt Höhr-Grenzhausen 1993

Tetzlaff, Irene: *Unter den Flügeln des Phönix,* Stuttgart 1992

Krassa, Peter: *Der Wiedergänger. Das zeitlose Leben des Grafen Saint-Germain,* München 1998

Umfeld:

Lennhoff/Posner: *Internationales Freimaurer Lexikon,* Wien-München 1932

Kiel-Eutin-St. Petersburg, Ausstellungskatalog, Heide 1987

Sauter, Heinz v.: *Der wirkliche Casanova,* Stuttgart 1987

Kates, Gary: *Monsieur d'Eon ist eine Frau. Die Geschichte einer politischen Intrige,* Hamburg 1996 (betrifft „Secret du Roi")

Trenck, Friedrich Frhr. v. d.: *Das merkwürdige und abenteuerliche Leben des Friedrich Frhr. von der Trenck,* Berlin 2003

Carter, Jimmy: *Frieden schaffen im Gespräch,* Flensburg 1997 (betrifft das Saint-Germain-Rezept)

Lues, Hans: *Die Louisenlunder Sonnenuhr,* Rendsburg 1972

Belletristik:

Bühler, Paul: *Der Weltenwanderer*, Dornach 1956. erweitert 1982

Eco, Umberto: *Das Foucaultsche Pendel,* München 1992

Hetmann, Frederik: *Traumklänge*, Lübbe 2004

Lenz, Eduard: *Gelebte Zukunft*, Stuttgart 1982

Lernet-Holenia, A.: *Der Graf von Saint-Germain*, Zürich 1948

May, Karl: *Das Zauberwasser,* Bamberg 1979

Michaelis, Paul: *Der Graf von Saint-Germain*, Offenbach/Main 1979

Orczy, Baroness: *Das scharlachrote Siegel.* Köln 0. J.
dies.: *Die Frau des Lords* (Fortsetzung von *Das scharlachrote Siegel*), Köln 1976

Potocki, Jan: *Die Handschrift von Saragossa*, Frankfurt/Main 1961

Puschkin A. S.: *Pique Dame*, Erzählungen, München 1976

Schulenburg, Isa v. d.: *Der Magier und der Kardinal*, München 1983

Rilke, R. M. *Die Aufzeichnungen des Malte Laurids Brigge*, Leipzig 1984

Szepes, Maria: *Der Rote Löwe*, München o. J.

Szerb, Antal: *Die Pendragon-Legende,* München 2004

Tetzlaff, Irene: *Der Graf von Saint-Germain. Licht in der Finsternis*, Stuttgart 1980